CHRONIQUE

DE CHARLES VII

ROI DE FRANCE

Paris. — Imprimé par E. Thunot et Cie, rue Racine, 26,
avec les caractères elzeviriens de P. Jannet.

CHRONIQUE

DE

CHARLES VII

ROI DE FRANCE

PAR JEAN CHARTIER

NOUVELLE ÉDITION, REVUE SUR LES MANUSCRITS

Suivie de divers Fragmens inédits

Publiée avec Notes, Notices et Éclaircissemens

PAR VALLET DE VIRIVILLE

Professeur adjoint à l'École des chartes
Membre de la Société des antiquaires de France, etc.

TOME I

A PARIS
Chez P. Jannet, Libraire

MDCCCLVIII

NOTICE

SUR

LA VIE ET LA CHRONIQUE DE JEAN CHARTIER.

I

VIE DE JEAN CHARTIER.

La vie de Jean Chartier et les circonstances dans lesquelles il écrivit sa Chronique sont demeurées assez obscures jusqu'à ce jour. Les recherches que nous avons faites jetteront sur ce sujet quelque lumière nouvelle. Nous espérons qu'elles ouvriront la voie à des résultats plus complets et plus satisfaisans.

Jean Chartier étoit frère de Guillaume Chartier, évêque de Paris, et d'Alain Chartier, le poëte le plus renommé de son époque. Ces trois frères naquirent, suivant une tradition constante, à Bayeux, dans une maison que la même tradition désigne encore de nos jours[1]. La famille Chartier paroît avoir été au nombre de ces familles normandes que l'invasion angloise *éprouva* d'une manière si remarquable. Les désastres qui vinrent, au XVe siècle, s'abattre sur leur province avec les armes étrangères, activèrent et vivifièrent au sein de ces familles, de ces hommes, le sentiment patriotique et national, qui alors se confondoit avec le dévouement à la monarchie. La famille Chartier s'attacha de bonne heure à la cause de Charles VII, encore Dauphin, qui lui rendit en bienfaits ces gages de sympathie. Alain Chartier se vit employé par ce prince dès l'époque de la régence, vers 1419, en qualité de secrétaire. Charles VII pourvut à l'instruction de Guillaume, qui fut, selon le témoignage de Martial d'Auvergne, son *escholier premier*[2], c'est-à-dire le premier des clercs que Charles se plut à entretenir aux écoles. Introduit plus tard à la cour par son frère Alain, Guillaume y retrouva la protection durable du roi, qui lui fit sa fortune dans la carrière de la science et de l'Église.

Ces faits connus peuvent nous servir à éclairer, par induction ou par analogie, les commencemens de la carrière du troisième frère, Jean Chartier, commencemens sur lesquels nous manquons de notions directes et positives. Jean Char-

[1]. Voy. Mancel, *Alain Chartier*, etc., 1849, in-8, p. 14.
[2]. *Vigiles de Charles VII.*

tier naquit vraisemblablement à Bayeux, vers le commencement du xve siècle. Le premier renseignement que l'histoire nous fournisse, et qui se rattache précisément à sa personne, est le suivant : On lit dans l'*Inventaire général des titres de l'abbaye de Saint-Denis* [1], dressé en sept volumes in-folio, au XVIIe siècle, et conservé aux Archives de l'Empire, un article ainsi conçu :

« 1435, mai 27. Lettres accordées par frère Jehan Chertier [2], commandeur et hostellier de l'abbaye de Saint-Denis, à Guillaume Ganneron et sa femme, pour exercer le menu mestier de la ville de Saint-Denis, consistant à vendre et achepter œufs, fromages, volailles et autres menues denrées appartenant audit menu mestier, dépendant dudit office d'hostelier, à la charge de lui en payer les droits acoustumez.— Original [3]. »

La date de ce précieux document est particulièrement notable. Ce fut seulement le 1er juin 1435, au rapport de J. Chartier [4] lui-même, que le bâtard d'Orléans pénétra dans la ville de Saint-Denis et entreprit le recouvrement de cette ville et de la célèbre abbaye sur les Anglois. Ainsi

---

1. Tome 4, p. 673.
2. Ou Chartier. L'identité ne sauroit être douteuse. Dans sa *Chronique latine*, dont nous parlerons plus loin, Jean Chartier se nomme lui-même « Johannes *Cherterii* ».
3. Cette pièce ne se retrouve plus aujourd'hui.
4. *Chronique françoise*, ci-après, page 179.

donc, avant que l'autorité de Charles VII fût reconnue dans la capitale et dans ce monastère, Jean Chartier y remplissoit une éminente fonction ; car le commandeur étoit le bras droit du couvent, et comme l'intendant de tout le temporel. Jean Chartier devoit-il cette position considérable à la protection de Charles VII ou des amis que Chartier possédoit à la cour de France, protection déjà influente dans l'intérieur du monastère ? Cette position de Jean Chartier étoit-elle la récompense ou le fruit de services déjà longs et d'une expérience éprouvée ? Voilà des doutes et des conjectures qui se présentent d'eux-mêmes à l'esprit et qu'il convient d'énoncer, bien qu'il soit difficile de les prouver ou de les résoudre. L'une et l'autre de ces solutions ne sont point d'ailleurs incompatibles.

Bientôt Paris redevint françois, et Jean Chartier éprouva de nouveaux effets de la bienveillance royale.

Charles VII fit sa première entrée comme roi dans Paris le 8 novembre 1437. Pendant un mois de séjour qu'il consacra à cette *visite*, le roi partagea sa résidence entre ses hôtels ou palais de la capitale et la royale abbaye de Saint-Denis[1]. Le 18 novembre 1437, pendant le cours de ce voyage du roi, Jean Chartier fut nommé, par lettres patentes, historiographe en titre du royaume, à raison de 200 livres parisis de gages

---

1. *Itinéraire de Charles VII* (inédit).

annuels, et prêta serment comme tel ce jour même [1].

Guillaume de Farrechal, abbé de Saint-Denis, mourut le 16 janvier 1440 (n. s.). Le 14 mars suivant, un chapitre solennel fut tenu par les religieux afin de procéder, selon la coutume, à l'élection d'un nouveau prélat. Mais les suffrages se divisèrent entre deux candidats, et pendant les années 1440-1441 l'abbaye demeura vacante. En cette conjoncture, le parlement commit, au nom du roi, quatre religieux pour gouverner le temporel de l'abbaye pendant la vacance. Ces quatre commissaires furent « Jean Chartier, pour lors prévôt de Mareuil », et trois autres de ses confrères [2].

Jean Chartier devint ensuite, mais à une date que nous n'avons pu découvrir, chantre de l'abbaye de Saint-Denis [3]. Le témoignage que Jacques Doublet, dans son *Histoire de Saint-Denis*, porte au sujet de notre auteur, mérite d'être reproduit. Doublet parle de l'abbé Philippe de

---

1. Jean Chartier, préambule de sa *Chronique latine*, ms. du fonds lat. n° 5959, f. 186; ci-après, page 2.

2. Félibien, *Histoire de Saint-Denis*, 1706, in-fol., p. 352 : *ex act. capitul.* Ces actes capitulaires se conservoient, en 1706, à partir de ceux qui remontoient à l'an 1429.

3. « Avant que d'avoir l'office de chantre, qui estoit une des premières dignitez de l'abbaye, il avoit esté prévost de Mareuil... Il fut de trop bonne heure au service de Charles VII pour n'avoir esté parfaitement bien informé de tout ce qui le regardoit. » (Félibien, *ibid.*, p. 360.)

Gamaches, qui succéda à Farrechal en 1442, et mourut le 28 janvier 1463. « De son temps, dit-il (1442-1463), estoit en bruit et renom frère Jean Chartier, religieux de Saint-Denis, frère du vénérable évesque de Paris Guillaume Chartier, chantre du lieu et chroniqueur du roy Charles VII. Lequel (Jean Chartier), par son commandement (le commandement de Philippe de Gamaches), fit les chroniques de France; non celles qui sont manuscrites et en latin, mais celles qui sont imprimées et divisées en trois tomes, qu'on appelle *les Grandes chroniques de Saint-Denis* [1]. »

On pourroit croire que Jean Chartier, pour remplir sa charge d'historiographe, dut passer une notable portion de sa vie hors de son monastère, à la vue et sur le théâtre changeant des faits ou événemens dont il étoit appelé à rédiger la narration authentique. Les chroniqueurs de France, ses prédécesseurs, et notamment celui à qui nous devons l'histoire de Charles VI, paroissent en avoir agi ainsi. Lui-même, il est vrai, Jean Chartier, racontant le siége de Harfleur, qui eut lieu pendant l'hiver de 1449 à 1450, s'exprime de la sorte : « Ce siége fut ainsi conduit par les seigneurs que dit est. Ce que je, frère Jehan Chartier, chantre de Sainct-Denis en France et chroniqueur de France, certifie avoir veu et esté présent, endurant de grans froi-

---

1. Paris, 1625, in-4, p. 269.

dures et souffrant beaucoup de vexation, combien que j'estoiz et fuz sallarié et défrayé pour les despens tant de moy que de mes chevaux, par l'ordonnance et voulenté du roy, comme de tout temps estoit et est encores accoustumé[1]. »
Il est donc constant que pour cette fois Jean Chartier s'étoit transporté sur le théâtre des faits qu'il rapporte.

Mais il est vraisemblable, d'une part, que, dans cette occasion, Jean Chartier fit à sa conduite antérieure une sorte d'exception, qui lui permit de visiter sa province natale. D'après les termes mêmes qu'il emploie dans le passage cité, il semble, d'un autre côté, peu probable que l'historiographe de Saint-Denis ait été encouragé à répéter, depuis ce temps, ces déplacemens de sa personne. On a vu que de 1440 à 1442, premièrement, il se trouvoit à Saint-Denis à la plus ancienne de ces dates; et, secondement, qu'il fut commis à l'administration immédiate du monastère pendant le cours de ces deux années. En 1449, un peu avant la campagne de Normandie, nous le retrouvons dans l'enceinte de son monastère, recueillant, comme historiographe-juré, le témoignage de trois Écossois, relatif à des faits récemment accomplis en Écosse[2]. En 1456, trois Hongrois viennent également déposer, au même lieu et entre ses mains, un

---

[1]. *Chronique françoise*, tome II, à la date.
[2]. *Chronique françoise*, à la date.

témoignage analogue [1]. Le passage qui se rapporte au siége de Harfleur est, dans toute la chronique de Jean Chartier, le seul et unique de son genre. Nulle part ailleurs le chroniqueur n'atteste avoir vu de ses yeux un fait accompli hors de sa résidence habituelle. Au contraire, il nous entretient, avec une prédilection très-explicable, de faits nombreux qui se sont passés dans l'abbaye même de Saint-Denis, en 1435, en 1457, en 1461, et à diverses époques intermédiaires. Tout semble dénoter, dans le caractère de ces récits, non-seulement l'hôte bien informé des lieux, mais le témoin présent et oculaire.

Ainsi donc, selon toute apparence, Jean Chartier vit s'écouler la majeure partie de ses jours sous le toit paisible et hospitalier de son monastère, loin des faits tumultueux qu'il a décrits. Prendre part à ces faits; aller en amateur, comme un autre Froissart, les chercher à leur naissance, sur le lieu même des événemens, seulement raconter avec le zèle ou la fidélité d'une émotion vraie ces actions militaires ou ces prouesses du siècle, c'étoient là, selon toute apparence, autant de tâches diamétralement antipathiques à son caractère moral, aussi bien qu'à ses aptitudes intellectuelles [2]. Les soins po-

1. *Id., ibid.*
2. Nous reviendrons plus loin sur le caractère de Jean Chartier, dans le chapitre où nous traiterons de sa chronique au point de vue historique et critique.

sitifs et tranquilles d'une administration sédentaire, mais occupée, paroissent avoir absorbé la plus grande part de son activité, ainsi que de son existence.

Jean Chartier vivoit encore en octobre 1470 : il est mentionné sous cette date dans un témoignage authentique et contemporain, dont le texte original sera mis ci-après sous les yeux du lecteur. A cette époque, les comptes de l'abbaye de Saint-Denis avoient été déférés à l'examen du parlement de Paris. Dom Jean Chartier intervint à cet examen comme procureur des abbé et couvent de Saint-Denis, assisté d'un autre religieux, son confrère. Le registre coté LL 1245, conservé aux Archives de l'Empire, a pour titre : *Compte de la commanderie de Saint-Denis en France, de novembre 1466 à octobre 1467*. A la fin de ce registre on trouve la note ou apostille suivante :

« Auditus et clausus per nos, commissarios
» inferius nominatos et ad hoc per curiam Par-
» lamenti deputatos et ordinatos, in presencia
» domini Johannis Charretier, presbiteri, do-
» mini abbatis et conventus Sancti Dionisii pro-
» curatoris, [ex una parte?] et fratris Guillermi
» le Maire, ex alia, xxij^a mensis octobris anni
» Domini millesimi cccc^{mi} sexagesimi decimi. —
» *N. Vin; A. Boucher.* »

Tel est le dernier témoignage que l'histoire nous ait transmis et qui paroisse se rapporter directement à l'existence de Jean Chartier. Nous avons reproduit ci-dessus un passage remarquable emprunté à l'*Histoire de Saint-Denis* par Jacques Doublet. Les *Grandes chroniques de Saint-Denis*, divisées en trois tomes, auxquelles fait allusion Jacques Doublet, furent achevées d'imprimer, comme le porte la rubrique finale du troisième volume, le 16 janvier 1477 (n. s.)[1]. Ce terme est bien rapproché du 22 octobre 1470, date à laquelle on a vu que Jean Chartier existoit encore. Des expressions employées par Jacques Doublet il semble, de plus, résulter que, dès l'époque de Philippe de Gamaches, Jean Chartier avoit été chargé par son abbé de recueillir en un seul corps, conçu dans la langue vulgaire, les *Grandes chroniques de Saint-Denis*, avec l'intention ou en vue de les publier. Il semble même résulter de ces termes que Jean Chartier présida de sa personne à l'impression de cette édition, accomplie treize années environ après la mort de Philippe de Gamaches[2]. Cependant le texte imprimé de l'édition de 1477 est complétement muet à cet égard. Force nous est donc de demeurer sur ce point dans le doute, jusqu'à ce que de nouvelles lumières nous permettent de l'éclaircir.

1. Voyez ci-après, *Notice bibliographique*, p. xxv.
2. L'imprimerie parisienne fut inaugurée en 1470. Les *Grandes chroniques* sont le premier livre qu'elle ait imprimé en françois.

II

BIBLIOGRAPHIE DE LA CHRONIQUE
DE JEAN CHARTIER.

On n'a guère connu jusqu'ici d'autre ouvrage de Jean Chartier que sa *Chronique de Charles VII*, ni d'autre texte ou version de cet ouvrage que le texte françois publié en dernier lieu par Godefroy, en 1661, à l'imprimerie du Louvre. Il existe néanmoins dans le manuscrit 5959, ancien fonds latin, un autre essai ou opuscule du même auteur. C'est un fragment ou commencement de chronique latine, également consacré à Charles VII, mais qui offre plus d'une particularité intéressante. Cet ouvrage, bien que signalé publiquement par les auteurs du catalogue des manuscrits latins, imprimé en 1739 et années suivantes, est demeuré comme absolument ignoré jusqu'à ce jour. Le fragment dont nous parlons se trouve à la suite de la chronique de Charles VI par le *Religieux de Saint Denis*. Il est réuni, dans le même volume, avec plusieurs autres documens émanés du même monastère. Ce fragment remplit les feuillets 186 à 196 du manuscrit; il est divisé en chapitres assez courts et s'interrompt *ex abrupto* au commencement (10e ligne) du 21e chapitre.

La Chronique latine de Jean Chartier commence, comme l'autre, à l'an 1422, avec le règne de Charles VII. Elle paroît être un premier essai latin, ou, si l'on veut, une imitation, une continuation de la Chronique latine de Charles VI par le *Religieux*, son confrère et prédécesseur. J'ajouterai que cette imitation ne reproduit que les défauts du modèle, tels que l'emphase et souvent l'obscurité du style. Mais on n'y reconnoît plus cette vive intelligence et cette généreuse impartialité qui font du premier de ces auteurs un historien fort remarquable. A partir du chapitre 10 environ, le texte latin n'offre plus qu'un thème, dont la version ou traduction se retrouve, pour ainsi dire, mot pour mot dans la Chronique françoise. Les dix premiers chapitres de la Chronique latine correspondent également aux dix premiers chapitres de la Chronique françoise. Ils sont toutefois beaucoup plus étendus dans le texte latin, qui présente ainsi des notions réellement nouvelles, ou pour le moins des variantes avantageuses, par rapport à la version françoise. Mais la nouveauté la plus intéressante que fournisse le texte latin est le préambule qui précède dans ce texte les vingt et un chapitres.

La chronique françoise de Jean Chartier est également précédée d'un préambule[1] ; mais ce dernier morceau laissoit singulièrement à désirer quant à la certitude et à la clarté des notions

---

1. Ci-après, p. 25.

qu'il renferme. Ainsi, dans le texte de cette même préface, publié par Godefroy, Jean Chartier met au *passé* ou *prétérit*, par rapport au récit du chroniqueur, toute une première période du règne de Charles VII. Exemple : « Et *a esté occuppée* la plus grande part d'icelui royaume violemment... par les Anglois... *ce qui a duré longtemps depuis*, etc.[1] » Cependant ces mêmes passages ou ces mêmes assertions se retrouvent *au présent* dans d'autres éditions, imprimées et manuscrites. Exemple : « Et a esté occupée, etc., *comme encores est de présent*, etc.[2] » Le préambule qui accompagne le fragment latin met un terme et donne une solution à ces difficultés, à cette incertitude. Dans la préface latine, en effet, Jean Chartier nous apprend expressément que, depuis le 21 octobre 1422, date de la mort de Charles VI, jusqu'au 18 novembre 1437, la charge d'historiographe de France étoit demeurée vacante. « Pendant cet intervalle, ajoute Jean Chartier, les annales du pays n'ont été que peu ou point recueillies, et je me suis vu forcé de suppléer comme j'ai pu cette espèce de déficit ou de lacune. » Ainsi s'explique le préambule françois, qui, dans certains manuscrits, et même dans tous les manuscrits et imprimés antérieurs à Godefroy que j'ai pu consulter, s'exprime au *présent*, et non au *passé*;

---

1. Voy. édition de Godefroy, p. 1 et 2.
2. Ms. franç. 9676, 2. a. et autres. Voy. ci-après, p. 26.

car l'historiographe Jean Chartier, bien qu'il écrivît postérieurement au 18 novembre 1437, étoit *censé*, dans les premiers chapitres de son œuvre, continuer immédiatement celle de son prédécesseur, qui s'arrête à la mort de Charles VI. Ainsi s'explique encore mieux, s'il est possible, la version de Godefroy [1], qui met au *passé* les mêmes notions ; car ce dernier langage étoit l'expression exacte et sincère de la vérité.

Nous avons placé en tête de la chronique françoise de Jean Chartier une traduction françoise [2] de ce premier essai ou fragment de chronique latine.

Occupons-nous à cette heure exclusivement de la chronique françoise.

§ A. *Manuscrits.*

Les manuscrits de cette chronique ne sont point très-rares et paroissent être répandus dans les principales bibliothèques de l'Europe. Nous en avons réuni neuf exemplaires, qui vont être ci-après énumérés :

1° Ms. Colbert 9676, 2, a. Bibliothèque impériale.

---

1. De deux choses l'une : ou Godefroy, dans son arbitraire et sa bonne foi, s'est permis cette *correction* (comme il s'en est permis beaucoup d'autres) ; ou cette variante unique lui a été fournie par un manuscrit, par une autorité que nous ne connoissons pas.

2. Voy. ci-après, p. 1 à 24.

2° Ms. de la bibliothèque de Rouen, provenu des Capucins, U, 112; 81.

3° Ms. de la bibliothèque de l'Arsenal; n° 160 de l'histoire de France.

4° Ms. n° 1540 Saint-Germain, françois, Bibliothèque impériale.

5° Ms. 8298 ancien fonds; même biblioth.

6° Ms. 8350, *id.* *id.*

7° Ms. 1539 S. G. françois; *id.*

8° Ms. 137 Notre-Dame; *id.*

9° Ms. de Godefroy, bibliothèque de l'Institut.

Nous allons actuellement reprendre ces ouvrages dans le même ordre, et présenter sur chacun d'eux quelques mots de notice particulière.

1. Le ms. 9676, 2, a, est un volume de trente et un centimètres de haut et de vingt-quatre centimètres de large, y compris la reliure, sur papier. Il se termine par ces mots : « Et par espécial commencèrent les pages très-fort à plourer. Mil lxv. » Ce qui, je crois, doit s'interpréter ainsi : 1465 (date de la transcription). Le caractère de l'écriture paroît en effet s'accorder avec cette date.

Je pense, d'après le style du texte, que ce manuscrit a dû être exécuté à Paris, si ce n'est à Saint-Denis. Par ces diverses qualités, ce manuscrit m'a paru être celui qui se rapproche le plus de l'œuvre originale ou de l'auteur. D'autres manuscrits sont plus beaux, plus riches, et même plus complets; celui-ci toutefois m'a semblé préférable aux autres.

2. Le manuscrit de Rouen mérite, à mon avis, le deuxième rang. Il mesure environ vingt-neuf centimètres sur vingt-deux. Il est écrit sur parchemin et sur papier entremêlés. On y trouve quelques miniatures. Celle du frontispice, notamment, représente le roi Charles VII entouré des principaux personnages de son règne, parmi lesquels on remarque la Pucelle. A la fin de ce manuscrit, on lit : « Et ycy finissent les chroniques du feu roy Charles VIIe... qui furent escriptes et finies à Paris le vingt-troisième jour de novembre, jour et feste de Saint-Clément, l'an mil quatre cent soixante et unze, par moy cy dessoubz nommé, Estienne Roux, escrivain. »

3. Le manuscrit de l'Arsenal est une copie du précédent, texte et miniatures. Il est incomplet par rapport à l'autre, et semble plus moderne d'une dizaine d'années.

4. Ms. 1540 S. G. françois, paroît digne de rivaliser avec les trois premiers.

5. Ms. 8298. Grand in-folio sur vélin; très-beau et très-riche volume. Il est décoré de très-belles vignettes et d'un magnifique frontispice. Les armes de France, de Normandie et de Rouen, qui ornent cette première page, montrent que ce manuscrit a fait partie de la bibliothèque des échevins de Rouen, échue en partie

à Colbert au xviie siècle[1]. Cet ouvrage, non paginé, contient la chronique de Charles VI par Jouvenel des Ursins, et la chronique de Charles VII par Jean Chartier. Celle-ci, précédée d'une bonne table des rubriques, commence avec cette table, à la signature L. 5. Il paroît avoir été exécuté vers le milieu ou la fin du règne de Louis XI.

6. Ms. 8350. Cet ouvrage ne le cède pas au précédent pour le prix et la beauté de l'exécution. Il provient de la collection de la Grutuse et se trouve décrit dans la notice que M. Van Praet a consacrée à cette bibliothèque célèbre[1]. Le texte, fort étendu, se déploie dans un grand et fort volume, écrit sur deux colonnes, en grosse bâtarde, d'une splendide calligraphie. Il est précédé d'une ample table des rubriques. De riches et nombreuses miniatures illustrent les principaux chapitres. Mais ce manuscrit, d'après le style et d'après l'histoire du propriétaire, ne peut guère avoir été exécuté que vers 1480. Il le fut à Bruges et par des interprètes médiocrement versés dans l'intelligence de l'auteur. Les mots *franchois* pour *françois*, *chincquiesme* pour *cinquiesme*, *brache* pour *brasse*, attestent ce que nous appellerons un scribe ou clerc *picard*. Le sens même des mots et des phrases a été souvent

1. Voy. Richard, *Notice de l'ancienne bibliothèque des échevins de Rouen.* Rouen, 1845, in-8, n° 11 et 17.
2. *Recherches sur Louis de Bruges, seigneur de la Gruthuyse*, etc. Paris, 1831, in-8, p. 250, n° xcvii.

travesti par ce scribe d'une manière plus vicieuse ou plus grave encore.

7. S. G. fr. 1539. Ce volume, sur papier, paroît avoir été écrit sous Louis XI. Il porte la signature ou *ex libris* de Pierre Pithou. Mais il est incomplet. Le prologue et la tête du premier chapitre manquent au commencement. A la fin, il s'arrête au recouvrement de Fougères, en 1449.

8. Le manuscrit 137 N.-D., aussi ancien que le n° 7, fut vendu le 17 juin (14...) par le libraire Antoine Vérard. C'est ce qu'atteste une note placée par un acquéreur de la fin du XVe siècle sur l'une des gardes du volume. Il porte au dos ce titre, écrit vers le XVIIIe siècle : *Chroniques d'Alain Chartier*. A proprement parler, l'ouvrage qu'il renferme n'appartient ni à Jean Chartier, ni à son frère Alain. Ce manuscrit renferme la chronique de Charles VII par le héraut Berry, et s'étend de 1403 à 1461, embrassant ainsi toute la vie de ce prince. Seulement on y a intercalé, surtout vers la fin, divers passages qui sont tirés effectivement de la chronique de Charles VII par Jean Chartier.

9. Enfin le manuscrit de Godefroy a pour titre : « Histoire de Charles VII par Jean Chartier, chantre de l'église de S. Denis, suivant qu'elle a esté imprimée au Louvre. » Il s'agit ici de la transcription ou mise au net préparée par les soins de l'historiographe Denis Godefroy, et qui sert de copie ou manuscrit aux imprimeurs du Louvre. Cette copie est très-incomplète, car

elle s'arrête à l'an 1431 (bataille de Bullègneville).

Nous nous sommes en outre aidé de quelques manuscrits partiels ou spéciaux. Nous indiquerons ces garans dans le cours de notre édition, aux lieux respectifs qui rendront cette désignation opportune.

§ B. *Éditions imprimées.*

10° Paris, Pasquier Bonhomme, 1476-7.
11° Id. A. Vérard, 1493.
12° Id. Guill. Eustace, 1514.
13° Id. Galliot-Dupré, 1517-1518.
14° Id. Godefroy, Louvre, 1661.

10. L'histoire de Charles VII par Jean Chartier fut imprimée, comme on l'a dit, pour la première fois, dans le recueil général des *Grandes Chroniques de Saint-Denis*. Cette édition parut, ou sous les yeux de l'auteur, ou très-peu d'années après la mort de celui-ci. De telles circonstances ajoutent nécessairement un grand intérêt à la valeur propre de cette édition *princeps*.

Les *Grandes Chroniques de Saint-Denis* sont en trois volumes in-folio. L'ouvrage débute, dans les deux exemplaires que possède la Bibliothèque impériale [1], sans titre, faux titre ni frontispice, par ces mots en manière d'*incipit* : *Prologue des*

1. L^{35},6. Un exemplaire dans la *salle*, et un deuxième dans la *réserve*.

Chroniques de France. Ce prologue est très-ancien, et paroît remonter, pour la composition du texte, peut-être au XIIIe siècle. La chronique de Jean Chartier commence au folio 166 du troisième volume : *Cy commence la table* (des rubriques) *contenant les faits et gestes du roy Charles VIIe.* Vient ensuite le préambule françois de Jean Chartier *au présent* [1]. Puis se déroulent les chapitres, qui remplissent le reste de ce troisième et dernier volume. La rubrique finale est ainsi conçue : « Cy fine le tiers et dernier volume des Chroniques de France, contenant Charles V^e, Charles VIe, Charles VIIe; bien ordonnées par tables et par chapitres; et pareillement ès deux volumes précédens sont contenus les faitz et gestes de tous les roys qui oncques furent en France, tant payens comme crestiens; dignes de grant recommandacion, selon l'original des chroniqueurs de Saint Denis, qui d'ancienneté ont eu la charge de ce faire; — faictes à Paris en la rue neufve de Nostre-Dame, devant la grant église; en l'ostel de Pasquier Bonhomme, l'ung des quatre principaux libraires de l'Université de Paris; où pend pour enseigne l'ymage saint Christofle [2].

1. Voy. ci-dessus, p. xvij.
2. Cette rubrique n'est point identique dans les deux exemplaires. L'une des deux rubriques est plus étendue que l'autre, c'est celle que nous avons transcrite; l'autre ne contient rien qui ne soit dans la première. Ces deux exemplaires appartiennent à une seule et même *édition;* seulement le caractère paroît avoir manqué ou déplu à la fin de l'impression. Dans le *deuxième* exemplaire, le dernier cahier

» Faict le xvie jour de janvier l'an milccccIxx vj. » 1477 N. S.

Jean Chartier, comme on voit, n'est point positivement désigné comme ayant présidé de sa personne à l'édition de cet ouvrage.

12. L'édition de Vérard (1493), en trois volumes in-folio, porte le même titre que la précédente : « le *premier* (2e et 3e) *volumes des croniques de France*, nouvellement imprimé, etc. » La chronique de Jean Chartier commence au t. III, f⁰ 135. Cette édition, supérieure à la précédente pour la beauté de l'exécution typographique, paroît avoir été revue sur des manuscrits ; mais elle n'offre toutefois que peu de différence avec l'édition *princeps*.

13. Une autre édition de Jean Chartier a paru dans la *Mer des histoires et croniques de France*, etc., Paris, Galliot-Dupré, 1517 à 1518, quatre volumes petit in-folio. Cet ouvrage est une sorte de compilation dont le fonds principal se compose encore des chroniques de Saint-Denis. Au delà de Charles VII, la *Mer des histoires* se continue par Gaguin et d'autres auteurs. La chronique de Jean Chartier commence au feuillet 111, verso, du tome IV. Le texte paroît être une réimpression de Vérard.

---

a été composé, ou mieux, recomposé, avec un caractère neuf et plus beau que l'ancien. Il y a eu alors un second tirage, mais les deux rubriques portent la même date. Voyez, pour la description de cet ouvrage et des deux suivants, le *Manuel du libraire* de M. Brunet, édition de 1842, au mot *Chroniques de France*, t. 1, p. 659.

Nous avons négligé à dessein une édition intermédiaire de 1514 (ci-dessus, n° 12). Nous négligerons de même quelques autres réimpressions analogues, désignées ou décrites par M. Brunet, au mot indiqué ci-dessus. En général, depuis Vérard, ces éditions se copient entre elles et n'ajoutent guère les unes aux autres que de nouvelles fautes d'impression.

Nous arrivons ainsi à l'édition la plus moderne, comme aussi la plus importante.

14. En voici le titre exact : *Histoire de Charles VII, par Jean Chartier*, sous-chantre [1] de Saint-Denis, Jacques le Bouvier,... Mathieu de Coucy, et autres autheurs du temps;... mise en lumière... par Denys Godefroy, conseiller et historiographe ordinaire du roy; Paris, imprimerie royale, 1661 ; in-folio.

Cette édition, bien supérieure sous beaucoup de rapports aux précédentes, est une œuvre digne de haute estime. Godefroy paroît avoir eu connoissance non-seulement des imprimés, mais des meilleurs et des plus anciens manuscrits. En accordant à Chartier le premier rang dans son recueil, Godefroy a témoigné du zèle et de l'intérêt que lui inspiroit cet auteur. Il n'a rien négligé de ce qui dépendoit de son goût, de ses connoissances historiques et de sa sagacité, pour *mettre en lumière*, avec un plein succès,

---

[1]. Je ne sais pourquoi Godefroy ne lui donne pas le titre de chantre, que toutes les autorités attribuent à Jean Chartier.

comme il le dit très-justement, l'œuvre de ce chroniqueur. Toutefois sa belle édition présente trois graves inconvéniens ou imperfections, qu'il nous sera permis de signaler avec une égale impartialité.

Godefroy, en premier lieu, n'a indiqué nulle part aucune des sources où il a puisé.

En second lieu, l'historiographe du XVIIe siècle a traité, on peut le dire, à merci, et comme sa chose propre, l'œuvre de son prédécesseur du XVe. Godefroy a, d'un bout à l'autre, *rajeuni* le texte de Jean Chartier, au point d'effacer, ou du moins d'altérer, d'une manière variable et inégale, mais constante, la physionomie propre de l'original[1]. Cette liberté sans scrupule, dont les éditeurs du XVIIe siècle ont usé à l'égard des textes anciens de la langue vulgaire, étoit, comme on sait, générale.

Le goût du public d'*élite* pour lequel, en cette circonstance, travailloit l'imprimerie du Louvre, sous la direction de l'historiographe, et l'exemple des premiers maîtres de son temps, ne l'autorisoient pas seulement; mais lui commandoient en

---

1. Non content de rajeunir le texte, Godefroy l'a plus d'une fois modifié, éclairci ou complété de son autorité privée. Il l'a même quelquefois augmenté d'additions à lui propres, et qu'il a mêlées à la chronique de Jean Chartier. Ainsi, p. 315 de son édition, sous la date de 1460, le texte parle d'Anne de Bretagne «morte en 1513». Aucun manuscrit de Chartier ne porte et ne peut porter une telle mention, que Godefroy y a introduite sans en avertir le lecteur.

quelque sorte d'en agir ainsi. La médiocrité infime, au point de vue littéraire, de Jean Chartier, dut en outre justifier tout spécialement, aux yeux de Godefroy, cette méthode. Toutefois il ne seroit plus moralement possible, aujourd'hui, d'adopter, en matière d'édition, de tels principes. Les textes du moyen âge, en effet, peuvent être comparés aux monumens de la même époque : tous ne sont point dignes d'admiration, ni même d'estime sous le rapport de l'art ; mais tous peuvent offrir un intérêt propre à l'archéologue, et les défauts mêmes ou la structure quelconque d'un texte, au point de vue de la linguistique, ne sont pas moins instructifs que ses beautés.

Godefroy, en troisième lieu, par suite des mêmes principes, a supprimé les divisions par chapitres et les rubriques de l'original ; un millésime courant et des *manchettes*, ou sommaires placés en marge, remplacent arbitrairement ces divisions dans l'édition in-folio du Louvre. Ces divisions primitives, cependant, forment à nos yeux une portion intégrante de l'ouvrage. On ne peut les enlever, par conséquent, sans mutiler l'œuvre elle-même. Elles apportent d'ailleurs dans la lecture, déjà laborieuse, de cet écrivain, de précieux repos, et facilitent singulièrement les recherches.

III

Observations historiques et critiques sur la Chronique de Charles VII par Jean Chartier.

Nous avons déjà dit qu'avant 1437 la Chronique de Chartier n'est point une narration originale, contemporaine, des faits qu'elle rapporte. C'est là un point de critique essentiel : afin de le mettre complétement hors de doute, nous ne nous tiendrons pas à l'affirmation de l'auteur, attendu l'apparente contradiction qui existe entre le préambule édité par Godefroy, d'une part, et, d'une seconde part, les deux autres versions (latine et françoise) de ce préambule. Aux indices déjà produits sur ce point, nous ajouterons un dernier argument ; nous indiquerons un nouveau genre de preuves. Jean Chartier mentionne, à mainte reprise, sous la date de 1429, parmi les seigneurs belligérants, un prince françois qu'il désigne constamment en lui donnant le titre de *duc de Bourbon*. Or, en 1429, il n'y avoit point en France de duc de Bourbon. Jean, duc de Bourbon, titulaire de cet apanage, étoit en Angleterre depuis 1415 ; il y conserva son titre jusqu'à sa mort, arrivée en 1434. Le prince qui combattoit sous les murs d'Orléans, etc., en 1429, étoit le comte de Clermont, Charles, fils aîné de Jean, qui fut en effet duc de Bourbon *après son père*. Cet exemple est assez clair et assez probant pour suffire à lui seul, et me dispensera d'insister davantage.

Jean Chartier ne commença donc à écrire qu'en 1437. Les sources où il a puisé, pour la période antérieure, paroissent être la chronique de Cousinot ou *de la Pucelle* [1], et celle du héraut *Berry* [2]. A partir de 1437, Jean Chartier, bien loin d'être réduit forcément à ces emprunts, eut pour mission officielle de rédiger lui-même les annales authentiques du règne. On peut le dire cependant, sans manquer au respect de la vérité, la chronique de Jean Chartier n'est guère plus *originale* après 1437 qu'avant son entrée en fonctions comme chroniqueur juré. La manière dont cette chronique est écrite d'un bout à l'autre semble attester, de la part du titulaire, une négligence extrême, et comme le visible dégoût de ses fonctions. Jean Chartier, en effet, paroît avoir été naturellement dépourvu de toutes les qualités désirables chez un historien. La chronologie est, par lui, comme bouleversée à chaque pas, dans la compilation qui forme la première partie de sa chronique. A l'exception des détails intéressans qu'il emprunte aux deux Cousinot sur la Pucelle, les faits de cette

---

[1]. Voy. *Essais critiques sur les historiens originaux de Charles VII;* premier essai : *Chronique de Cousinot.* Paris, Dumoulin, 1857, in-8.

[2]. Je me propose de montrer dans un *essai* ultérieur la part d'originalité qui appartient respectivement à chacun de ces deux auteurs, Cousinot de Montreuil et Berry.

période que nous offre sa Chronique sont choisis, présentés ou tronqués d'une façon déplorable. La même incurie se manifeste dans la rédaction de la période ou des événemens postérieurs à 1437. Les années 1445 et 1446 tout entières font absolument lacune dans ce registre officiel de la monarchie. Il place à 1452 l'arrestation de Jacques Cœur, qui eut lieu au mois de juillet 1451. Les années 1459 et 1460 sont également en *déficit;* et le peu de faits que certains manuscrits présentent sous la rubrique de ces années ne sont qu'un tissu d'anachronismes [1].

En général, et même pour la mémorable campagne de Normandie, qu'il suivit cependant de sa personne, Jean Chartier ne peint point ce qu'il a vu, n'exprime point ses émotions. Rien ne l'émeut, que le froid [2], ou les détails les plus terre à terre. Ses annales se composent, en majeure partie, de rapports et de mémoires de seconde main, qu'il insère souvent de *verbo ad verbum*, sans aucuns frais de rédaction de sa part. On chercheroit difficilement dans cette chronique un éclair de sensibilité, une appréciation élevée, ou même une idée propre et indépendante. Les récits qu'il fait de la mort tragique de Gilles, frère du duc de Bretagne, de beaucoup d'autres victimes, et surtout de Jacques Cœur, dénotent, chez cet écrivain, une sorte de scepticisme glacial sur le

1. Conférez sur ce point l'édition de Godefroy, p. 315.
2. Voy. ci-dessus, p. x-xj.

mal et sur le bien ; scepticisme pour lequel le *succès* ou la *chose jugée* remplace le cri de la conscience.

Sous le rapport du style, Jean Chartier s'en tient, à peu près, aux exigences de la grammaire de son temps. Mais aucun écrivain n'est plus dépourvu que lui de tout art et de toute espèce de talent pour exposer sa pensée. Jean le Laboureur, l'érudit du XVIIe siècle, dans une préface où il rend compte de son travail et de ses sueurs pour traduire en françois l'historien latin de Charles VI, dit, en parlant du *Religieux*, « qu'il s'exprime avec les mots ampoulés d'une » langue expirant dans les tourmens du barba- » risme [1]. » Traducteur de la Chronique ou fragment latin de Jean Chartier, j'oserai porter à mon tour sur ce dernier auteur un témoignage analogue [2]. Jean Chartier, lorsqu'il écrit en latin, est on ne peut plus affecté ou obscur. Quand il emploie la langue vulgaire, ces deux graves défauts disparoissent, il est vrai, de son style ; mais l'écrivain, tombant alors dans l'excès contraire, s'abandonne à la négligence la plus complète. Dans les manuscrits les plus anciens (et probablement les plus fidèles), le discours de Jean Chartier ne présente aucun repos, aucune division possible, pendant le cours ou l'étendue de

[1]. Voy. *Histoire de Charles VII*, édition Bellaguet, avertissement du tome 1, page 15.
[2]. Voy. *Bulletin de la Société de l'Histoire de France*, mars 1858.

pages entières. Ses phrases infinies se lient à perpétuité par la conjonction *et*, qui se répète avec une constante monotonie. Les termes *de style*, tels que *ledit*, *susdit*, *icelle*, et autres pléonasmes qui sentent le rouille littéraire du moyen âge, et que les bons écrivains de son temps commençoient à secouer, sont prodigués dans la prose de Jean Chartier jusqu'à l'abus le plus insipide.

Jean Chartier intéresse plus d'une fois, mais par l'intérêt du sujet et par la plume d'autrui. Quelquefois aussi il réussit de lui-même à provoquer le sourire du lecteur; mais il y réussit alors au delà de son thème et à ses dépens; comme, par exemple, lorsque, dans un passage célèbre et que je n'ai pas besoin de citer, il entreprend de faire éclater la chasteté de Charles VII à l'égard d'Agnès Sorel. J'alléguerai, en vue du même ordre de considérations, un spécimen tout différent. Jean Chartier raconte qu'en 1454, le sire de Lesparre fut, par ordre du roi, jugé et condamné à mort. « A l'effect du quoy, dit-il, il fut délivré au bourreau, lequel lui trancha *la moitié et le moule de son chaperon*, c'est-à-dire la teste; puis il fut escartelé, mis en pièces et pendu en divers lieux comme on a acoustumé de faire en tel cas. » Traître et ingrat, le sire de Lesparre méritoit les rigueurs de l'histoire; mais une telle *plaisanterie* semblera pour le moins déplacée sur un pareil sujet, si l'on songe surtout à la robe que portoit l'écrivain qui se l'est permise.

La Chronique de Jean Chartier, bien loin

d'offrir au lecteur des pensées *naïves*, que l'on recherche souvent dans les auteurs anciens, est le produit d'un esprit crédule, obscurci par tous les préjugés et par les plus basses superstitions de son siècle [1]. Son ouvrage, dépourvu de goût et de critique, nous montre comme le dernier terme d'un genre en décadence. Il clôt en effet le recueil des *Grandes Chroniques de Saint-Denis*, ce code de la doctrine historique du moyen âge. Après Jean Chartier, l'histoire, qui déjà s'élève bien loin de lui sous la plume de R. Gaguin et de Nicole Gilles, entre dans une voie nouvelle, pour aborder bientôt la carrière de la science et de la littérature modernes.

Je dois me garder à mon tour, en suivant la pente de ces observations, de manquer, vis-à-vis de l'auteur que j'apprécie en ce moment de mesure et de justice. Détestable chroniqueur, à mon sens, Jean Chartier demeure, pour le reste, l'homme débonnaire, honorable même et intelligent, que montrent en lui les annales intimes de son monastère. Sa Chronique, à laquelle je reviens, et lui-même pour sa gloire, eussent probablement gagné si la rédaction en eût été confiée à d'autres mains que les siennes. Cette Chronique, au surplus et en résumé, présente encore à nos yeux, malgré tous ses défauts, une très-grande valeur historique. Si l'on veut me

---

[1]. Les miracles non canoniques et les sorcelleries abondent dans cette chronique.

pardonner une telle comparaison, ce recueil est le *Moniteur*, incomplet, mais authentique et officiel, de son époque. On voit non-seulement les faits choisis que le rédacteur fut autorisé à y enregistrer, mais encore le jour ou le point de vue sous lesquels cette espèce de publication étoit offerte aux contemporains et à la postérité. On y rencontre enfin un nombre imposant de pièces authentiques et précieuses pour l'historien, qui, pour la plupart, ne se retrouvent pas ailleurs.

Notre tâche, comme éditeur de Jean Chartier, avoit deux écueils. Nous avons cru devoir nous tenir à une égale distance et du texte rajeuni par Godefroy et de celui que nous offrent les manuscrits les plus anciens. Le premier constitue un véritable travestissement. Le second doit être considéré comme une œuvre enlevée à l'auteur dans un état encore imparfait. Imprimer ce texte dans cet état de primitive incorrection nous eût semblé un acte de véritable indélicatesse. Nous avons pris ces manuscrits pour base de notre édition; mais, toutes les fois que les autres manuscrits ou les deux premières éditions imprimées nous ont offert quelque correction, quelque variante avantageuse, nous les avons adoptées avec empressement. Ces variantes, en effet, peuvent, aussi bien que les plus anciens manuscrits, remonter à une source authentique.

Nous nous sommes permis d'apporter ou même d'indiquer sur le texte quelques corrections, notamment en ce qui touche les plus grosses erreurs de chronologie. Chaque fois que ces erreurs n'étoient pas d'une évidence hors de toute contestation possible, nous avons produit les garans de notre opinion. Nous avons, dans tous les cas, exprimé la faute en elle-même, ou l'énonciation du chroniqueur, telle quelle. Seulement, nous y avons joint entre parenthèses la rectification, afin d'éclairer le lecteur, lorsque nous nous sommes cru autorisé à le faire.

Bien loin de supprimer les rubriques et chapitres, nous avons en quelque sorte multiplié autant que possible ces utiles divisions. Il existe à cet égard une grande variété dans les textes antérieurs à Godefroy. Les mêmes rubriques ne se retrouvent que dans les exemplaires similaires d'une même *édition*, soit manuscrite, soit imprimée. Nous avons reproduit tous les titres de ce genre que nous ont fournis les diverses sources où nous avons puisé.

NOTICE SUR HENRI BAUDE

et sur l'*Éloge ou portrait historique
de Charles VII.*

Henri Baude naquit à Moulins, comme il nous l'apprend dans une pièce de vers dont il est l'auteur [1]. D'après les faits qui seront ci-dessous exposés, il dut naître vers 1415 ou 1420; car il avoit âge d'homme à l'époque de la Praguerie, qui eut lieu en 1440. La Praguerie, comme on sait, fut une sorte de conspiration ourdie par de grands seigneurs, mécontens, contre le gouvernement de Charles VII. Ces grands seigneurs y entraînèrent avec eux le Dauphin, qui fut depuis Louis XI. H. Baude joua un rôle secondaire dans la Praguerie; mais nous ne saurions dire très-clairement quel fut ce rôle. Les termes qu'emploie à ce sujet notre auteur, car c'est encore de lui que

---

1. *Les vers de Maître H. Baude*, édition Quicherat. Paris, Aubry, 1856, in-12, p. 69.

nous tenons cette information, sont très-amphibologiques. On ne comprend pas aisément, d'après ces termes[1], si Baude fut employé par Charles VII à poursuivre le Dauphin révolté, ou bien si le même Baude suivit, en volontaire et en partisan, la cause du jeune prince. Quoi qu'il en soit, Henri Baude ne tarda pas à reprendre rang parmi les serviteurs et les fidèles ou féaux de Charles VII. Il sut mériter les bonnes grâces de ce prince par « plusieurs bons et agréables services faiz en la compagnie d'aucuns nos officiers estans autour de nous et en nostre service. » C'est ainsi que s'exprime le roi dans les considérans des lettres patentes par lesquelles il octroye à Henri Baude une charge d'élu du bas Limousin[2]. Grâce à la facilité que donnoient les principes alors reçus quant à l'administration de ces charges de finances, Henri Baude fit exercer son office d'élu par des fondés de pouvoir, et vint se fixer à Paris, où paroît s'être écoulé le reste de son existence. H. Baude cultiva, et avec succès, la poésie. Ses vers, généralement satiriques et plaisans, ne manquent ni de sel ni de tournure. Son style est original et rappelle Villon, à côté de qui Baude mérite d'être placé comme émule. Robertet, vers 1530, étoit semblable au fameux Chapelain, qui se connoissoit en poésie, quoique très-mauvais poëte lui-

---

1. Voir le préambule de l'*Éloge ou portrait de Charles VII*, par H. Baude.
2. *Vers de H. Baude*, p. 110-111.

même. On doit à ce Robertet de nous avoir conservé les œuvres poétiques d'Henri Baude. Un peu plus tard, Clément Marot fit à Baude cet honneur de le pill-r, mais il ne lui fit pas celui de le nommer. Depuis trois siècles, enfin, Henri Baude étoit retombé dans le silence et l'obscurité, lorsque, tout récemment, M. Jules Quicheval l'a remis en lumière. Ce critique distingué nous a d'abord fait part de cette exhumation, en consacrant à Henri Baude et à ses œuvres une première notice[1]. Il a recueilli ensuite ce premier travail, augmenté de nouveaux développemens, dans un charmant petit volume, qui fait partie de la collection intitulée : *Le Trésor des pièces rares et curieuses*[2], publié par M. Auguste Aubry. On y trouve réunis, suivant l'ordre chronologique, un choix des meilleures pièces dues à la verve d'Henri Baude, et le peu que l'on sait des circonstances de sa vie. Le fil de ces notions biographiques nous conduit jusque vers 1495, qui paroît avoir été l'époque de sa mort.

Il nous reste à parler de l'opuscule historique et en prose d'Henri Baude reproduit ci-après, le seul ouvrage de ce genre qui nous soit connu de lui. Ce document nous est fourni par un manuscrit original et très-curieux qui subsiste à la Bibliothèque impériale, dans le fonds du roi ou

---

[1]. *Bibliothèque de l'École des Chartes*, t. 10, p. 49 et suiv.
[2]. *Les vers de M° H. Baude*, déjà cités.

ancien fonds françois, n° 6222c [1]. Ce manuscrit, in-4 assez petit, sur papier, est orné de cinq miniatures, exécutées en camaïeu ou peintes d'une seule couleur, mais rehaussées çà et là d'or, et, par exception, de quelques tons variés. L'une de ces miniatures représente l'auteur offrant son livre au jeune roi Charles VIII, qui monta sur le trône après Louis XI, en 1483. Aux pieds du donateur, on remarque un *chien roux*, d'une espèce particulière et non domestique. Nous reviendrons spécialement sur la présence et la signification de cet animal. Au folio 36 se trouve une autre vignette, précédée de ce titre, écrit de la même main que le texte de l'ouvrage : *Figure de la Praguerie*. Elle représente une chasse. Un gros d'écuyers ou veneurs à cheval, dont l'un sonne de la trompe, débouche à l'un des angles supérieurs du tableau. Le centre est occupé par les *personnages* suivans : 1. un grand cerf ailé, au bois doré et « signé, comme dit l'auteur, de quarante cors »; 2. un jeune, ou « brocquart, signé de vingt cors » et marchant en sens contraire ; 3. et plus bas le même *chien roux*. Une troisième peinture, placée au folio 39 verso, correspond au chapitre intitulé : *De la justice du dit roy Charles*. Nous y voyons un roi (censé Charles VII), revêtu de ses insignes et siégeant en conseil. Au milieu du tableau

---

[1]. L'opuscule que nous allons décrire forme la deuxième partie du volume 6222 c.

et entre les conseillers, le *chien roux*. Deux dernières miniatures, peintes aux feuillets 41 recto et 42 verso, se rapportent aux chapitres : *de sa guerre* et *de ses finances*. Toutes deux présentent avec les compositions précédentes une grande analogie. On y remarque, comme dans celles-là, l'invariable *chien roux*, qui se trouve ainsi reproduit uniformément dans chacune de ces images.

Au-dessous de la miniature qui représente la *Figure de la Praguerie*, le texte débute par un préambule, allégorique lui-même, et que nous reproduisons en tête de l'*éloge* ou *portrait historique*. Ce préambule n'est pas moins énigmatique dans ses termes que la miniature peinte. Nous nous attacherons premièrement à expliquer l'une et l'autre. Et d'abord le nom de *Baude* lui-même est un premier mystère. Au XVe siècle, on appeloit *Baud* (au pluriel *Baux* et au féminin *Baude*) certaine espèce de chiens de chasse déjà connue depuis longtemps. Un individu de cette race, remarquable par ses qualités propres, fut offert au roi Louis XI, grand amateur de vénerie, qui toutefois en tint peu de compte et le céda à Jacques de Brézé. Cet animal, nommé Souillart, devint célèbre dans l'histoire et la littérature cynégétiques[1].

« Madame Anne de Beaujeu, dit Jacques du Fouilloux, ayant entendu parler de la bonté

---

1. Voy. *Bibliothèque de l'École des chartes*, 3ᵉ série, t. I, p. 478, note 2.

et de la beauté de ce chien, envoya une lice nommée *Baude,* qui fut couverte et emplie de ce chien deux ou trois fois ; dont en sortit quinze ou seize chiens, et entr'autres six d'excellence, qui multiplièrent la race [1]. » Ce croisement valut à la lice Baude d'être célébrée à son tour, en compagnie de Souillart, par les poëtes du temps, témoin ces vers, tirés de l'*Épitaphe du bon chien Souillart* :

Droit chien bault ay esté de ceux que [2] *loe Phébus,*
Et croy qu'après ma mort il n'en demeura nulz
Et n'est [3] *de mes enffants, dont j'ai eu vingt et deux,*
Qui par toutes foretz prenoient les cerfz tout seulz.
Du temps que je règnoie estoit Baulde *en vertu,*
La bonne lisse rouge, qui tant de bien a eu, etc. [4]

Que l'on se rappelle le *chien roux* reproduit avec une constance affectée dans les miniatures que nous avons décrites ci-dessus, et l'on s'expliquera désormais l'équivoque de *Baude,* qui, par un singulier caprice du poëte, désigne l'auteur lui-même sous les traits de cet animal.

Quant au sujet principal de l'allégorie, il est aisé d'y reconnoître en effet la *Praguerie,* c'est-

---

1. *Vénerie,* etc., 1640, in-4, chap. 2, f° 2. On connoît un petit poëme, imprimé gothique, rarissime, intitulé le *Dit du bon chien Souillart.* Ce morceau, publié par M. J. Pichon, fait partie du *Trésor des pièces rares,* etc., de M. A. Aubry.
2. Que loue Gaston Phébus.
3. Si ce n'est.
4. Ms. Bibl. imp., suppl. fr. 1076, dernier feuillet.

à-dire la révolte de Louis XI contre son père en 1440; sa fuite en Dauphiné, puis à la cour de Bourgogne. Le cerf ailé (devise de Charles VII), *signé de* 40 *cors*, ou âgé de 40 ans, est l'emblème du roi, et le *jeune brocquart* celui du Dauphin.

Baude buissonnoit en la forêt d'*Espérance*, c'est-à-dire se tenoit en Bourbonnois, sa patrie : *Espérance* est la devise des ducs de Bourbon. Lorsque H. Baude s'aperçut qu'il avoit pris le change et qu'il s'étoit engagé témérairement (à la poursuite?) ou à la suite du Dauphin, il revint à ses premiers erremens, auprès du souverain légitime. Il retourna en conséquence à l'hôtel de Saint-Paul, au *Marais*, dans Paris, où le roi Charles VII avoit pris naissance. En 1441, peu après la Praguerie, Charles VII revint en effet se fixer momentanément dans son palais de la capitale[1]. Or, c'est également à Paris, comme nous l'avons dit ci-dessus, que Baude finit par fixer son domicile.

Denis Godefroy, lorsqu'il composoit son recueil des historiens de Charles VII, eut communication du manuscrit royal 6222 c, qui porte encore aujourd'hui sur sa couverture les armes de Henri II. Cet opuscule frappa le savant historiographe, et celui-ci en inséra le texte, c'est-à-dire les chapitres, dans son beau et bon recueil, imprimé en 1661, par les presses du Louvre.

1. *Itinéraire de Charles VII*, inédit.

Mais le sens allégorique du préambule lui échappa vraisemblablement. Aussi, Denis Godefroy omit le texte de ce préambule et publia seulement la suite du manuscrit, ou les chapitres; mais en donnant ce manuscrit comme *anonyme*[1], Godefroy, selon sa méthode habituelle, qui étoit encore suivie par les meilleurs critiques de son temps, a constamment rajeuni, et quelquefois altéré le texte de ce document. On le trouvera ci-après restitué intégralement d'après le manuscrit original.

Nous ne saurions dire avec certitude le temps précis où Baude présenta son volume au jeune prince; mais il est constant que ce fut après 1484. Cette année-là, en effet, eut lieu la fameuse assemblée des états généraux de Tours, à laquelle assista Guillaume Cousinot. Or ce dernier étoit mort[2] lorsque Baude offrit à Charles VIII son ouvrage. D'un autre côté il semble, d'après le style des miniatures, d'après l'âge qu'elles donnent au prince régnant, enfin, et surtout, d'après le prologue et l'épilogue de l'opuscule, que cette dédicace dut avoir lieu au com-

---

1. *Histoire de Charles VII, roy de France, par Jean Chartier*, etc., mise en lumière et enrichie de plusieurs titres, mémoires, etc., par Denys GODEFROY, *conseiller et historiographe ordinaire du roy*. Paris, de l'imprimerie royale, 1661, in-f°. L'*Éloge de Charles VII* est en tête du volume, parmi les pièces liminaires. Denis Godefroy a également omis ou supprimé l'épilogue, de quelques lignes, qui termine l'opuscule de Henri Baude.

2. Voy. ci-après, t. III, *Éloge*, etc., chap. 4.

mencement du règne de Charles VIII, par exemple de 1485 à 1490. Le règne de Charles VIII, en effet, marqua l'époque d'une sorte de réaction au sein de l'opinion ou des esprits, réaction importante pour ceux qui étudient l'histoire de Charles VII. Louis XI, pendant tout le cours de son règne, avoit tenu sous la crainte ou dans la disgrâce une foule de serviteurs qui s'étoient attachés de cœur à son père. Lorsque Louis mourut, il y eut comme une explosion de ces souvenirs et de ces sentimens en faveur de Charles VII, comprimés par le joug de son successeur. Henri Baude avoit été parmi les disgraciés dont nous parlons. Dans cet opuscule, il donna carrière aux sentimens que nous lui prêtons, ou du moins nous croyons les y retrouver avec évidence. Ce morceau est écrit sous l'inspiration de la faveur ou de l'affection, mais non de la complaisance. Il est puisé à la source de la gratitude, qui a sa noblesse et même son désintéressement. L'esprit satirique de l'auteur nous offre un autre garant de son indépendance ou de sa sincérité. C'est un panégyrique, mais un panégyrique honnête; un portrait flatté, mais ressemblant ou vraisemblable. C'est à la fois un *éloge* et un *portrait*, comme le dit le titre que nous avons cru devoir conserver à ce document. Les détails intimes et piquants dans lesquels est entré l'auteur de ce morceau lui communiquent un intérêt fort élevé au point de vue de l'histoire. Parmi ces détails, les uns sont parfaitement confirmés, quant à leur véracité, par les notions qui nous sont révélées d'ailleurs ; les autres, complétement neufs, acquièrent, par là, d'autant plus de poids et d'autorité, ou, pour le moins, de vraisemblance.

NOTICE

DE QUATRE FRAGMENTS DE CHRONIQUE INÉDITS
ET MARQUÉS A, B, C, D.

Il y a vingt ans environ, un bibliophile que je connoissois alors eut l'obligeance de me communiquer, dans l'intérêt de mes études, une certaine quantité de documens manuscrits relatifs à l'histoire du XVe siècle. Dans le nombre se trouvoient les fragmens A, C, D ; le fragment B est tiré d'une autre source, que j'indiquerai bientôt. Consacrons maintenant à chacun de ces morceaux une analyse particulière.

Fragment A.

L'original forme un cahier ou fascicule de 21 feuillets, 42 pages, sur papier de 23 centimètres de haut et 16 environ de large. Ce papier a pour marque ou filigrane tantôt une tête de cerf et tantôt un heaume avec cimier et gorgerin. Les 15 premiers feuillets sont remplis recto et verso. Les feuillets 16, 17, 18 et 19 étoient également écrits ; mais ils ont été coupés à 3 décimètres environ du fond, c'est-à-dire à la ligne de marge à peu près, et parallèlement à la ligne du fond. Il en résulte une interruption ou lacune qui n'offre que des bouts de ligne sans suite au verso des marges sur quatre pages, et quelques notes insignifiantes au recto de ces mêmes marges. Le texte reprend ensuite au feuillet 20 (page 39), et s'interrompt définitivement au bout de quelques lignes. Le feuillet 21 est blanc.

Le caractère ou la forme de l'écriture, la couleur de l'encre, les nombreuses ratures et surcharges, s'accordent avec l'aspect du papier pour attester un manuscrit original, et même une minute, qui remonte certainement au XVe siècle.

Ce fragment paroît être une partie détachée d'une chronique générale, ou du moins plus étendue. « Pour ce que au long il est escript *par ci-devant*, dit l'auteur [1], ès croniques de Charles VIe, roy de France... » Il paroît, d'un autre côté, que l'écrivain avoit survécu à Charles VII, mort en 1461; car il fait allusion à des événemens qui couronnèrent la carrière de ce prince. « Il (Charles VII) eut molt à souffrir,

1. Voy. à la première page du fragment A.

vivant encore son père, et après, du commencement de son règne ; mais à la fin, il fut victorieux et redoubté entre tous les vivans. Il suppédita tous ses adversaires et recouvra tout son royaume et le acreut comme on pourra voir, etc.[1] »
Un autre passage semble pouvoir servir à déterminer d'une manière plus précise le temps où écrivoit notre auteur. Après avoir rapporté la mort de *Jean sans Peur*, duc de Bourgogne, assassiné à Montereau (1419), il s'exprime en ces termes : « Et s'efforça moult *icelui Philippe*, duc de Bourgogne, de mettre, etc. » C'est ainsi, brusquement, qu'il introduit sur la scène le fils du duc assassiné. Cette expression d'*icelui* porte avec elle dans ce passage une nuance d'irrévérence et d'hostilité de la part de l'auteur envers l'ancien ennemi et le rival du roi de France ; mais le sens propre fait de ce terme l'équivalent de ceux-ci : le duc *actuellement régnant*. Or Philippe le Bon mourut en 1467 ; c'est donc entre 1461 et 1467 que, vraisemblablement, fut rédigé ce fragment de chronique.

Cherchons maintenant à déterminer l'auteur.

On reconnoît aisément en lui un partisan de Charles VII, ou de la cause *Armagnac*. Le passage que nous venons de citer suffiroit, à la rigueur, pour révéler nettement les sentimens politiques de cet écrivain. Le reste de son œuvre décèle, avec une éclatante évidence, un ennemi

---

[1]. Vers le commencement du fragment A.

déclaré des Bourguignons et des Anglois. Par là il mérite, lui et sa chronique, le titre de *François*, avec l'acception spéciale qui s'attache à ce mot dans l'histoire du XVe siècle.

Ce fragment offre quelque analogie avec la chronique du hérault Berry. L'un et l'autre commencent à la même époque, c'est-à-dire à la naissance de Charles VII. Les deux ouvrages, par rapport à ce prince, sont écrits dans le même esprit. Le fragment paroît suivre, en général, la chronique de Berry, tout en l'abrégeant. Cependant elle s'en éloigne très-souvent. Elle en diffère d'une manière trop constante et trop notable pour qu'on puisse ne pas voir dans le fragment autre chose qu'une simple copie ou résumé de la chronique. L'auteur du fragment se conduit évidemment par sa pensée propre, et son opuscule, quoique succinct, se montre original. Nous signalerons comme exemples, parmi beaucoup d'autres, deux faits ou événemens sur lesquels le récit des deux écrivains diffère d'une manière très-sensible ; le premier fait est le siége de Rouen par le Dauphin, en 1417 ; le deuxième récit a trait à la bataille de Mons en Vimeu [1].

Le hérault Berry, en parlant du siége de Rouen et des Rouennois révoltés, représente comme cause principale de la sédition « un » nommé Jean Raoulet, capitaine tenant le party

---

1. Voy. ci-après, t. 1, p. 19 et 31, chap. 4.

» du roy [de France], pour les pilleries et vole-
» ries qu'il faisoit sur le peuple [1]. » L'auteur de
notre fragment, comme on le verra bientôt,
avoit, si je ne me trompe, de bonnes raisons
pour ne pas répéter, sur le compte de ce Raoulet, un témoignage aussi peu flatteur. Dans cet
endroit, notre fragment passe complétement
Raoulet sous silence ; c'est au duc de Bourgogne
et à ses « traïsons » qu'il impute tout le mal.

En ce qui concerne la bataille de Mons en
Vimeu, le hérault Berry, de même que les chroniqueurs bourguignons, mentionne ici de nouveau le capitaine Raoulet. Mais ces derniers se
bornent à le nommer ; le hérault Berry, tout en
lui faisant un peu plus d'honneur, ne lui accorde
encore cependant qu'un rôle très-secondaire.
Dans notre fragment de chronique, il n'en est
pas de même. Ici le capitaine Jean Raoulet, non-
seulement apparoît *nommément* en scène, mais à
lui seul il l'occupe à peu près entière. Peu s'en
faut qu'il ne se proclame, lui Raoulet, vainqueur
en cette journée, où la plupart de nos historiens
n'ont vu pour nous qu'une défaite [2]. En général,
ainsi que j'ai tenté de le faire voir dans une
autre dissertation [3], les éloges les plus vifs que
donne une chronique du XVe siècle à un personnage désignent assez sûrement, en ce person-

1. Dans Godefroy, *Charles VI*, 1653, in-folio, p. 433.
2. Voy. Barante, *Histoire des ducs de Bourgogne;* Henri Martin, 4e édit., t. 6, p. 79-80.
3. *La chronique de Cousinot*, 1857, in-8, p. 22 et suiv.

nage, l'auteur de cette chronique ou le patron qui l'a fait écrire. *Is fecit cui prodest*. Cet adage judiciaire peut offrir le même service au secours de la critique. Notre fragment, comme le lecteur en jugera, appartient à une chronique militaire. Ce que le narrateur recherche et analyse avec prédilection, ce sont, ainsi qu'il le répète fréquemment, « les beaux et nobles faits d'armes. » Il paroît avoir été le compagnon de La Hire et de Saintrailles, qui servoient dans les pays situés au nord de la Seine, sous la bannière du Dauphin. Jean Raoulet commanda successivement à Rouen, puis en Picardie. Ces circonstances, son nom [1], la forme et certaines particularités de son langage (en admettant par hypothèse l'identité du capitaine et de l'auteur), semblent indiquer en lui quelque gentilhomme normand [2], ou du moins de *langue d'oïl*.

Par ces divers motifs, nous serions disposé à considérer Jean Raoulet comme l'auteur ou l'inspirateur de ce mémorial. Le rôle que joue dans ce morceau le capitaine en question nous semble, dans tous les cas, une raison suffisante pour que l'on puisse légitimement baptiser le fragment A du nom de *Chronique de Jean Raoulet*.

[1]. Raoul, Raoulet.
[2]. *Pintigny* pour *Picquigny* est la faute d'un Normand, plutôt que d'un Picard. Voir le texte, où nous avons signalé ces particularités par des notes au bas des pages.

Fragment B.

Il existe au *British Museum* de Londres une chronique, également mutilée, qui n'est pas sans analogie avec la précédente. Cette chronique, exécutée comme celle-ci au XVe siècle, a été achetée en 1839 à la vente Joursanvault. Elle porte au feuillet 40 le nom de *Raullet*, inscrit par une main contemporaine au bas et en dehors du texte. Ce manuscrit, coté 11,542, contient une chronique normande accompagnée de divers documens spécialement propres à la Normandie. Elle remonte à 1346 et se poursuit d'abord jusqu'en 1374[1]; puis elle s'interrompt par une lacune, et saute de 1374 à 1428, terme auquel s'arrête, de son côté, le fragment A. La chronique du *British Museum*, ou fragment B, reprend donc à 1428 et continue jusqu'en 1429, où elle se termine. D'après ces rapprochemens, on peut être tenté de conjecturer que les deux fragmens A et B se rapportent l'un à l'autre et ont dû faire partie d'un seul et même ouvrage. Nous devons toutefois faire observer que le fragment A et celui de Londres, quoique écrits vers le même temps, n'ont jamais appartenu au même volume ; l'orthographe et la forme du langage

---

1. Voy., sur cet ouvrage, *Bibliothèque de l'École des chartes*, t. 8, p. 111 et suiv.

diffèrent sensiblement de l'un à l'autre [1]. En tout cas, l'analogie, ainsi que l'utilité du rapprochement, sont visibles. Ces motifs nous ont engagé à reproduire le fragment tiré du manuscrit 11,542, qui continue en quelque sorte le fragment A, et que l'on trouvera dans le troisième volume du présent ouvrage, à la suite du fragment A.

Quoi qu'il en soit de ces signes ou apparences en ce qui concerne l'auteur de ces deux fragmens, ces indices ne nous ont point paru suffisans pour changer une conjecture en affirmation. Quelque nouvelle découverte fera peut-être, d'un jour à l'autre, faire un dernier pas dans tel ou tel sens à cette question. En attendant nous laisserons à ce deuxième fragment la qualification d'anonyme.

---

[1]. En examinant avec attention les deux textes, on remarquera les différences ci-après signalées :

Fragment A.	Fragment B.
Jehanne.	Jehenne, Sainte-Suzenne.
Anglois, Angloys.	Englez, Anglez.
Mais.	Mès.
Atout son armée, à grant puissance.	O les solempnitez, o l'eide de ceulx.
Seigneurs.	Signours, grignours.
Bourguignons, Beaugency.	Bourgoignons, Boigency.
Orléans.	Orléens, Orliens.

Si les diverses formes orthographiques recueillies dans ces deux tableaux nous étoient offertes confusément ou successivement par chacun des deux textes, à tour de rôle, ces variétés ne présenteroient rien de caractéristique ; mais ce mélange n'a pas lieu. Chacun des deux textes semble indiquer, par cette diversité, deux auteurs ou au moins deux scribes distincts.

Ces deux morceaux, considérés comme appartenant à une seule composition, rentrent dans la classe de ces abrégés assez nombreux et d'un intérêt secondaire qui nous sont restés sur l'histoire du XVe siècle. Cependant nous sommes très-pauvres en notions relatives à la jeunesse de Charles VII et à la première partie de son règne. Ces deux fragmens, notamment le premier, nous offrent à cet égard quelques renseignemens précieux et qui ne se trouvent point ailleurs.

Fragment C.

L'original se compose simplement d'une feuille de papier, haute de 32 centimètres sur 8 de largeur environ. Cette feuille, écrite des deux côtés, provient évidemment d'un registre. D'un côté on lit plusieurs sommaires ou enregistrement d'actes de notaire, tels que vente, achat, échange, en date des 24 et 28 juin 1429. Au verso de ce feuillet se trouvoit un vide. Le notaire, qui se nomme lui-même sur ce verso : moy Michel de Berry, notaire de monseigneur le duc d'Orléans à Baugency, a employé ce vide ; là il a consigné de sa main quelques faits, dont il parle en témoin oculaire, et qui s'étoient accomplis récemment.

NOTICE.

Fragment D [1].

Il se compose de neuf feuillets (18 pages) de papier in-folio, de 31 centimètres sur 22 environ. La marque ou filigrane du papier, circonstance très-importante, représente une *ancre*. Cette marque se retrouve, pendant tout le cours du XVe siècle, dans le papier qui servoit à l'usage du couvent et des religieux de l'abbaye de Saint-Denis en France. Comme preuve ou moyen de vérifier cette dernière assertion, j'alléguerai, notamment et entre autres, deux manuscrits qui subsistent et qui présentent également l'ancre pour filigrane. Le premier consiste dans le registre contenant les comptes du *maître des charités* de l'abbaye de Saint-Denis pour l'an 1455 et années environnantes. Ce registre fait partie des archives de l'abbaye de Saint-Denis, et se conserve au palais Soubise sous la cote LL 1296 [2]. Le second n'est autre que le manuscrit ou l'un des manuscrits originaux de la chronique de Charles VI composée par le *Religieux de Saint-Denis*. Ce volume existe au département

---

[1] Le manuscrit original qui contient le texte de ce fragment a été communiqué à la Société impériale des antiquaires de France, dans la séance du 5 août 1857. Voy. *Bulletin* de cette société, à la date, p. 145 (in-8).

[2] Voy. aussi LL 1293 et autres registres de la même abbaye au xve siècle.

des mss. de la Bibliothèque impériale : 5959 Colbert latin [1].

Le fragment D, comparé à la partie correspondante de la chronique même que nous venons de citer, *Histoire de Charles VI*, présente avec cette chronique une analogie aussi remarquable, quant à la conformité du récit, que sous le rapport matériel, signalé précédemment. Le lecteur peut aisément opérer cette comparaison en examinant d'une part le texte que nous publions du fragment D, et d'une autre part la chronique du Religieux de Saint-Denis publiée par M. Bellaguet, texte latin et traduction françoise, dans la *collection des documens inédits*, etc., in-4, 1852, tome VI, pages 313 et suivantes. Les faits, dans les deux ouvrages, sont généralement identiques et présentés exactement en suivant le même ordre. Le rapport ou l'identité d'origine entre cette chronique et le fragment D nous paroissent constants et irréfragables. Aussi n'hésitons-nous point à le qualifier : *Fragment d'une version françoise des Grandes Chroniques de Saint-Denis*.

Examinons maintenant les circonstances qui caractérisent ou qui recommandent particulièrement ce morceau.

Le fragment D n'est, en général, qu'un abrégé par rapport au récit du Religieux publié par M. Bellaguet ; mais il est écrit en françois, et non

---

[1]. L'ancre se dessine particulièrement au feuillet 190; on la retrouve d'ailleurs dans tout le cours de ce manuscrit.

en latin, comme l'original. Or on sait combien est obscur le latin du Religieux de Saint-Denis. Une autre observation intéressante résulte de cette traduction contemporaine; on voit par ce nouvel exemple que depuis le XIIIe siècle les chroniques de France composées à Saint-Denis étoient écrites en latin et aussi en françois. Jean Chartier nous fournit, à son tour, un dernier fait à l'appui de la même remarque[1].

Si le fragment D est plus succinct que le *Religieux*, il est beaucoup plus ample, en revanche, que la portion correspondante du texte, imprimé bien des fois, des *Grandes Chroniques de Saint-Denis*; ou, en d'autres termes, l'abrégé du *Religieux* imprimé dans les *Grandes Chroniques*, en 1477, 1493, etc., est beaucoup moins étendu ou développé que le texte du fragment D.

On n'ignore pas, du reste, que le texte original du *Religieux* est *multiple*; il se compose de diverses parties, qui parfois se doublent et varient entre elles. L'auteur du fragment a probablement opéré non-seulement sur les manuscrits du *Religieux* (dont il fut probablement le confrère), mais sur les documens historiques de Saint-Denis où le Religieux lui-même avoit puisé. Le fragment, en effet, tout en abrégeant le Religieux, produit diverses notions qui sont propres au fragment seul.

La part d'originalité qui revient à l'auteur du

---

1. Voy. ci-dessus, p. xv et suiv.

fragment se révèle encore par un dernier signe. Le *Religieux de Saint-Denis* qui a écrit l'*histoire de Charles VI*, dans sa haute et remarquable impartialité, rend une justice loyale et méritée aux qualités personnelles qui distinguoient Henri V, roi d'Angleterre, l'ennemi de la cause françoise; de même, il juge parfois avec une sévérité éclairée la conduite du jeune Dauphin, qui fut depuis Charles VII. Le fragment D est le produit d'un tout autre point de vue, comme il est l'œuvre d'un nouvel auteur. Celui-ci florissoit non plus sous Charles VI, mais sous Charles VII, et sous Charles VII triomphant. Aussi n'a-t-il plus, selon l'usage des historiens de tous les temps, que des sévérités pour l'Anglois, et des éloges sans réserve pour le roi de France. Je crois que l'on peut inférer de ces circonstances que cette compilation françoise, écrite en l'honneur de Charles VII, est postérieure pour le moins au recouvrement de Saint-Denis [1] et de la capitale.

1. Saint-Denis fut recouvré en 1435, et Paris en 1436.

SOMMAIRE.

Avertissement de Jean Chartier, 1 à 5. — Derniers momens et funérailles de Henri V, roi d'Angleterre, 5 à 8. — Mort et funérailles de Charles VI, 9 à 14. — Coup de main sur Fresnay-le-Vicomte et le Mans, par J. de Bellay et A. de Loré, 14–15. — Le comte d'Aumale et le vicomte de Narbonne à Bernay, 15-18. — Affaires de S. Riquier et de Mons en Vimeux, 19-22. — Giac, Beaulieu, La Trimouille, favoris du roi, 22-23. — Charles VII et Henri VI sont proclamés concurremment rois de France, 25-30. — Affaires de Fresnay, S. Riquier, la Blanque-Taque, Neuville-la-Haye, Cravant, La Broussinière, 30 à 38. — Salisbury en Normandie; le chevalier de Beaufort défend le mont Saint-Michel, 39. — Le parti du Dauphin est battu à Verneuil, 41-3. — Falstalf à Tannuie-en-Maine, 43-4. — Salisbury au Mans, à Sainte-Suzanne et à la Ferté-Bernard, 44-47. — Artus de Bretagne succède à Boucan comme connétable de France, 48. — Pousse la guerre en Normandie et dans le Maine, 39-53. — Du Chatel, Jean Louvet et autres gouvernent le roi, 54. — Richemont, La Hire et d'autres recouvrent Montargis, 55-7.

— Suite de la guerre en Normandie et dans l'ouest, 57-60. — Siége d'Orléans; Falstalf; journée des harengs, 61-2. — Salisbury est tué, 63. — Suffolk, Talbot, Molyns, Poquings, etc., 64, 66. — Jeanne Darc, la Pucelle, vient trouver le roi à Chinon, 67. — Elle se dirige vers Orléans, 69. — Gille de Rais, La Hire, Loré, Gaucourt, défendent Orléans sous la conduite de la Pucelle, et font lever le siège, 70-80. — La guerre recommence dans l'ouest, 81-83. — Les François, conduits par la Pucelle, vainqueurs à Baugency, 83. — A Patay, 85. — La Pucelle conduit le roi à Reims, 87. — La Trimouille traite avec les Bourguignons devant Auxerre, 89. — La Pucelle devant Troyes. — Conseil auquel elle assiste, 91-95. — La Pucelle fait sacrer le roi à Reims, 96-98. — Charles VII se dirige vers Paris par la Picardie; résistance des Anglois; Hésitations de Charles, 98-106. — Siège de Paris; échec; le roi retourne en Berry, 107-113. — Les François prennent l'offensive en Normandie et en Picardie, 113-118. — La guerre se rallume dans le Maine et en Picardie, 118-125. — Prise de Melun par les François, 126. — Guerre en Champagne, 128-9. — Henri VI est couronné à Paris, 130. — Gaucourt et Villandrado défont le prince d'Orange en Dauphiné, 131. — Le Petit-Berger est pris par les Anglois, 132. — Bataille de Bullégneville, 134. — Saint-Célerin défendu par Charles d'Anjou, le sire de Bueil, etc., 134-141. — Dunois et Florent d'Illiers reprennent Chartres, 142. — Bedford et le capitaine Jean Foucault combattent à Lagny-sur-Marne, 143-147. — Nouveaux conflits entre les Anglois et les François en Normandie, 147-157. — Le duc d'Alençon arrête l'évêque de Nantes; il est assiégé dans Pouencé par le duc de Bretagne, 157-160. — Ambroise de Loré, La Hire, Florent d'Illiers, Girault de la Paillière, se distinguent dans le Maine et en Normandie contre le comte d'Arundel, le sire de Scales et les Anglois, 161 à 168. — La Hire et Poton de

Saintrailles s'emparent de Gerberoy, 170. — Fin du règne de la Trimouille, favori du roi; Charles d'Anjou et ses conseillers entrent au pouvoir, 170-172. — Troubles et soulèvemens en Normandie contre les François, 172-177. — La Picardie et l'île de France en partie reconquises par les François, 177-183. — Les ambassadeurs de France, d'Angleterre et de Bourgogne, se réunissent à Arras pour traiter de la paix, 185. — Noms des députés, 186-9. — Les Anglois se retirent du congrès, 192. — Le traité est signé; Charles VII s'humilie pour faire cesser le schisme de la couronne, 194 à 204. — Le traité d'Arras est promulgué, 205, 208 et 213. — Derniers momens et funérailles d'Isabeau de Bavière, mère de Charles VII, 208-212. — Épernay recouvré par les François, 213. — Charles VII s'entremet pour la délivrance de René d'Anjou, 215. — Désordres commis par les *écorcheurs*; le connétable fait exécuter d'autres malfaiteurs, 215, 216. — Pontoise est recouvré par les François, 217. — Charles VII substitue la monnoie royale à la monnoie de Bourgogne, 219. — Naissance d'un fils de Charles VII, nommé Philippe, 219-220. — Paris et l'île de France tombent successivement au pouvoir de Charles VII, 220-229. — Le jeune Philippe meurt; Marguerite d'Écosse, dauphine, arrive à Tours, 229-232. — René d'Anjou délivré, 232-3. — Pontoise, Montargis, surpris par les Anglois, 233-6. — Bernard d'Armagnac reprend aux Anglois Château-Landon, Nemours et Montereau, 237-8. — Le roi d'Écosse assassiné, 238-9. — Villandrado et Charles d'Anjou au pont de Cé, 251. — Philippe le Bon assiége Calais, 242. — Guillaume de Flavy arrête à Compiègne, par trahison, le maréchal de Rochefort, 244. — Cinquante mille personnes (selon J. Chartier) meurent à Paris; des loups pénètrent dans la ville, 245-248. — Insulte de ceux de Bruges envers le duc de Bourgogne et ses gens, 249. — Richemont recouvre Meaux sur les Anglois, 250. — Succès

SOMMAIRE.

des François en Normandie, 250-253. — Révolte ou *praguerie* du dauphin (Louis XI) contre le roi son père, 253-259. — La Hire et le bâtard de Bourbon défendent Harfleur contre les Anglois, 259-260. — Charles d'Orléans, le duc poëte, revient en France, 260. — Les Anglois se fortifient à Granville, 261.

CHRONIQUE
DU RÈGNE
DE CHARLES VII
PAR JEAN CHARTIER.

PREMIER ESSAI DE L'AUTEUR [1].

(Traduction françoise.)

PRÉFACE.

Au nom de Notre Seigneur Jésus, qui inspire l'esprit des fidèles, ici commencent les gestes de Charles VIIe de ce nom, roi de France.

An du Seigneur 1422; du pape [2], de l'empereur [2], du roi de France [2], du roi d'Angleterre [2], du roi de Sicile [2].

---

1. Ce premier essai de chronique, tiré du mss. 5959, est conçu, dans l'original, en latin. Voy., en tête de ce volume, la notice sur Jean Chartier.
2. Le millésime, ainsi que la désignation du prince,

Que la sainte Marie préside à mon commencement! O Vierge pieuse, conduis ma main, afin que mon œuvre ne soit pas vaine!

A la très-pieuse Marie [d'Anjou], la plus assidue des reines dans son culte envers le Tout-Puissant; à Louis, dauphin de Vienne[1], orné d'une aimable bienveillance; aux princes issus du sang royal; ainsi qu'à tous les fidèles chrétiens du monde entier, qui prendront connoissance de ce qui suit, par la lecture ou autrement, Frère Jean Chartier, le plus petit d'entre les chroniqueurs ou historiographes de ce sérénissime roi, le septième de ce nom, comme il a été dit cidessus, et le plus petit d'entre ses chapelains; religieux, de nom, mais non par le mérite, des trois ou trois fois bienheureux martyrs saints Denis, Rustique et Éleuthère[2], salut éternel en l'auteur de toutes choses.

Le roi très-chrétien ayant naguère ordonné que la série des faits et gestes de l'histoire fût de nouveau couchée par écrit comme il est de coutume, et mieux que par le passé, afin que l'oubli ne les effaçât pas de la mémoire des hommes; après avoir, le 18 novembre de l'an 1437 de l'Incarnation, et de son règne le 16e, prêté serment à sa royale majesté, en présence de plusieurs témoins dignes de foi, j'ai été chargé d'accomplir l'œuvre ainsi prescrite. Bien que me défiant de mes forces pour porter ce grave emploi, les lettres royaux m'ayant été ex-

---

manque. — Cette espèce de rubrique chronologique est imitée du *Religieux de Saint-Denis*.

1. Qui fut depuis Louis XI.
2. En abrégé, religieux de l'abbaye de Saint-Denis.

pédiées qui assurent au titulaire à raison de cet office le gage accoutumé de deux cents livres parisis annuelles, je n'ai point osé pousser la hardiesse jusqu'à me refuser aux vues du souverain. La nécessité, qui plus est, me contraint à combler une lacune de quinze ans. Car le 21e[1] jour d'octobre 1422, Charles, de bonne mémoire, roi de France, sixième de ce nom, après quarante-trois ans de règne, si je compte bien, rendit son dernier souffle au Très-Haut, d'après le témoignage de sa chronique. Or depuis ce temps la chronique de France n'a pas été continuée, ou bien peu, et sans qu'un titulaire en fût chargé. C'est pourquoi j'ai dû recueillir, année par année, ou pièce à pièce, les élémens qui pendant le dit temps auroient dû composer les matériaux de cette histoire.

En toutes choses l'esprit remonte plus volontiers à l'origine. Si donc je poursuis cette œuvre, ce n'est pas que je me prétende le dépositaire

---

1. On place généralement au 21 octobre la mort de Charles VI, et au lendemain 22 l'avénement de Charles VII. En octobre 1433, Charles VII, se trouvant à Tours, rendit une ordonnance pour autoriser le chapitre de Saint-Martin de cette ville à ne plaider qu'en parlement. Parmi les considérans de cette ordonnance il est dit : « Nous... en faveur de ce que iceulx doyen, etc.... seront tenus faire et célébrer chacun an ung service ou anniversaire solennel le *xxije jour d'octobre, qui est le jour que feu notre très cher seigneur et père trespassa*, etc. » (Voy. *Recueil des ordonnances des rois de France*, t. 13, p. 193, note B.) Or on connoît l'ancien adage, qui règloit sur ce point le droit public de la monarchie : *Le roi est mort, vive le roi.* D'après ces motifs, la date précise du décès de Charles VI et celle de l'avénement de Charles VII doivent être réunies en un seul jour, et fixées l'une et l'autre au 22 octobre 1422.

de la science d'autrui, mais c'est afin que s'il plaît à un autre, plus disert, de comprendre plus habilement que je le fais cette matière, et de la mettre en écrit, il puisse la trouver facilement.

Ma langue et mon style sont ceux d'un enfant; mais ils se montreront, du moins à l'œuvre, aussi véridiques et aussi diligens que possible, ayant plus en vue d'obéir aux ordres du roi que de favoriser les glorioles du monde. Je crains donc que le langage inculte de mon entendement, sujet à faillir, je crains que ce langage rude et grossier engendre l'ennui, ou qu'il offense soit les yeux des lecteurs, soit les oreilles des auditeurs; je crains qu'ainsi une matière excellente plaise à quelques-uns moins qu'elle devroit plaire, si l'on s'attache plus à considérer la vileté que la vérité de cette matière.

A Dieu ne plaise, toutefois, que, dans le cœur des hommes de bonne volonté ou des bienveillants, ce frivole condiment n'ôte rien à la bonne foi, ou que, pour l'indignité du scribe, la chose vraie soit privée de son caractère de vérité! Que chacun, au contraire, veuille bien recevoir ces gestes dans le dépôt de sa mémoire ou de son cœur. Et s'il y a des lacunes par ci, ou par là du superflu, je me soumets en toute humilité à la bienveillance comme aussi à l'habileté du lecteur afin qu'il me corrige, en émendant ici, et en suppléant par tel autre côté, selon qu'il sera nécessaire.

J'ai besoin d'invoquer humblement son indulgence pour m'excuser à l'occasion dans mes fautes. J'ai fait peu d'usage en effet et des volumes d'histoires et des règles de la rhétorique. Je suis également peu familier avec la lecture ou les recherches de l'Ecriture sainte. Mon esprit, encore juvénile, s'emploiera, tel quel et de son mieux, à fournir, Dieu aidant, la masse des faits à l'intelligence du lecteur. Pour me guider, j'adresse particulièrement cette prière à celui qui, depuis le commencement, a coutume de soumettre constamment chacun de ses actes à l'équité ainsi qu'à la justice.

Chapitre I.

De la mort du roi Henry d'Angleterre[1].

Pour commencer ces explications, je dois d'abord parler du roi Henry[2] d'Angleterre, afin de signaler d'une manière plus éclatante les énormités de ceux qui gouvernoient le royaume de France à cette époque. Le roi Charles[3] étoit la bonté même, cependant le roi d'Angleterre mourut avant lui. Rien dans l'histoire ne devroit être commun à deux princes si dissemblables. Certaines causes, toutefois, me font juger à propos de commencer par ce personnage le cours de mon récit. Donc, le dernier jour du mois d'août, l'an de l'Incarnation 1422, ce roi Henry d'Angleterre étoit au bois de Vincennes. Couché sur son lit de douleur, il payoit le tribut au glorieux confesseur saint

---

1. La matière de ce chapitre se retrouve, mais très-abrégée, dans la chronique françoise ci-après, chapitre 1. Voyez aussi *Religieux de Saint-Denis*, livre XLIII, chapitres 2 et 3.
2. Henri V de Lancastre.
3. Charles VI.

Fiacre [1], comme on disoit, et souffroit le dernier martyre. Ce roi avoit précédemment épousé Catherine fille de France. Entre lui et le roi Charles VI, du consentement du duc Philippe [2] de Bourgogne, il avoit été convenu par traité que nul autre que lui Henry ne parviendroit après le roi Charles à la couronne ainsi qu'au diadême fleurdelisés, et que les enfans issus de lui et de Catherine conserveroient le royaume à perpétuité, comme son propre héritage.

C'étoit, de son vivant, un cruel et très-dur justicier, fort obéi de ses sujets, subtil conquérant et habile aux armes, orné d'ailleurs de diverses qualités honorables et de vertus. Après sa mort (le roi Charles, malade, vivoit encore), les os de Henry furent séparés de sa chair, pour être finalement ensevelis en Angleterre. La chair, préalablement séparée des os par la coction, fut inhumée et donnée en pâture aux vers. Les os, placés avec des aromates dans un cercueil de plomb, furent portés honorablement à Saint-Denis. Le duc de Bedfort, qui étoit l'aîné de ses frères, accompagné de divers seigneurs ou exécuteurs testamentaires, conduisoient le char funèbre, vêtus de noir. Ils arrivèrent à Saint-Denis le soir, à la lueur de deux cents torches et de cinquante cierges environ. Tout le couvent voulut bien se porter à sa rencontre jusqu'au champ du Lendit.

Un fait merveilleux et qui frappa les témoins

[1]. La maladie à laquelle succomba Henri V, et qui s'appeloit le *mal de Saint-Fiacre*, paroît avoir été une fistule de l'anus.
[2]. Philippe le Bon.

d'étonnement, c'est qu'une lampe placée dans le char même, à la partie intérieure et postérieure de cette voiture, conserva sa lumière toute vive, et ne s'éteignit point durant tout le trajet. Ces dépouilles enfin furent placées dans le milieu du chœur, où elle reposèrent la nuit. Quelques religieux les accompagnèrent, priant en silence pour l'âme du défunt. Le lendemain, la messe fut dite par l'évêque de Paris, avec l'autorisation de Monseigneur l'abbé de Saint-Denis, et le service des morts accompli.

Les exécuteurs testamentaires, suivant la parole de saint Luc, « Tout ouvrier mérite son salaire », donnèrent à l'église, pour les peine et labeur des religieux, les habits de chœur, dont le tissu est à roses rouges dorées, avec deux draps d'autel, d'un travail merveilleux et riche, pour garnir le maître-autel aux grandes solennités [1]. Ils donnèrent aussi à l'église une croix d'argent, du poids de quatre-vingts marcs ou environ, comme enfin cent écus d'or pour *les charités* [2] de l'abbaye, qui furent remis au religieux préposé à cette œuvre, afin d'être distribués par lui.

1. Le couvent de Saint-Denis, par lettres de l'abbé en date du 29 novembre 1426, associa à ses prières Jean, duc de Bedford, à cause de la dévotion de ce prince envers saint Denis l'aréopagite, et en reconnoissance de « plusieurs chapes, chasubles et ornemens très-riches », donnés par lui à cette église (Inventaire des titres de l'abbaye à la direction générale des archives LL 1192, tome 4, page 630). Le texte est dans Doublet, *Histoire de saint Denis*, 1625, in-4°, pages 1076-7.

2. Œuvre pie, enrichie surtout des libéralités de Charles V. L'office du *maître des charités* étoit un des offices claustraux.

Peu de temps après, les ossemens du roi Henry furent portés à Westminster, où ils arrivèrent à la suite d'une heureuse traversée, et furent, à grand honneur, ensépulturés dans cette abbaye. Or il y avoit un enfant, nommé Henry, né en Angleterre de ce même roi, et de son illustre épouse Catherine. Cet enfant avoit deux ans à l'époque où mourut son père, et se gouvernoit sous la tutelle de son oncle, duc de Bedford. En tant que le royaume de France étoit alors soumis à l'obéissance des sectes ou du parti anglois, c'étoit ce duc de Bedfort qui étoit le gouverneur général, et qui seul paroissoit en avant de tous autres.

Chapitre II.

Comment et où le roi Charles de France trépassa de ce monde [1].

A vrai dire, pendant de longues années, il se passa, du temps du sérénissime roi Charles VIe de ce nom, mainte chose fâcheuse et préjudiciable au royaume. Ces choses, assez longuement narrées, comme il convenoit, dans l'histoire de ce prince [2], se produisoient à cause de la maladie du roi, qui avoit atteint son cerveau d'une manière grave, et qui le priva de sa santé pendant la plus grande partie de sa vie. Ainsi, par exemple, un édit royal avoit été publié partout

[1]. Voyez ci-après, préambule et chapitre 1 de la chronique françoise, et le *Religieux*, livre XLIII, chapitre 5.
[2]. Allusion à la chronique du Religieux de Saint-Denis. J. Chartier étoit son continuateur.

à son de trompe. Par cet édit, le roi lui-même ordonnoit d'exclure du trône son fils, son propre héritier naturel. Celui-ci [1], seul et de son autorité, avoit franchi la Loire, et là, pris possession du gouvernement. Toutefois, on regardoit cet édit comme n'étant pas le fruit du propre mouvement ni d'une passion réelle de la part du roi, mais bien plutôt le résultat de la contrainte exercée sur ce prince par les Anglois, qui le tenoient en tutelle.

Poussé enfin par la mort, il périt le 21 octobre [2] de la même année. Il finit d'une mort naturelle et toutefois lamentable, après le cours borné de sa carrière, en sa demeure de Saint-Paul, et passa catholiquement à Notre-Seigneur. Là, pendant trois jours, exposé sur sa couche, la figure gracieuse, il fut montré publiquement à tout le monde. Il fut ensuite placé dans un cercueil avec des aromates, puis porté à Notre-Dame honorablement et avec la pompe qui convient aux rois, afin que l'église priât dévotement pour son âme. Ceci eut lieu avec un grand appareil de luminaire et les cloches sonnantes.

Beaucoup se rappeloient la mansuétude et l'affabilité du bon prince. Alors, de leurs cœurs contrits, les larmes et les soupirs s'échaloient duvant la marche du cortége. « O! quelle dou-
» leur, disoit chacun, et combien de tribulations
» ont éprouvé ce prince, pendant le cours de sa
» fragile existence! » Car les faits de ce roi semblèrent se conformer à la vision d'Isaïe. Il pou-

1. Charles VII, dauphin.
2. Voy. ci-dessus, page 3, note 1.

voit en effet se dire, lorsqu'il étoit de ce monde : « J'ai nourri, j'ai élevé mes fils, et mes fils m'ont » méprisé. » Et encore : « Vous tous qui passez » par la voie, considérez et voyez s'il est dou- » leur semblable à ma douleur. »

Cette similitude se vérifia précisément en lui. En effet, il vécut longtemps sous le joug des ennemis de la France, à cause de la zizanie qui avoit été semée dans le royaume; d'où l'on insinuoit au vulgaire que c'étoit là ce qui avoit abrégé ses jours. Ensuite les officiers que l'on appelle en françois les *henouars*[1] mirent sur leurs épaules, selon la coutume, le corps de ce roi de bonne mémoire. Suivis d'une multitude de grands et de peuple, ils se portèrent à pied, en grande procession, jusqu'à Saint-Denis, patron particulier des rois de France. Seul le duc de Bedford, Anglois, suivoit le corps à cheval et en habits de deuil. Quatre présidens de la cour du parlement tenoient de la main les quatre coins du poesle d'or qui couvroit le défunt.

Le cortége parvint ainsi jusqu'au lieu dit la Croix-au-Fiens[2], précédé de l'évêque de Paris, vêtu pontificalement. Mais cet évêque n'ayant point le droit d'exercer plus loin que cette li-

---

1. Ou *hennuyers*, du Hainaut; c'étoit la corporation des porteurs de sel.
2. La Croix-au-Fiens, *crux fumi*. Il est question de cette croix dans une multitude d'actes et de relations historiques. Au XVIIe siècle elle servoit encore de limite pour borner le territoire que l'on appeloit « la banlieue de Saint-Denis, devers Paris ». Elle ne se nommoit plus alors la Croix-au-Fiens, mais la *Croix qui penche*. Cette croix étoit placée sur la chaussée du village d'Haubervilliers. Voyez Doublet, *Histoire de saint Denis*, 1625, in-4°, page 421.

mite son office pontifical sans la permission de l'abbé de Saint-Denis, le dit évêque, afin que le service se fît honorablement, se montroit prêt à délivrer à l'abbé des lettres, sur ce faites, de non-préjudice. En ce même lieu, le vénérable couvent de Saint-Denis, en chapes fleurdelisées, se porta processionnellement à la rencontre du corps.

Huit religieux en dalmatique mirent au-dessus le dais, semé de fleur de lis d'or, et le portèrent à l'aide de huit hampes. Ils poursuivirent ainsi la route très-dévotement, accompagnés des chants continus des autres religieux, jusqu'à la royale abbaye où devoit avoir lieu l'inhumation. Dès qu'ils eurent atteint la ville de Saint-Denis, devant l'Hôtel-Dieu et l'église de cet hospice [1], conformément au droit de l'abbé ainsi qu'à la coutume, ils cédèrent le corps aux sujets de l'abbé, qui le prirent à leur tour.

Le corps fut placé sous la chapelle unie au chœur, à grand luminaire, les cierges et les torches excédant le nombre de six cents, et ladite chapelle décorée de toiles peintes. Le corps reposa en ce lieu pendant cette nuit seulement. Le lendemain, diverses prières furent dites pour le repos de son âme. Un service solennel fut célébré en présence de nombreux seigneurs. Enfin l'évêque de Paris lui-même l'introduisit dans la terre, à côté de son père [2]. Mais comme nul n'est tenu de faire la guerre à ses dépens, les exécuteurs payèrent d'abord une bonne somme

---

1. Voyez Doublet, *ibid.*, page 420.
2. Charles V.

de messes ; ils donnèrent ensuite à l'église la chapelle¹ de soie aux fleurs de lis dorées où se voit l'image du roi Charles. Ils consacrèrent en outre avec sollicitude à nos *charités* une somme de 100 francs. Il y eut en effet ce jour là beaucoup d'argent distribué aux pauvres par Charles Lallier et autres exécuteurs du roi. Prions donc que son âme, avec la grâce du Christ, soit placée au séjour céleste !

Ces cérémonies accomplies, et la nouvelle de cette mort étant venue à la connoissance du sérénissime Charles, son fils, ce prince en ressentit au cœur une grande douleur, mais il sut la supporter patiemment. Ce prince étoit déjà uni par le sacrement de mariage à Marie², fille du roi Louis de Sicile, et son premier né, Louis, sorti du berceau³. Il échangea donc son titre de régent contre celui de roi; encore bien qu'il ne fût, à cause des guerres, sacré et couronné à Reims que sept années plus tard.

Celui dont le secret gouvernement préside à toutes choses ne voulut pas que ce prince fût ainsi, sans motif, privé de son héritage. Cependant tout ce que le roi⁴ son père avoit livré aux Anglois s'écrouloit dans leurs mains, comme dans les mains d'un fou exemplaire. Lui-même⁵,

---

1. Ensemble ou fourniture complète de chapes pour le service du chœur.
2. Marie d'Anjou.
3. Erreur de Jean Chartier : Louis, dauphin, naquit en 1423. Il ne pouvoit donc être sorti du berceau en 1422, *sept ans avant le sacre*, comme le chroniqueur va nous le dire, et un an avant sa naissance.
4. Charles VI.
5. Charles VII.

par l'abjecte malice de ceux qui l'avoient précédé dans le gouvernement, se vit sur la pente de sa ruine. Car souvent l'homme propose et Dieu dispose. Sans perdre de temps, il poursuivit l'œuvre qui incomboit à sa responsabilité, avec l'aide des compagnons nombreux de sa fortune, par les voies et moyens que lui fit agréer son conseil.

Il déploya ses forces corporelles et ne se tint pas pour battu. La tempête des guerres civiles s'élevoit de toutes parts. Entre les enfans d'une même maison, entre les hommes d'un même sang, se commettoient les attentats des guerres les plus cruelles. Les querelles multiples des seigneurs se mêloient à ces conflits. Peut-être la chrétienté tout entière expie[1]-t-elle ses fautes par ces forfaits commis contre l'insigne couronne des lis de France. Car ce n'est pas d'hier que date parmi nous cette rage de guerre, qu'a soufflée la gent d'Angleterre. D'où l'on a vu, oh douleur! quelques-uns frustrer du remède céleste ceux qui leur survivoient.

C'est pourquoi les gestes des uns et des autres sont dignes de mémoire. Pour décrire donc, en ce premier chapitre, la désolation de tout le pays, une division inouie et maudite pesoit alors sur le royaume de France, à ce point que les habitans non-seulement combattoient dans les villes, les forteresses et les châtellenies, pour la possession de ce qui fait l'opulence terrienne, mais encore ils divisoient entre eux les droits de la couronne des lis, les droits de leur roi propre

---

1. Ou expia.

et naturel. Les uns, en effet, adhéroient fidèlement au sérénissime Charles VII, héritier du droit paternel. Les autres, au contraire, prêtèrent un serment inoui autant que criminel au roi d'Angleterre, cet intrus tel quel, afin de laisser le gouvernement aux Anglois. Ainsi se comportèrent notamment les Parisiens. Leur partialité désordonnée sema dans une multitude de cités, de villes et autres lieux forts, des fermens de discordes, de guerre et de rébellions. C'est pourquoi la confusion ne fit que s'accroître en se propageant dans le monde entier.

Chapitre III.

Comment les François s'assemblèrent à l'envi, pour tenter de conquérir Fresnay le Vicomte sur les Anglois[1].

Cette même année, les François, à l'avénement du nouveau roi Charles VII, se sentirent de toutes parts régénérés de joie dans leurs cœurs et dans leurs esprits, et se préparèrent sur divers points à une lutte belliqueuse. Parmi eux Messeigneurs Jean de Bellay et Ambroise sire de Loré se réunirent en conseil avec beaucoup d'autres, afin de prendre Fresnay-le-Vicomte sur les Anglois. Mais arrivés sur les lieux, ils virent que la place étoit trop bien gardée pour qu'ils pussent réussir. Ils se retirèrent donc dans leurs cantonnements respectifs. Le seigneur de Loré regagna Sainte-Su-

[1]. Voyez ci-après chapitre 3; la matière du présent chapitre s'y trouve en partie reproduite.

zanne, dont il étoit capitaine. Jean du Bellay se dirigea sur le Mans. Chemin faisant, il fut rencontré par un capitaine anglois nommé William Kirkeby. Ils étoient avec lui quatre-vingts Anglois de pied, qui combattirent virilement les François, à l'ombre d'une haie. Dans cet engagement, beaucoup des deux côtés terminèrent leur vie; mais finalement les Anglois eurent l'avantage. Ceux des François que la mort avoit épargnés furent conduits à Fresnay, où Kirkeby résidoit comme maréchal du lieu, et détenus prisonniers.

Chapitre IV.

Comment le comte d'Aumale et le vicomte de Narbonne pénétrèrent sur divers points de la Normandie[1].

Cette même année, le comte d'Aumale[2] et le vicomte de Narbonne[3], voulant attaquer nos anciens ennemis les Anglois, réunirent à cet effet deux mille combattans dans le Maine, pouvant les diriger sur la Normandie. Ils les firent loger, pour étape, à Bernay[4]. Parmi eux, je crois devoir nommer Messeigneurs Jean de la Haye, baron de Coulonces, et Ambroise de Loré, chevaliers. Ces magnanimes champions conduisoient l'avant-garde de l'expédition.

1. Les faits contenus dans ce chapitre ne se retrouvent ni dans la chronique françoise de Jean Chartier, ni, à ma connoissance, chez aucun autre historien.
2. Jean d'Harcourt.
3. Guillaume III, tué à la bataille de Verneuil en 1424.
4. Sarthe, canton de Conlie, arrondissement du Mans.

Mais dès qu'ils eurent atteint cette ville, ils virent environ cinq cens Anglois répandus çà et là dans la campagne. Ils envoyèrent alors au comte d'Aumale et au vicomte de Narbonne un messager pour les presser de passer hâtivement au delà de Bernay.

Le comte et le vicomte, dès qu'ils eurent obtempéré à cette invitation et qu'ils furent arrivés sur les lieux, aperçurent les Anglois qui depuis longtemps étoient prêts à combattre. C'est pourquoi le vicomte de Narbonne, sur la demande propre du comte d'Aumale, conféra à ce prince l'ordre de chevalerie. Cependant les deux chevaliers, Messire Jean et Ambroise, voyant les Anglois prendre leur route avec quelque tumulte, comme pour s'échapper de leurs mains, se mirent à les poursuivre sur les champs avec vigueur; ils s'efforçoient de les harceler et de prendre sur eux leur avantage. Finalement les François, avec l'aide de Dieu, rejoignirent les Anglois et les forcèrent à bout de retraite. Parmi ces derniers, les uns furent mis à mort, d'autres faits prisonniers. Le reste s'échappa en fuyant, à l'insu des deux chefs, le comte et le vicomte, qui s'étoient quelque peu attardés. Tous retournèrent ensemble à leur quartier du Mans et passèrent la nuit à Bernay, chargés de butin.

Le lendemain, lorsqu'ils se préparoient à se remettre en chemin et à poursuivre ces avantages, le bruit se répandit qu'un redoutable capitaine anglois, nommé Philipp Branch, étoit sur les champs, amenant avec lui plus de deux mille gens d'armes pour guerroyer contre les François. Ce dernier, dans sa vigilance, fut informé que la compagnie des François se trouvoit auprès d'un moulin dans le voisinage. Il donna ordre aux siens de pousser une pointe sur cette compagnie et il n'y eut aucun parmi les siens qui récusât cette besogne.

Aussitôt un grand bruit d'armes s'éleva de toutes parts. Il n'y avoit point cependant encore de collision. Alors les François se précipitèrent sur eux avec une colère belliqueuse. L'avant-garde étoit commandée par deux chevaliers remplis de science militaire, Messires Jean de Vaux et Jean du Bellay. Messire Ambroise, sieur de Loré, très-brave chevalier en armes, conduisoit l'arrière-garde. Entre l'une et l'autre, le gros de la bataille étoit guidé par mes illustres seigneurs le comte d'Aumale, le vicomte de Narbonne, le sire des Fontaines et le baron de Coulonces.

Ce baron, commé on disoit, avoit récemment encouru, par quelques désobéissances, la disgrâce du comte d'Aumale, lieutenant général pour le roi sur les frontières du Maine. Le comte l'avoit banni de sa présence, avec injonction de ne plus reparoître devant lui. Cependant, comme on avoit besoin de son aide, et qu'il conduisoit un renfort disposé en bon ordre, il reçut le commandement itératif de veiller sur les ailes, afin qu'elles ne fussent point enfoncées par les Anglois. Ils avoient chevauché trois lieues sur la route de Mortagne. Le seigneur de Loré, qui se tenoit, comme on l'a dit, à l'arrière de la troupe, ordonna à cette troupe de faire le plus de poussière possible à la vue de l'ennemi. Sans perdre de temps, il fit savoir par un messager aux seigneurs, qui déjà touchoient près de la ville de Mortagne, ce qu'il avoit vu. Puis ils décidèrent d'attendre là les Anglois pied à pied.

Le dommage que les Anglois se promettoient de faire aux François, le sire de Loré tendoit ainsi à le leur rendre et à les détruire de toutes ses forces dans cette joûte. Enfin les Anglois se décidèrent à s'avancer et le provoquèrent arrogamment à combattre. Le sire de Loré, sans se troubler, leur rendit la monnoie de leurs invitations. Bientôt les Anglois se virent entourés par un immense déploiement de François, qui couronnoient une montagne voisine. Aussitôt ils déchaussèrent l'étrier, et se mirent à pied; puis à l'aide de ces bâtons aigus, en françois *paulx*, ils plantèrent une haie sur leur front de bandière pour se défendre.

Cette manœuvre ne troubla pas l'habileté des François. A l'instant, tous ensemble, les François montés à cheval tombèrent précipitamment sur les Anglois. Troublés par cette charge, les Anglois éperdus reprirent leurs montures, qui les attendoient au repos, et se mirent à fuir subitement par diverses routes. D'après des rapports dignes de foi, les Anglois perdirent ainsi sept cents hommes, sans compter les fuyards. Plusieurs de ces derniers furent taillés en pièces; d'autres, à peu d'exceptions près, furent mis en captivité. Après cette action, les héraults et toute la compagnie retournèrent joyeusement à leurs quartiers, avec les dépouilles conquises.

Chapitre V[1].

Comment le duc Philippe de Bourgogne se dirigea personnellement sur Saint-Riquier pour emparer cette place, alors occupée par les François.

Le duc de Bourgogne ayant appris que la ville de Saint-Riquier avoit été prise par les François, manda aussitôt une députation de héraults afin de mettre garnison devant cette ville. Le capitaine de cette place étoit le seigneur d'Offemont, qui la tenoit de concert avec Poton de Saintrailles et beaucoup d'autres compagnons de guerre. Le roi avoit alors pour son lieutenant et chef de guerre dans ces parages un habile capitaine apelé Guillaume de Gamaches. Ce lieutenant mit le siége devant le dit d'Offemont à grand renfort de cannes, d'arbalètres, de charroi et de cavalerie, et causa de grands dommages en combattant virilement quiconque se présentoit comme adversaire.

Ceci ne demeura pas longtemps inconnu des gens de guerre qui tenoient le parti françois. Aussi plusieurs de ces derniers, habiles et expérimentés en armes, résolurent-ils de ne goûter aucun repos avant d'attaquer le duc même. Parmi eux et après avertissement préalable, se jetèrent avec vigueur dans cette attaque le seigneur de Conflans, Louis de Nelle, Jean Raoul ou Raoulet[2], Messeigneurs Regnaut de Fontaines, Louis

---

1. Ce morceau reparoît, mais extrêmement réduit, ci-après, dans les chapitres 4 et 5 de la chronique françoise.
2. Voyez le fragment A que nous publions à la suite de

Bournel, de Hollande, Roger son frère, de Calleville, de Villetier (Villequier)[1], Gilles de Gamaches, frère dudit Guillaume, et plusieurs autres. Ceux-ci résolurent donc, à l'unanimité, de se porter à l'encontre du duc, et passèrent fièrement à travers leurs compagnons, qui ne s'y attendoient nullement, au lieu dit la Blanque-Taque.

Le duc, à cette nouvelle, aima mieux prévenir qu'être prévenu. Il partit avec le comte de Luxembourg et une compagnie de gens d'armes, après avoir mandé puis congédié les charrois de siége, et se dirigea rapidement au devant des François. Il craignoit alors si peu pour ses jours, qu'il fit porter sa cote d'armes ou habit de guerre par le seigneur de la Vieuville, lequel avoit déjà la garde de sa bannière. Il marcha ainsi le plus cautement qu'il put, ne gardant sur lui qu'un vêtement non défensif. Les François, quoique peu nombreux, voyant ce grand appareil, se précipitèrent sur le seigneur de la Vieuville, qu'ils prirent pour le duc lui-même. Ce dernier (le duc) se retira à Mons, pour se remettre en état de résistance.

Là s'éleva un combat si âpre et si acharné des deux parts, que bien du monde y trouva, pour prix de sa peine, une mort effroyable. Finalement, ô douleur! quelques-uns des Bourgnignons s'enfuirent de divers côtés. Une partie des François coururent après eux, les atteignirent et les firent prisonniers. Luxembourg lui-même

---

Jean Chartier, et la notice de ce fragment placée parmi les liminaires de ce premier volume.

1. Monstrelet, livre I, chapitre 257, l'appelle *Colinet de Villequier.*

fut pris; mais, moyennant un arrangement secret, il ne tarda pas à être délivré. Les François retournoient vers leurs lignes, emmenant leurs prisonniers. Croyant que le duc lui-même avoit péri, ils se promettoient une seconde victoire. Ils abordèrent en désordre cette troupe, et s'y enferrèrent. L'avantage de cette seconde affaire demeura ainsi aux Bourguignons.

Messeigneurs de Conflans, Regnaut de Fontaines, de Villetier (ou Villequier), Louis Bournel, Jean Raoulet, Louis de Nelle et plusieurs autres, furent obligés de donner leur foi et faits prisonniers. La bannière dudit seigneur de Gamaches, absent, fut prise par les Bourguignons; mais, grâces aux efforts de Messeigneurs de Calleville, de Hollande, et de Roger son frère [qui la reconquirent?], cette bannière fut ramenée intacte avec eux.

Cela fait, le susdit duc, à la grande déconvenue des François de Saint-Riquier, se rendit en toute hâte avec les siens à Abbeville. Là, dès le lendemain, les François, assurés de surmonter les Bourguignons par leur courage, offrirent à ce duc la bataille. Mais celui-ci la refusa par prudence ou autre péril. Toutefois, je tiens ce fait pour digne d'une mention honorable : le duc exempta Gilles de Gamaches, son propre prisonnier, de toute rançon. De plus il le renvoya dans sa patrie chargé de présens et avec sauf-conduit, attendu que ce prisonnier étoit le premier [1] qu'il eût fait de sa propre main.

1. Monstrelet et les autres historiens bourguignons nous apprennent que le 31 août 1421, jour de cette rencontre,

Chapitres VI, VII, VIII, IX, X.

Ces morceaux sont reproduits ci-après, avec un peu moins de détails, dans les chapitres 6, 7, 8, 9, 10 et 11 de la chronique françoise.

Chapitre XI.

Des murmures qui se répétoient sur le gouvernement du roi et du royaume [1].

Le seigneur de Giac,... une nuit qu'il reposoit dans son lit à Issoudun, fut saisi de vive force, de peur qu'il ne s'échappât. Par ordre du connétable [2], on lui fit son procès sur diverses entreprises qu'il avoit faites. Giac fut jugé et condamné à être noyé au fond de [l'Auron?] [3]. A cette nouvelle, le premier mouvement du roi fut de se plaindre; mais il s'assura, en exami-

---

le duc Philippe le Bon fut fait chevalier sur le champ de bataille. Ils nous apprennent en outre que, dans l'action, le duc fit prisonnier de sa main *deux* hommes d'armes. Sans doute Gilles de Gamaches fut *le premier :* circonstance à laquelle Jean Chartier feroit allusion par le mot *prior ?* (Voy. le texte original.) Le duc, pour inaugurer sa carrière de chevalier, auroit renvoyé sans rançon et chargé de présens son *premier* prisonnier.

1. Le chapitre 26 de la chronique françoise répète une première partie de ce présent chapitre. La seconde partie du texte latin contient quelques détails nouveaux et qui ne sont pas sans importance; car l'époque à laquelle ils se rapportent, est très-intéressante et non moins obscure. Nous traduisons cette seconde partie.

2. Artus de Richemont.

3. Les historiens varient sur le lieu où Giac fut noyé. Ce fut vraisemblablement à Dun-le-Roi. Le nom de la rivière est en blanc dans le manuscrit.

nant de près les choses, que Giac en tout lui avoit été contraire. Il finit alors par ne pas demander mieux [que ce qui avoit été fait de ce favori].

Aussitôt le connétable offrit au sérénissime roi le Camus [1] de Beaulieu, pour occuper la plus grande place en autorité à la cour, et afin de posséder plus commodément le gouvernement du royaume [2]. Mais ce Beaulieu ne dura guère, car quelques gens de ce même connétable l'exécutèrent à Poitiers.

Après celui-ci, plusieurs personnes du sang royal persuadèrent au roi de confier le gouvernement au seigneur de la Trimouille. C'est pourquoi j'exhorte un chacun à ne pas se mettre en ce péril et à ne point briguer le gouvernement : car c'est une position sujette à l'envie. Que cet exemple serve à édifier là-dessus tout homme de sens !

Chapitre XII.

Comment le comte Douglas, Écossois, vint auprès du sérénissime roi de France, afin de lui porter secours en attaquant ses ennemis.

Ce chapitre est reproduit, à peu de chose près, dans le texte françois ci-après, chapitre 12. (*Bataille de Verneuil.*)

---

1. Camus, comme il arrive souvent dans les textes du 15e siècle, est à la fois un nom propre ou substantif et un adjectif. Il se nommoit Jean de Vernet ou Vernet. De plus, il étoit *camus*, et le nom lui en demeura.

2. La construction de la phrase est amphibologique dans l'original. Mais Chartier a certainement voulu dire que Richemont se proposoit de gouverner par les mains de Beaulieu.

Chapitres XIII a XX.

Traduits dans les chapitres françois 13 à 20.

Fin du premier Essai ou Chronique latine.

CHRONIQUE FRANÇOISE

DU ROI DE FRANCE

CHARLES VII

PAR JEAN CHARTIER.

Préambule.

Au nom du Père, du Fils et du Saint-Esprit, de la glorieuse vierge Marie, de Monseigneur Saint Denis, patron de France, et de la béatitude céleste, cy commence la cronicque du temps de très chrestien roy Charles septiesme de ce nom, roy de France, faicte et compillée par moy, frère Jehan Charretier, religieux et chantre de l'église Monseigneur saint Denis, cronicqueur dudit royaulme, à ce commis, ordonné et depputté de par le roy mon souverain seigneur, combien que à icelle faire suys et me réputte moindre de tous et entre les aultres plus indigne.

Lequel seigneur commença à régner et à prendre le gouvernement de son royaulme incontinent et tantost après le dueil et douloureulx trespas de feu de bonne mémoire son père, lequel Dieu mette en paradis. Et combien qu'il ait prins ledit gouvernement comme héritier de France, néantmoins a esté et est en guerre [1], tribulacion et extrême division, qui a couru par longue espace de temps et encore court, et tellement que ledit royaulme est en très grant désolacion et povreté par la division qui est en icelui, car les aucuns favourisent [2] ledit roy de France, les aucuns ledit roy d'Angleterre, et les aucuns les adhérans audit roy d'Angleterre, comme le duc de Bourgongne et autres ses adhérens et complices. Et a esté occuppé la plus grant part d'icelluy royaulme viollanment et contre raison par les dits Angloiz, anciens ennemis du dit roy et de ses prédécesseurs roys de France, comme encores est de présent. Et ont prins et applicqué les rentes et revenues des mettes et pays d'icelluy royaulme estans en leur subjection et dominacion, et joyssent [3] de plussieurs grans citez, villes, chasteaulx et forteresses, ou grant préjudice et dommage dudit roy Charles septième, héritier de France, et mesmement de la bonne ville et cité de Rains. Par quoy ne se peult [4] encores faire sacrer ne oindre comme il est de coustume.

Toutesfois est son intencion, selon la commune renommée, au plaisir de la benoiste Trinité

1. Godefroy : néanmoins il *trouva* le royaume en guerre.
2. Godefroy : *favorisoient*.
3. Godefroy : ils *jouissoient*.
4. Godefroy : *pouvoit*. Dans tout ce passage le texte de Godefroy donne le temps imparfait au lieu du présent. Voir, sur ce sujet, la notice de Jean Chartier.

et de Nostre Dame, et aussy à l'aide de sa très noble chevallerie et au moyen de la conduicte de son bon conseil, de conquérir son droit paternel et dedens brief temps de expeller ses dits ennemis et de mettre telle et sy bonne police en son dit royaulme, que son peuple vivra en bonne paix soubz luy et de soy faire aller sacrer audit lieu de Rains, quelque obstacle ou empeschement qu'il treuve. Et affin qu'il soit perpétuelle mémoire des gestes et faiz du dit roy, de sesdits adversaires et de leurs chevalleries, je, cronicqueur dessus nommé, ay intencion de rédiger par escript ce qu'il se fera son temps et règne durant, le plus véritablement que je pourray, et sans porter faveur à aucun, ne parcialité.

Chapitre I.

De la mort des rois Charles VI de France et Henry V d'Angleterre.

Pour entrer doncques en la matière des cronicques présentes, lesquelles se commencent incontinent après l'enterrement du dit très chrestien roy, sixième de ce nom appellé roy Charles, et non pas depuis sa mort, car tout ce qui a esté fait luy estant sus terre mort ou vif est réputé pour son temps. Pourquoy est assés par manière de mémoire que certain appoinctement entre le roy Henry, roy d'Angleterre, en luy baillant pour espouse madame Katherine, fille d'icellui roy de France; c'est assavoir que se il survivoit le roy de France, devoit succéder à la couronne de France, et sy non et il laissoit aucun hoir masle de sa dite espouse, après le déceps du dit roy de France, se ledit enfant vivoit il seroit roy de France, en déboutant de tous pointz Monseigneur le daulphin, vray héritier naturel dudit royaulme, comme tout ce est contenu plus au longc ès cronicques précédentes [1].

Or est vray que après le déceps desdits deux roys, lesquelz trespassèrent, c'est assavoir le roy d'Angleterre le desrenier jour d'aoust, et le roy de France le XXIe [2] jour d'octobre prochain ensuivant ou dit an, y avoit ung enfant du dit roy d'Angleterre et de la fille de France, nommé Henry, pour lequel estoit tenu et gouverné la plus grant part du royaulme de France, icelluy enfant aagié d'un an ou environ. Parquoy fut crié sur la fosse de son dit feu grant père à haulte voix : *Vive le roy Henry, roy de France et d'Angleterre!* et fut crié *Noel!* des assistens confortans les dits Angloiz. Maiz la plus saine partie plouroit et gémissoit, eulx considérans la grande begnignité qui avoit esté ou dit roy de France nommé le Bien aimé et considérans les énormes maulx qui leur povoient venir par la mutacion de leur seigneur naturel, et que ladite seigneurie se gouverneroit par estranges manières et nacions, qui estoit et est contre raison et ordre de droit, à la totalle destruction du peuple et du royaulme de France.

---

1. C'est-à-dire dans l'*Histoire de Charles VI*, dite du Religieux de Saint-Denis.
2. Voyez ci-dessus, page 3, note 1.

Chapitre 2.

Comment le roy d'Angleterre se intitula roy de France et comment on seella en la chancellerie en son nom.

Premièrement, le douziesme jour de novembre on seella en la chancellerie à Paris en nom du dit roy Henry, du seel de Chastellet, jucques à ce que le grant seel fust fait. Et mettoit-on ou tiltre : *Henry, par la grace de Dieu, roy de France et d'Angleterre*, et au dessoubz : *Donné soubz nostre seel de Chastellet de Paris, et de nostre regne le premier;* et le seizième jour du dit moys on plaida en parlement, et le vingt-troisième on seella du grant seel en quel estoient les armes de France et d'Angleterre, c'est assavoir ung roy assis en une chayere, tenant deux ceptres en ses deux mains, et au costé dextre estoit l'escu de France tout plain, et au costé senextre estoit l'escu d'Angleterre esquartellé de fleurs de liz et de liépars, et en contre-seel avoit ung angle[1] tenant les deux escus de France et d'Angleterre, et à chacun escu ung septre dont sur l'escu d'Angleterre avoit une pomme et une verge à une croix au bout d'en hault. Et le vingt-quatrième jour du dit moys on fist monnoye à deux blancs, en laquelle avoit par devers la pille les deux escuz de France et d'Angleterre, et au dessus en escript : *Henry, roy de France et d'Angleterre*, et devers la croix avoit une petite croix d'un salut et du costé dextre une fleur de liz, et de l'autre y

---

1. Ange.

avoit ung lieppart, et dessus la croix y avoit *Henry*, comme dessus.

Pareillement aussy Monseigneur le Daulphin se tiltra roy de France, et se fist nommer par ses lettres patentes en son grant seel : *Charles, roy de France*. Et de ceste heure esleva une forte guerre contre les Anglois, ses anciens ennemis et leurs adhérens, et plus forte que par avant le trespas de son feu père, pour ce que le royaulme en tout luy compétoit et appartenoit et devoit compéter et appartenir.

Chapitre 3.

Comment messire Jehan de Bellay et Messire Ambroise de Loré firent une assemblée pour cuider prendre Fresnay le Vicomte et de plusieurs rencontres.

L'an mil quatre cens vingt-deux, Messire Jehan du Belloy ou du Bellay et Messire Ambroys, sire de Loré, firent une assemblée pour cuider prandre Fresnay-le-Viconte, et après ce qu'ilz oulrent couru devant, vindrent repaistre à Sillé-le-Guillaume. Et de là s'en ala ledit messire Ambroys à Saincte-Susanne, dont il estoit capitaine, et ledit Messire du Belloy print tout droit son chemin pour aller à Mans. Et avoit en sa compaignie, ledit du Bellay, plus de deux cens combatans, et fut rencontré en chemin des Angloiz, lesquelz estoient par estimacion de soixante à quatrevingtz, et en estoit chief ung Angloiz nommé Bakeby ou Kerkeby, mareschal de Fresnay, et estoient lesditz Angloiz au longc d'une haye, et lesditz François à cheval, et les vindrent assaillir tout à cheval sans mettre pié à terre, parquoy furent iceulx François desconfilz par lesditz Angloiz, et y eult plussieurs mors et prins par le moien du trait qui tuoit les chevaulx sous les ditz François.

CHAPITRE 4.

Une rencontre. — Affaire de Saint-Riquier.

En celuy temps[1], Philippe, duc de Bourgongne rencontra les François à grant compaignie à Saint-Riquier où il y eult fort combatu d'un costé et d'autre, et finablement icelluy duc de Bourgongne et ses gens desconfirent iceulx François, et y en eult plussieurs mors et prins.

CHAPITRE 5.

Autre rencontre. — Affaire de la Blanque-Taque.

En ce mesme temps ensuivant, le sire de Gamaches et messire Amaulry de Saint-Ligier rencontrèrent en chevauchant grant nombre de Bourguongnons en ung lieu nommé la Blanque-Taque, où il fut fort combatu d'un costé et d'autre, et finablement furent les ditz Bourgongnons desconfilz et près tous mors que prins.

CHAPITRE 6.

Autre rencontre. — Affaire de la Neuville-la-Haye en Maine.

En celuy mesme temps ensuyvant, ung chevalier nommé le sire de Fontaines rencontra

1. Voy. ci-dessus chapitre 5, et la note qui le termine.

en chevauchant les Angloiz à Neufville-la-Laiz en pais du Maine, lesquels Angloiz, après grant résistense faicte, furent desconfilz par icelluy sire de Fontaines, et y en eult que mors que prins environ de six à huit vingtz.

Chapitre 7.

Siége mis à Cravant.

En l'an mil quatre cens vingt et trois, le conte de Salbery[1], le conte de Sufford[2], tous deux Angloiz, et le mareschal du duc de Bourgongne, mirent le siège devant la ville de Cravant, et pour icelluy Cravant secourir fut fait par les François une grant armée, de laquelle estoient chiefz le sire de Deruelle[3], escot et connestable d'Escosse, Messire Amaulry de Surac[4], mareschal de France, et finablement furent desconfilz iceulx François par les ditz Angloiz et Bourgongnons, et y fut prins le dit connestable d'Escosse et plusieurs autres chevaliers et escuiers françois, et y fut mort un chevalier d'Anjou nommé le sire de Fontaines, et plussieurs autres mors et prins, jucquez au nombre de deux à trois milles.

1. Salisbury.
2. Suffolk.
3. Darnley, Écosssois, *John Stewart* ou *Stuart;* laird Darnley. Pour les copistes françois : *Darnelay, Daruelay, Deruelle.*
4. Amaury de Séverac.

Chapitre 8.

Incident. — Bataille de la Broussinière.

En celuy an, ung chevalier angloiz nommé le sire de la Poulle[1] se partit du pais de Normendie à tout bien deux mille et cinq cens combatans angloiz, et s'en vint courir au pais du Mayne et passa jucques en Anjou et se loga devant ung chastel d'icelluy pays d'Anjou nommé Segré. Et sy tost qu'il vint à la congnoessance de Messire Ambroys, sire de Loré, qui estoit capitaine d'une ville nommée Saincte-Susanne en la frontière des ditz Angloiz, et que icelluy de la Poulle et sa compaignie estoient entrés en pays comme dist est, icelluy Messire Ambroys envoya hastivement plussieurs messagiers devers Jehan de Harcourt, conte d'Aumarle[2], lequel estoit en la ville de Tours et avoit certaine entreprinse de guerre sur les Anglois en pays de Normendie, parquoy il avoit mandé gens de toutes pars. Laquelle entreprinse le dit sire de Loré savoit bien. Et estoit pour lors icelluy conte d'Aumarle gouverneur pour le roy de France ou dit pays d'Anjou et du Maine, et sy tost qu'il oult reçeu les lettres et messages du dit sire de Loré, il se party hastivement de la dite ville de Tours et envoya chevaucheurs et messagers de toutes pars pour faire tirer ses gens ensamble, et sans séjourner s'en vint hastivement icelluy conte d'Aumarle avecquez ses

[1]. William Pole.
[2]. Ou *Aubmarle*, Aumale.

gens en la ville de Laval. Le dit sire de Loré et autres plusieurs se rendirent à luy.

Et là vint ung chevalier nommé messire Jehan de la Haye, baron de Coulomces, lequel avoit très belle compaignie, lequel estoit pour lors en indignacion du dit conte d'Aumarle pour aucunes désobéissances que icelluy de Coulomces luy avoit faites en son gouvernement. Et quelque besoing ou nécessité que oult icelluy conte d'Aumarle, il ne voulloit souffrir que icelluy de Coulomces allast en sa compaignie, combien que il fut tant fait vers icelluy conte qu'il fut content qu'il luy allast pour le jour sans soy monstrer devant sa personne, et le landemain bien matin, à ung jour de samedi, se party le dit conte d'Aumarle de la dite ville de Laval pour soy aller mettre entre le pays de Normendie et les dits Angloiz, à ung lieu où luy fut dit que les ditz Angloiz devoient passer pour eulx en retourner ou dit pays de Normendie. Et envoya plussieurs gens bien congnoissans pour iceulx Angloiz costoier et chevaucher, chargés de luy faire tousjours savoir toutes nouvelles d'iceulx Angloiz, lesquelz estoient partis de devant le dit chastel de Segré, et venoient tout droit par devant ung chastel nommé la Gravelle et en amenoient avecquez eulx les hostages de la ranson d'icelluy chasteau de Segré et plussieurs prisonniers, et plus de dix ou de douze mille beufz et vaches. Et se vint logier icelluy conte d'Aumarle à ung village nommé le Bourgneuf de la Forest.

Auquel village il ouyt certaines nouvelles que iceulx Angloiz estoient logez à trois lieues du

dit village ou environ, et qu'ilz tiroient tout
droit à aller passer par ung lieu nommé la Broissinière, à une lieue d'icelluy village de Bour-
neuf de la Forest où il estoit logié.

Et tantost icelluy conte d'Aumarle fist venir
par devers luy Pierre, bastard d'Alençon, qui
là estoit, André de Laval, Messire Guy de Laval, Messire Loys Tromargon, le dit sire de
Loré et autres chevaliers et escuiers, et leur
dist et signiffia ce que on luy avoit dit et raconté
d'iceulx Angloiz. Et leur requist conseil et leur
dist qu'il voulloit conclure à celle heure ce qu'il
avoit à faire pour le jour, et finablement fut conclud et appoincti que le dit conte d'Aumarle
avecques tous ses gens seroient au dit lieu de la
Brouissière le dimanche matin à souleil levant,
et que icelluy conte d'Aumarle se mettroit là en
bataille, à pié, pour actendre iceulx Angloiz
avecquez les chevaliers et autres gens de sa
compaignie, et que le dit sire Loys de Loré,
messire Loys Tromargon, seroient à cheval avec
sept ou huit vingtz lances pour besongner sur
iceulx Angloiz, ainssy qu'ilz le verroient avoir
à faire, sans nulle autre charge, et que c'ilz voulloient avoir ung autre capitaine avecqz eulx,
qu'ilz le prenssissent. Et se fut dit principallement affin que le dit Coulomces fust avecqz
iceulx deux chevaliers ordonnez estre à cheval,
pource que, comme dit est, icelluy de Coulomces
n'estoit pas en la grace du dit conte d'Aumarle ;
et aussy se trouvèrent le dit conte d'Aumarle et
autres le landemain au matin ensuyvant, à la
dite heure, au dit lieu de la Broissinière, et fut
la bataille ordonnée à pié. Et le dit sire de

Loré, Tromargon et Coulomces estoient à cheval.

Et l'ordonnance ainssy faite et mise à point, dedans deux heures après on vit les coureurs des ditz Angloiz qui rachassoient les coureurs des ditz François. Et tantost iceulx trois chevaliers à cheval, lesquelx avoient avecquez eulx de sept à huit vingtz lances, allèrent contre iceulx Angloiz et leur tindrent grande et dure escarmuche, tant qu'ilz les firent dessendre à pié à bien demy quart de lieue du dit lieu de la Broissinière, où estoit en bataille à pié le dit conte d'Aumarle et ses gens, et vindrent marchant iceulx Angloiz droit à la bataille du dit conte d'Aumarle, laquelle ilz ne povoient bonnement veoir, pour ce que iceulx trois chevalliers les faisoient tousjours tenir ensamble. Et se retirèrent tout bellement iceulx trois chevalliers droit au dit conte d'Aumarle, et quant les batailles du dit conte d'Aumarle, françoiz, et du dit sire de la Poulle, angloiz, furent vis à vis à ung trait d'arc les ungz des autres, et en marchant picquèrent iceulx Angloiz des paux en grant nombre que ilz portoient avec eulx. Et à celle heure les ditz chevalliers françoiz, avecques leurs gens, passèrent par entre les dites deux batailles, et vindrent tout jucques oultre le bout de la bataille des ditz Angloiz pour férir dedens.

Maiz les ditz paux que les ditz Angloiz plantoient devant eulx les empeschèrent. Lesquelz voyans qu'ilz ne povoient passer pour les ditz paux, tournèrent tout à coup sur le costé de la bataille des ditz Anglois, où ilz n'avoient nulz paux; tousjours marchoit à pié la bataille des ditz

François contre les ditz Angloiz. Et d'icelle armée iceulx trois chevalliers à cheval rompirent la bataille des ditz Angloiz et les firent tourner tous ensamble contre ung grand fossé, et tant que iceulx Angloiz n'avoient plus nulle ordonnance, et adonc vint joindre le dit conte d'Aumarle et sa bataille avec iceulx Angloiz main à main.

Et finablement furent icelluy de la Poulle et sa compaignie desconfilz. Desquelz Angloiz y eult de mors en champ quatorze cents, qui furent faitz enterrer par *Alençon* le Hérault; et, à la chasse, deux à trois cents. Et y fut prins le dit sire de la Poulle, Thomas Aboing, Messire Thomas Cliffeton et plusieurs autres Angloiz. Et ne eschappa, qu'ilz ne fussent mors ou prins, pas plus de cent à six-vingts (120). Et y fut fait plussieurs chevalliers, et entre les autres, y fut fait chevallier le dit André de Laval, filz du dit sire de Laval. Et y fut mort ung chevallier françois, nommé messire Jehan le Roux, avec bien peu d'autres. Et de là s'en alla le dit conte d'Aumarle et la compaignie ce jour à la Gravelle. Du dit lieu de la Gravelle print son chemin le dit conte d'Aumarle droit aux pays de Normendie et s'en ala devant la ville d'Avranches. Et y laissa le sire d'Aussebout avec certain nombre de gens d'armes pour icelle ville d'Avranches cuider mettre en obéissance du roy, et passa tout oultre et s'en alla loger ès faulxbourgs de Saint-Lo en Normendie. Et y séjourna par trois ou quatre jours. Et y oult prins plussieurs prisonniers et biens. Et de là, s'en retourna devant la dite ville d'Avranches, et puis tira avecques toute sa compaignie en pays du Mayne sans autre chose faire.

Chapitre 9.

Siège mis à Sedanne.

L'an mil CCCCXXIII dessus dit fut mis le siège en la ville de Sedanne, par le conte de Sallebry, de laquelle ville estoit cappitaine ung escuier du pays nommé Gilles Marin, avecques luy messire Rogier de Cricquetot, chevallier de Normendie, acompaignié environ de cent et cinquante combatans. Et fut le siège depuis le mardy de Pasques[1] jusques à la Saint-Jehan[2] en suivant. Et fut la dite ville fort batue de canons, et après prinse par mine, et y ot bien soixante François à l'aussault et autre soixante que le dit conte fist pendre, et le demourant fut prisonnier. Et fut le dit cappitaine tué ou dit assault et le dit Cricquetot prisonnier. Et ainssy demoura le dit conte de Sallubry seigneur pour le roy d'Angleterre de la dite ville de Sedanne, et y laissa ung cappitaine de ses gens à la garde d'icelle.

Chapitre 10.

Autre siège mis au Mont-Saint-Michiel.

En ce temps fut mis par les Angloiz le siège par mer devant le Mont-Saint-Michiel, et bastilles par terre, tellement que à grant paine

---

1. C'est-à-dire le 6 avril (Pâques le 4).
2. Le 24 juin.

y povoit venir aucuns vivres. Et avoient iceulx Angloiz très gros navires et bien armés de gens d'armes. Et pour icelluy Mont-Saint-Michiel secourir fut faicte une armée par mer à Saint-Malo de Lisle ; de laquelle armée estoit chief ung chevallier de Bretaigne, nommé le sire de Beaufort, admiral d'icelle armée, lequel vint combatre sur mer icelle armée d'Angloiz. Lesquelz Anglois furent desconfilz, et en y ot grant nombre de prins, et fut le siège levé; et y estoit le sire de Zebost.

Chapitre II.

Autre siège mis à Ardenon.

En ce mesmes temps ensuivant fut mis par les Angloiz une bastille à Ardenon, à une lieue du Mont-Saint-Michiel. Et estoient les Angloiz coustumiers estans en icelle bastille de saillir chacun jour à l'escarmouche, à la requeste des François estans ou dit Mont-Saint-Michiel, ès grèves de la mer. Et pour ce fut faite une entreprinse par messire Jehan de la Haye, baron de Coulomces, lequel estoit pour lors cappitaine de Maienne-la-Juhez, qui estoit loingtz d'icelle place du Mont de quinze lieues. Et selon ce qu'il avoit acoustumé de faire, vint icelluy baron de Coulomces, environ deux heures après midi, ainssy qu'il estoit demouré d'appoinctement avec ceulx du dit Mont-Saint-Michiel, et trouva iceulx Angloiz de la bastille en la greve. Lequel mist entre eulx et leur dite bastille, desquelz ilz furent mors et prins environ de douzevingts à deux cens. Et y fut prins ung chevallier angloiz nommé Messire Nicolle Bourdet et autres plussieurs, etc, etc.

Chapitre 12.

La bataille de Vernoil.

En celle saison dessendi en royaulme de France le conte Duglas à la Roche (la Rochelle), pour venir secourir le roy de France et son dit royaulme, lequel fut reçeu par le dit roy moult grandement et honnourablement, et luy donna, le dit roy, la duché de Thouraine, et avoit bien en sa compaignie le dit conte Duglaz, ainssy que on disoit, de quatre à cinq mille combatans. Et advint ung peu de temps après que le duc de Bethefort, lequel se nommoit régent du royaulme de France, mist le siège devant ung chastel en Normendie nommé Yvry, et là fut devant de trois à quatre moys, et fut prins appoinctement entre le dit duc et le dit cappitaine du dit lieu d'Yvry, lequel estoit gascon, nommé Girault de la Paillière, c'est assavoir, que icelluy Girault luy rendroit icelluy chasteau avec la ville dedens certain jour et terme, ou cas que du roy de France ne seroit secouru.

Lequel Girault de la Paillière fit savoir au roy de France icelle composicion et appoinctement, en luy requerant que il luy pleust donner secours, ou autrement il estoit contrainct de bailler et livrer au dit duc de Bethefort iceulx chasteau et ville d'Yvry. Et ce venu à la congnoessance du roy de France, ordonna et delibera par son conseil de envoyer pour secourir iceulx ville et chasteau d'Yvry le duc d'Alençon, le conte Duglaz, le conte de Beaucamp[1], connestable de France, le comte d'Aumarle, le viconte de Narbonne et plussieurs autres. Lesquelz à bien grant ost se partirent de la ville de Tours et prindrent leur chemin vers les dits ville et chasteau d'Yvry et vindrent logier devant Chartres, qui estoit et tenoit le party des Angloiz, et de là vindrent logier en ung village près de Dreux, nommé Mannacourt[2], et là sçeurent certaines nouvelles, que le dit chasteau et ville d'Yvry estoient rendus et livrez au dit duc de Bethefort. Et de là furent conseillez les ditz ducz d'Alençon, le conte Duglaz et autres, de tirer vers la ville de Vernoil, laquelle estoit desgarnie de gens. Et tantost qu'ilz furent devant, la dite ville se mist en l'obéissance du dit duc d'Alençon, auquel elle estoit par droit de heritaige, sauve la tour, qui tantost après se rendit par composicion, et en furent envoyez les Angloiz, eux et leurs biens, et demeura toute icelle entierement en la main du dit duc d'Alençon.

Et fut tenu conseil pour savoir que on avoit affaire au surplus. Et furent plussieurs d'oppinion qu'on mist grosse garnison en la dite ville de Vernoil contre les Angloiz, et que les ditz ducz d'Alençon, conte Duglaz et autres, avec l'armée, allassent essayer à recouvrer aucunes forteresses que tenoient les Angloiz, lesquelles estoient despourveues de gens, et que, veu que ladite

1. *Buchan* ou Boucan.
2. Nonancourt.

ville et chasteau d'Yvry estoient renduz, il n'estoit point de nécessité de combatre pour icelle heure ne de donner bataille, qui estoit l'oppinion du conte d'Aumarle, du viconte de Narbonne et de la plus grant partie des chevalliers et escuiers qui savoient parler de telz matières. Et l'oppinion du conte Duglatz, du conte de Bouhain, connestable de France, et autres escoz, estoit tout au contraire. Et en disant et parlant com avoit affaire, vint nouvelles que le dit duc de Bethefort estoit logié à trois ou quatre lieues du dit lieu de Vernoil et que il venoit pour combatre, et adonc ne fut plus sur ce tenu conseil, et à l'appetit et volonté d'iceulx escotz et de plussieurs fut conclud la bataille.

Et ung jeusdi matin, après la my aoust, se mirent aux champs, les ditz duc d'Alençon et conte Duglatz et autres dessus nommez, et se mirent en ordonnance et en bataille assés près de la ville de Vernoil, et ordonnèrent gens à cheval aux deux costés de leurs batailles, et tantost après vint le duc de Bethefort, le conte de Sallebry, le conte de Suffort, à bien grant armée dessendre à pié, et se mirent en bataille devant icelluy duc d'Alençon et autres François, et marchèrent les dites deux batailles les unes contre les autres; et quant ilz furent aprouchez du trait des archers les ungz des autres, les gens à cheval pour ferir sur les Angloiz, lesquelz estoient d'un costé et d'autre, ainssy c'om disoit, de quatre à cinq cens lances de Lombars, lesquelz férirent plus sur le baigaige et charroy qu'ilz ne firent

1. Après le 15 août.

sur les archers, qui estoit leur principalle charge ; et l'autre compaignie de l'autre costé, qui estoient environ deux cens lances, férirent tout droit sur les archiers de leur costé, lesquelz archiers l'on nombroit à trois mille, avec deux cens lances, lesquelz furent tous desconfilz par iceulx gens à cheval ; et cuidoient iceulx gens à cheval que toute la bataille fust gaignié pour les François, pour ce qu'ilz avoient bien fait et exécuté ce dont ilz avoient la charge.

Et finablement, ledit duc de Bethefort et autres Angloiz gaignèrent la bataille, et ilz furent mors le conte Duglas et James son filz ; le conte de Bouhain, connestable de France ; le conte d'Aumarle, le viconte de Narbonne, le conte de Ventadour, le sire de Graville, le sire de Beausault, Charles Lebrun, Messire Guillaume de la Palu et plussieurs autres, jucques au nombre de trois à quatre mille hommes. Et y furent prins le duc d'Alençon, le bastard d'Alençon, le sire de Fayette, mareschal de France, et plussieurs autres. Et le landemain fut rendue la ville de Vernoil, en laquelle estoient retrais plussieurs François, lesquelz s'en allèrent tous avecqz leurs biens.

CHAPITRE 13.

Siège mis devant Tennye[1].

Environ deux ou trois moys après icelle bataille, ung chevallier angloiz, nommé Messire Jehan Fastol[2], lequel estoit cappittaine d'Alençon

1. Canton de Conlie (Sarthe).
2. Sir John Falstalf.

et gouverneur d'icelles marches, fist une armée
et vint mettre le siège devant ung chasteau
nommé Tennye, en pays du Mayne; lequel
chasteau luy fut rendu par composicion telle que
les gens de guerre estans dedans icelluy chasteau s'en allèrent et leurs biens saufz où il leur
pleust en leur party.

Chapitre 14.

Embusche de François sur les Angloiz.

En ce temps le conte de Sallebery estoit en
chemin pour aller mettre le siège devant le
Mans, ainssy que cy après à plain est desclairé.
Et ce venu à la congnoessance de messire le
Porc, François, cappittaine de Mayenne la Juhez,
se partit dudit lieu à bien de huit vingtz à deux
cens combatans, et ala mettre une embusche
près de Sées en Normandie, sur le chemin dudit
conte de Salbery et son ost, et férit sur plusieurs Angloiz qui chevauchoient devant la bataille, car de rien ne se doubdoient, desquelz
il y oult grant nombre de mors et de prins.
Et ainssy se départit le cappitaine et enmena ses
prisonniers avecques luy, sans trouver aucune
contradicion, empeschement ou résistence.

Chapitre 15.

Siège mis au Mans.

Tantost après, le conte de Salbery, Angloiz,
vint avec grant ost mettre le siège devant la
cité du Mans, de laquelle estoit cappitaine le sire

de Tucé, et y furent assises plussieurs grosses bombardes qui abatirent grant partie de la muraille, près de l'evesque d'icelle cité. Et finablement fut rendue et livrée icelle cité du Mans au dit conte de Salbery par composicion, et s'en allèrent les gens d'armes et aultres qui se vouldrent aller, et ceulx qui voulurent demourer demourèrent en l'obéissance d'iceulx Angloiz. Et pour les fraitz du dit conte de Salbery paierent les dits François estans en la dite ville mille et cinq cens escuz d'or.

Chapitre 16.

Autre siège mis à Saincte-Susanne.

La dicte cité du Mans ainssy prinse comme dit est, le dit conte de Salbery vint mettre le siège devant ledit chastel et ville de Saincte-Susanne ou dit pays du Maine, desquez chastel et ville estoit cappitaine Messire Ambrois, sire de Loré. Et fist icelluy conte de Salbery asseoir et assortor neuf grosses bombardes et plussieurs gros canons et vouglaires, lesquelles bombardes et canons après huit ou dix jours commencèrent à tirer incessamment jour et nuyt, et tellement qu'ilz abatirent les murs de la dite ville plus loingz que le trait d'un arc, et y fist-on plussieurs saillies et escarmouches d'un costé et d'autre. Et finablement fut contrainct le dit chevallier et autres de la dite place de rendre iceulx chastel et ville au dit conte de Salbery, et perdirent iceulx chevalliers et ses compaignons tous leurs biens et leurs prisonniers, et s'en allèrent, après la dite place rendue, tous à pié. Et pour les fraitz du dit conte de Salbery fut contrainct le dit chevallier à luy paier la somme de deux cens escuz d'or.

CHAPITRE 17.

Siège mis à Mayenne-la-Juhez.

D'icelle ville de Saincte-Susanne s'en alla le dit conte de Salbery et son ost mettre le siège devant le chasteau de Mayenne-la-Juhez, et y fist mener plussieurs grosses bombardes; et estoit cappitaine d'icellui chasteau Messire Pierre le Porc; lequel chasteau fut batu merveilleusement, et y ot fait plussieurs mines, et y donnèrent iceulx Angloiz un merveilleux assault, tant par la muraille abatue par les dites bombardes que par les mynes. Lequel Messire Pierre le Porc et autres du dit chasteau se deffendirent vigoureusement et vaillanment. Et en laffin fut rendu icelluy chasteau au dit conte de Salbery par composicion, par laquelle composicion s'en allèrent ceulx qui s'en voulurent aller et ceulx qui vouloient demourer demouroient. Et pour les fraitz du dit conte de Salbery fut paié par le dit cappitaine et autres François la somme de deux mille escuz d'or.

CHAPITRE 18.

Siège mis à la Ferté-Bernard.

Ung pou de temps après, le dit conte de Salbery, Angloiz, à grant armée mist le siège devant la Ferté-Bernard, ou dit pays du

Maine, de laquelle estoit cappitaine un escuier du pays, nommé Loys d'Avaugour. Devant laquelle place tint son siège le dit conte de Salbery par l'espace de trois à quatre moys. Et après luy fut rendue par composicion, et retint prisonnier le dit cappitaine, et par aucun temps après s'eschappa et s'en alla hors de prison.

Chapitre 19.

Comme Artus de Bretaigne fut fait connestable de France.

Environ ce temps, Artus, fils du duc de Bretaigne, conte de Richemont, lequel avoit esté prins prisonnier par les Angloiz à la bataille d'Aguincourt, dont ès cronicques précédentes [1] est faicte mencion, lequel avoit esté délivré par certains moyens tant du duc de Bourgongne que du duc de Bretaigne, son frère, en faisant certaines promesses au roy d'Angleterre. Et le dit roy d'Angleterre mort, comme dit est, il sembla au dit conte de Richemont que plus n'avoit de foy ne de promesse au successeur du dit roy d'Angleterre, et que aussy ce qui en avoit esté fait par contrainte et pour soy mettre hors de prison en ayant tousjours voulenté de servir le roy de France, et luy sembloit que le dit roy d'Angleterre mort, que de toutes promesses estoit quicte. Et tentost s'en vint devers le roy de France, en la cité d'Angiers, pour soy offrir en

---

1. C'est-à-dire l'histoire de Charles VI par le Religieux de Saint-Denis.

son service comme celuy à qui le courage et la volonté n'estoit changée ne muée depuis le jour qu'il avoit esté prins à la dite bataille d'Agincourt, quelques choses que saigement eust faictes pour trouver la délivrance. Et ledit roy de France, voyant la loyalle volonté du dit conte de Richemont, le receult à grant joye et à grant honneur, et fut moult content et moult joyeulx de sa venue, et le fist et ordonna connestable de France, pour ce que le conte de Bouquain, qui par avant estoit connestable de France, avoit esté tué puis ung pou à la bataille de Vernoil dont dessus est faicte mencion. Lequel conte de Richemont accepta l'office de connestable et print et receult l'espée en faisant le serment au roy et au royaulme de France en la manière acoustumée.

Chapitre 20.

Tentative des François sur la Normandie.

En ce mesme temps Messire Olivier de Maulny et le sire d'Escraing ou de Crestaing firent une grand assemblée de gens d'armes en Bretaigne, et vindrent courre devant le Parc-l'Évesque, devant Avranches. Auquel lieu du Parc-l'Évesque estoient les Angloiz, lesquels saillirent sur iceulx de Maugny et Escraing, et là fut combatu d'une part et d'aultre très vaillenment. Et finablement furent desconfilz lesditz François, et y fut prins ledit Messire Olivier de Maugny, et plussieurs autres en y oult de mors et de prins.

Chapitre 21.

Comment le conte de Richemont mist le siège devant la ville de Saint-Jame de Beuvron, et comment les Angloiz descendirent en Henault, etc.

En celuy mesme temps fut remparée par les Angloiz une ville en pays de Normendie ès marches de Bretaigne nommée Saint Jame de Bruvon, et y estoient en garnison Messire Thomas de Lameston, Messire Philippe Branche et Messire Nicolle Bourdet, Angloiz, avecquez bien de six à sept cens Angloiz, pourquoy fut fait une bien grant armée par le connestable de France conte de Richemont, et estoient en sa compaignie le baron de Coulomces et plussieurs autres François de la frontière du Maine, de Normendie et du pays de Bretaigne, moult grand nombre de chevalliers, escuiers, gens de commun et autres qui estoient nombrés à vingt mille combatans, lesquelz vindrent mettre le siège devant icelle ville de Saint Jame de Bruvon, et y oult fait plussieurs grans saillies et escarmouches tant d'un costé que d'autre. Et advint ung jour que ledit conte de Richemont, connestable de France, et son ost, assaillirent lesditz Angloiz estans en ladite ville moult vigoureusement par l'espace de trois ou de quatre heures, et tellement que plussieurs foys furent à combatre main à main ensemble. Lesquelz Angloiz saillirent dehors par une poterne par devers un estanc où lesdits assailleurs ne se povoient pas bien aider ne secourir, et tant que lesditz Angloiz reboutèrent et

Jean Chartier. I.

firent noyer en icelluy estanc plussieurs d'iceulx assaillans, et tant que on disoit que il y en estoit bien mort quatre cens et plus, et rompirent et déboutèrent icelluy assault par le moyen d'icelle saillye; et se retirèrent et retournèrent lesditz François en leurs logis, et lesdits Angloiz se retirèrent et boutèrent dedens ladite ville.

Et quant vint après mynuyt, se sourdit un desaroy en icelluy ost des François, tant qu'ils deslogèrent et s'en allèrent chacun où mieulx savoit le chemin, et laissèrent et habandonnèrent leurs bonbardes et vivres et artillerie, sans savoir dont venoit ce desaroy, et aussy sans qu'il en fust nulle necessité. Et en fut ledit conte de Richemont, connestable de France, moult couroucé et dollent; maiz aucun remède n'y povoit mettre. Et disoit-on que en icelle compaignie estoient qui oncques mais n'avoient esté en guerre, et estoient la plus grant partie venus de Bretaigne à l'aide et secours dudit connestable, lequel se retrayt luy et ses gens plus gracieusement qu'il peult.

En ce mesme temps le sire de Feuvatre [1], Angloiz, dessendi ou pays de Henault, bien de trois ou quatre mille combatans, et ce venu à la congnoessance de Philippe, duc de Bourgogne, assembla hastivement gens d'armes de toutes parts et vint trouver ledit sire de Feuvatre et ses Angloiz à la dessendue, et illec les vint combatre, et finablement furent iceulx Angloiz desconfitz par icelluy duc de Bourgongne. Et di-

---

1. Fitzvater.

soit-on qu'il en y ot de mors plus de mille et cinq cens et grant nombre de prisonniers; et se retira icelluy sire de Feuvatre avec aucuns de ses gens en son navire, et s'en retourna en Angleterre.

CHAPITRE 22.

Siège mis devant Gallerande.

Assés tost après, le conte de Richemont, connestable de France, fist une armée et vint à la Fleiche, en pays d'Anjou, et envoya ses gens mettre le siège devant ung chastel nommé Gallerande, où il fut par certain temps en escarmouchant les ungtz contre les aultres, et finablement fut prinse d'assault la basse court et le danjon [1], et le demourant par composicion. Et après la réducion d'icelle place et le département des gens de guerre, commist le connestable ung cappitaine pour le roy de France.

CHAPITRE 23.

Siège mis devant Ramessort.

En ce mesme temps, les Angloiz prindrent d'eschielle une forteresse nommée Ramessort ou Remeford, et tantost après les sires de Raix et de Beaumont, qui estoit cappitaine de Sablé, en pays du Maine, firent une assemblée de gens d'armes, et se vindrent logier à Saint-

---

1. Donjon.

Lorens des Mortiers, environ deux lieues dudit Ramessort. Et celuy jour alla devant icelle place messire Ambroise sire de Loré, et quant il arriva devant icelle place, ot grant et dure escarmuche, et y ot plussieurs d'ung costé et d'autre mors et prins. Et fut prins d'assault le boullevert dudit chasteau, et demoura icelluy chevallier devant ledit chasteau toute la nuyt jucques à landemain dix heures, à laquelle heure se mirent lesdits Angloiz estans oudit chasteau en composicion et promisdrent audit chevallier de rendre le chastel le landemain, et de ce luy baillerent hostages. Et icelluy jour ausdits chevallier de Raix et de Beaumanoir fut rendu et livré ledit chastel par lesditz Angloiz ledit jour landemain. Et y ot plussieurs de la garnison dudit chasteau penduz, pour ce qu'ilz estoient de la langue de France, qui n'estoient en riens comprins en la dite composicion, maiz estoient réservez principallement.

Chapitre 24.

Rencontre entre le Mans et Alençon.

Environ ce temps, ung cappitaine nommé Guyon du Coing, du pays du Maine, se party de Sablé à cent ou six vingtz chevaux, et rencontra entre le Mans et Alençon ung chevallier angloiz nommé Messire Guillaume Hodehalle, lequel avoit en sa compaignie de seize à vingt Angloiz, et se dessendit à pié en ung grant chemin pour soy combatre contre lesditz François. Lesquelz luy vindrent courre sus tout à cheval, et se deffendit vaillanment, tant qu'il demoura avecquez ses Angloiz et sa place, et y ot aucuns François mors et prins, entre lesquelz fut prins ung nommé Jehan Soret; et s'en alla icelluy Hodehalle sans rien perdre du sien en la ville du Mans.

Chapitre 25.

Siège mis devant Malicorne.

Assés tost après, fut fait une autre armée par lesditz sires de Raix et de Beaumanoir, et allèrent devant ung chasteau tenu par les Angloiz, nommé Malicorne, lequel fut assailly; et durant l'assault, les Angloiz estans en icelluy chasteau parlèrent à messire Ambroise de Loré, et se rendirent tous prisonniers, et ceulx qui estoient natifs de France à la voulonté desditz de Raix et Beaumannoir et de Loré. Lesquelz de la nascion de France furent tous pendus comme faulx et traistres au roy de France, et en ce fut fait bonne justice.

Chapitre 26.

Conseilliers et gouverneurs pour le Roy de France.

En celuy temps (1425-8) estoient conseilliers pour le roy de France les plus prouchains et principaulx Messire Tanneguy du Chasteau, le président de Provence, Messire Robert le Maçon, Guillaume d'Avaugour. Et disoient aucuns qu'ilz gouvernoient très bien le fait du Roy, et autres disoient tout le contraire. Et quoyqu'il en fust, faisoit pour icellui temps de grans armées et resistences contre les Angloiz et Bourgongnons. Pou après, le sire de Giac[1] fut principal conseillier du roy, par lequel, ainssy c'om disoit, se gouvernoit le roy et tout le fait de royaulme. Et pour ce que la chose estoit desplaisant à aucuns, par aucuns temps après fut prins, en son lyt, de nuyt, emprès sa femme, et par le conte de Richemont, connestable de France, fut fait noyer, après ce qu'on luy eult fait son procès sur aucuns pointz dont il estoit accusé ; et disoit qu'il gouvernoit le fait du royaulme à son plaisir plus que au prouffit du roy. De la mort duquel le roy fut fort courouché et dollent; maiz après ce qu'il oult esté informé du fait dudit Giac, fut content dudit connestable. Et après se mist en grant auctorité avecques le roy Le Camus de Beaulieu, qui depuis fut tué à Poictiers par aucuns des gens dudit connestable. Et après fut en son lieu le sire de La Trimoulle en grant auctorité et gouvernement avecques le roy.

CHAPITRE 27.

Siège mis à Montargis.

L'an mil. CCCC XX iiij. ou environ[2], le duc de Warouike (Warwick), et de Sufford (Suffolk)[3], et grant compaignie d'Angloiz, mirent le siège devant la ville et chastel de Montargis, et y fut par longc temps. Et estoient

1. Ms. 9676, 2. A. : Degrat ou de Grat.
2. La vraie date est 1427. Voyez ci-après page 55, note 3.
3. Ms. 9676, 2. A. : le comte Deustaffort.

iceulx Angloiz cloz et fortiffiez de grans fossez et palliz plantez dessus, et y mirent à grant necessité les François d'icelle place tant de bateries de bonbardes que de vivres.

Et ce venu à la congnoessance de Artus, conte de Richemont, connestable, fist une assamblée de gens d'armes en icelles marches, et en laquelle compaignie estoit le sire de Graville [1], le sire de Gaucourt [2], Estienne de Vignolles, dit la Hire, et plussieurs vaillans gens de guerre, lesquelz ledit connestable envoya vers ledit lieu de Montargis pour besongner sur ledit siège ce que leur seroit possible, sans nulle autre conclusions prendre. Et finablement vindrent entrer oudit siège d'iceulx contes de Warouik et de Staffort, par les barrières faictes ès entrées de leur fortiffiement à pié, et à cheval, en plain jour, et là eust fait de moult belles apertises d'armes, moult d'estendars ruez jus par terre. Lesquelz contes de Warwych et de Staffors, Angloiz, avecques leur compaignie, furent desconfilz, ledit siège levé, et en y ot grant nombre de mors et de prins.

Ainssy fut ledit siège levé et lesditz chastel et ville secouruz. Esquelz entrèrent lesditz François à leur plaisir. Et lesditz contes de Warnwych et de Stafford s'en allèrent avec une partie de leurs gens, et en y ot gaigné plussieurs bombardes et autres habillemens de guerre et biens. Ce mesme jour [3], Messire Ambrois

1. Malet de Graville.
2. Raoul de Gaucourt.
3. (Ms. 9676, 2. A.) Godefroy : en ce mesme temps. Édition de 1477 : l'an 1427.

sire de Loré se partit de Sablé avecques sept
ou huit vingtz combatans, et print son chemin
vers la ville de Saincte-Susanne, auquel lieu et
en pays d'environ estoit logié ung cappitaine
angloiz nommé Messire Jehan Fastolle, à bien
de deux à trois mille combatans, et se vint logier ung escuier angloiz nommé Henry Blanche,
nepveu dudit Fastolle, en ung village nommé
Ambrières, à demye lieue dudit Saincte-Susanne,
à bien deux cens ou douze vingts¹ combatans angloiz, lequel Messire Ambroise sire de Loré et ses
gens vindrent férir sur les gens dudit Blanche,
et furent desconfilz iceulx Angloiz, et y ot de
mors de sept à huit vingtz, et n'y ot de prisonniers que ledit Henry Blanche et ung autre
homme d'armes seullement, et le surplus s'en-
fouyt.

Et ce fait, s'en retourna ledit chevallier audit
lieu de Sablé avecquez plussieurs chevaulx et
harnoiz gaignez sur iceulx Angloiz. Toutesfoiz
vérité est que ledit Messire Jehan Fastol dessus
nommé mist de ce voyage le siège à ung chastel
nommé Saint Ouen, qui est au sire de Laval, et
le print par composicion. Et après assiéga ung
autre chastel nommé la Gravelle, qui fut mis
en composicion de le rendre à ung certain jour,
et de ce furent baillez hostages, en cas qu'ilz
n'auroient secours; et à ce jour vint devant le
duc de Betheford, et furent habandonnez lesditz
hostages, lesquelz furent faitz mourir. Et ne fut
point rendu icellui chasteau, pour ce que en
icelluy estoient entrez d'aultres gens plus fors

1. Deux cents ou douze vingts, deux cents à deux cent-quarante.

que ceulx qui avoient fait composicion et baillé lesditz hostages.

CHAPITRE 28.

Jean duc d'Alençon délivré de la prison des Angloiz.

En icelluy mesme temps fut délivré de la prison des Angloiz [1] Jehan duc d'Alençon, lequel avoit esté prins à la bataille de Vernoil, et paia bien deux cens mille escuz d'or, dont il paia partie contant et de l'autre partie bailla hostages, c'est assavoir, le sire de Beaumesnil, Messire Jehan Le Verrier, Messire Ferron de Villeprouvés, Hardouyn de Monbroez, Jehan le Seneschal, Huet de Fontenay, Loys Fevrier, lesquelz il delivra bien et loyaument ainssy que promis leur avoit.

CHAPITRE 29.

Siège mis devant le chasteau de Lude.

Ung peu de temps après, les sires de Raix et de Beaumanoir firent une armée et mirent le siège devant une forteresse en Anjou, nommée Le Lude, sur la rivière du Loir, de laquelle estoit cappitaine un Angloiz nommé Blacquebourne, et fut prinse ladite forteresse d'assault après ce qu'elle ot esté fort batue de bom-

1. Jean, duc d'Alençon, cessa d'être captif en 1427 (Anselme, *Hist. généal.*, etc., éd. de 1712, t. I, p. 135, C-D). Voyez plus loin chapitre 41.

bardes, et y furent mors et prins plussieurs Angloiz; et par especial ledit Bacquebourne, cappitaine d'icelle forteresse, fut mort.

CHAPITRE 30.

D'une entreprise faite par les François contre les Angloiz sus la ville du Mans.

Après pou de temps fut faicte par les François une entreprinse sur la ville du Mans, par le moyen d'aucuns habitans en icelle ville, et à exécuter icelle entreprinse estoient le sire d'Orval [1], frère du sire d'Albreth [2], le sire de Bueil, le sire de Thucé, Estienne de Vignolles dit la Hire, Roberton des Croix et plussieurs aultres cappitaines, qui prindrent et entrèrent en icelle, et retirrèrent partie des Angloiz estans en icelle ville en une tour que on appelle la tour Orbendelle, assise près d'une porte de la ville, que on appelle la Saint Vincent, et se deffendirent et résistèrent iceulx Angloiz tout le jour de ladite entrée, et envoyèrent hastivement devers le sire de Tallebot, Angloiz, qui estoit en la ville d'Alençon, et pour aucunes causes avoit gens assemblez. Et sy tost que se vint à sa congnoessance, se partit hastivement et vint entrer le landemain entre le point du jour et soleil levant par ladite porte Saint-Vincent, que encore tenoient lesditz Angloiz en ladite ville du Mans. Et là eult mors et prins plussieurs François, et

---

1: Guillaume d'Albret, sire d'Orval.
2. Charles d'Albret.

les autres s'en yssirent à grant haste. Et par ainssy regaigna ledit sire de Tallebot ladite ville du Mans sur iceulx François.

Et fist ledit sire de Tallebot plusieurs grans pugnicions de ceulx qui avoient esté cause d'y avoir bouté iceulx François. Et disoient aucuns que iceulx François faisoient mauvaise dilligence d'assaillir la compaignie de leurs ennemis, et que chacun voulloit garder et tenir leurs logis en ladite ville à son aise et à son plaisir.

Et depuis ladite ville ainssy regaignée par les Angloiz, comme dit est, y vint le sire de Beaumanoir avec grant compaignie, lequel en fut bouté dehors comme les aultres par ledit sire de Tallebot.

Chapitre 31.

La ville de Pontorson remparée par les François.

Environ ce temps, le conte de Richemont, connestable de France, fist emparer la ville de Pontourson en Normendie, et y mist grosse garnison contre les Angloiz, et en fist cappitaine et chief le sire de Rothelain, lequel assez tost après fist une course en Normendie, devant Avrenches, auquel lieu il fut desconfit et prins prisonniers par les Angloiz. Et après ce fut mis et estably cappitaine de ladite ville de Pontourson Bertrand de Dinan, frère du sire de Chasteaubruyant, mareschal du duc de Bretaigne, à bien grosse armée de gens d'armes, pour ce que on doubtoit que les Angloiz voullissent mettre le siège devant icelle ville. Et ne demoura guaires après que le conte de Varouic et, le sire de Tallebot, avec grant armée d'Angloiz, vindrent mectre et asseoir le siège devant icelle ville de Pontourson, et y furent par longc temps. Durant lequel temps y oult de moult grandes et dures escarmouches et assaulz.

Lequel siège durant, Messire Jehan de La Haye, baron de Coulomces, le sire de la Hunauldaye, le sire de Chasteau-Giron et autres, saillirent de la ville, laquelle n'estoit pas du tout assiegée, et vindrent rencontrer ès greves de la mer, entre Avrenches et le Mont-Saint-Michiel, le sire de Scalles, Angloiz, lesquelz conduisoient vivres en l'ost devant ladite ville de Pontourson, et là se combatirent ensamble. Et finablement furent lesdits barons de Coulomces, de Hunauldaye et Chasteau-Giron mors, et en y ot plussieurs prisonniers et tous leurs gens desconfilz. Et ce fait, s'en alla ledit sire d'Escalles en l'ost dudit conte de Varouic, devant ladite ville de Pontourson. Et après fut rendue audit conte de Varouic par composicion.

Chapitre 32.

Siège mis à Orléans.

L'an mil CCCC vingt et neuf fust mis le siège devant la ville d'Orléans [1] par le conte de Salbery, le sire de Tallebot et plusieurs aultres Angloiz à bien grant ost, et mesmes y estoit le conte de Sufford; et firent iceulx Angloiz devant

---

[1]. Le siège fut posé devant Orléans par les Anglois le 12 octobre 1428.

ladite ville d'Orléans plussieurs bastilles, c'est assavoir une en ung lieu nommé Saint-Laurent, une autre bien grant bastille devant et vis à vis de la porte, laquelle bastille iceulx Angloiz appelloient Londres, une autre bastille devant la porte de Bourguongne à ung moustère nommé Saint Loup, et de l'aultre costé de la rivière de Loire, prindrent le boullevert du pont et la bastille de dessus icelluy pont. Et firent une aultre bastille en ung lieu nommé Saint Jehan le Blanc, et plussieurs bastilles avoient d'un costé et d'aultre, tant que à grant paine povoient entrer nulz vivres dedans icelle ville ne par eaue ne par terre, car la ville de Gien estoit englesche, aussy estoit celle de Baugency et Meun, sont audessoubz. Et tousjours se deffendoient ceulx de ladite ville d'Orléans vigoureusement, à l'aide que le roy de France leur bailloit des gens, et le bastard d'Orléans, qui moult avoit la chose à ceur, qui continuellement labouroit à la deffence d'icelle ville; le mareschal de France seigneur de Boussac, Estienne de Vignolles, dit la Hire, et plussieurs cappitaines, qui à la deffence et résistence d'icelle faisoient de grans deffences; tant c'om disoit qu'il y avoit esté abatu bien vingt-deux églises.

Et entre les aultres y fut abatue une grant et notable église nommée Saint Egnen, et générallement tous iceulx faulxbours, lesquelz estoient presque aussy grans que ladite ville d'Orléans. Et tant que gens à cheval et à pié povoient aller franchement partout où estoient assises lesdites églises et faulxbours, partout entour ladite ville du costé de la Beaulce.

Chapitre 33.

La journée des harens.

Pour aider et secourir icelle ville d'Orléans, fut fait une grant armée de François, de laquelle estoit chief le duc de Bourbon [1], et estoit en sa compaignie ung chevallier nommé Senart [2], connestable d'Escosse, le sire d'Orval, frère du sire d'Albreth, Estienne de Vignolles, dit la Hire, et plussieurs autres. Et vint à leur congnoessance que ung chevallier angloiz nommé Messire Jean Fastol estoit party de Paris pour avitallier et amener vivres au siège d'Orléans. Car les Angloiz estans et tenans ledit siège n'avoient que pou de vivres, se ils ne venoient de Paris et à grant conduitte de gens d'armes. Et ce qui fut raporté audit duc de Bourbon et à sa compaignie estoit vray, car ledit Fastol, Messire Simon Morhier, qui pour lors estoit prévost de Paris et natif de ce royaulme, lequel gouvernoit l'artillerie des Angloiz, partirent de Paris avecques plussieurs charges et charrettes chargiées de vivres, et principallement, pource que c'estoit ou temps de karesme, il y avoit plussieurs charges de harens. Et furent iceulx Fastol et autres rencontrés près d'Yenville en Beauce, dudit duc de Bourbon et de sa compaignie, lesquelz estoient beaucoup en plus grand nombre que les ditz Angloiz. Et là ot de très grans et grosses escarmouches, et se mirent iceulx Angloiz à pié

---

1. Charles de Bourbon, duc en 1434.
2. Jean Stuart, d'Aubigny, comte d'Evreux.

et se clouirent et fortiffièrent de leur charoy. Et là se dessendirent à pié sans ordonnance, cesdits Senart, connestable d'Escosse, le sire d'Orval et plusieurs autres. Lesquelz Senart et d'Orval furent mors, environ deux cens hommes en leur compaignie. Et se retira ledit duc de Bourbon et son armée à Orléans et ailleurs ès forteresses françoises [1].

Et icelluy Fastol et ses Angloiz avecques leurs vivres s'en allèrent audit siège d'Orléans. Et povoit bien tousjours entrer et yssir en ladite ville gens à cheval, pource que lesdits Angloiz estoient à pié en leurs bastilles. Et y avoit grant espace de la bastille à icelle de Saint Loup, combien que chacun jour besongnoient iceulx Angloiz à faire fossés doubles pour cuider empescher icelle entrée, ainssy qu'ils avoient fait depuis la bastille Saint Laurens jucques à la grant bastille nommée Londres.

Chapitre 34.

La mort du conte de Salbery.

Assés tost après, et durant ledit siège, le conte de Salbery estoit en la tour et bastille de dessus le pont d'Orléans, lesquelles tour et bastille avoient gaigné les Angloiz sur les François, et regardoit ledit conte par une fenestre vers ladite ville d'Orléans, et disoit-on que ung de ses cappitaines, nommé Guillaume Clasidal [2],

1. La journée des harengs eut lieu le 12 février 1429 N. S.
2. William Glasdale.

luy disoit telles parolles ou semblables : « Monseigneur, regardez bien vostre ville; vous la voyez d'icy bien applain. » Et soubdainement vint une pierre de canon de ladite ville, qui ferit contre ung des costés de ladite fenestre, tellement que icelle pierre de canon ou des pierres d'icelle fenestre ferirent parmy le visage d'icelluy conte de Salbery, tant que trois ou quatre jours après il ala de vie à trespassement. Et toutesfoiz oncques homme de ladite ville ne peult savoir qui avoit bouté le feu ne tiré icellui canon. Et n'en savoit on rien en ladite ville, deux jours après icelluy coup advenu. Et fut emporté et mené le corps d'icelluy conte de Salbery en Angleterre. Et néanmoins, combien qu'il fust chief d'icelui ost, si se tint le siège tousjours comme devant estoit.

Et estoit en la grant bastille continuellement le conte de Sufford, le sire de Tallebot [1], Messire Jean Fastol et plussieurs autres seigneurs et cappitaines angloiz. Es autres bastilles de Saint Laurens et de Saint Loup estoient autres cappitaines, et en boulevart et bastille du bout du pont et autres bastilles du costé devers la Soilongue estoient le sire de Moulins [2] et le sire de Pomnimis [3], Guillaume Glassidal, lequel conduisoit tous les autres de ce costé; car il estoit bien vaillant homme et entrepreneur. Et disoit-on que icellui siège se gouvernoit plus par luy que par nulz autres, combien qu'il ne

---

1. Sir John Talbot.
2. Lord Molyns.
3. Lord Poynings. Les textes l'appellent aussi Pommis, Pomiers, Pomus, Pouains, etc.

fust pas de si grant estat comme plussieurs des dessus nommez.

Et finablement fut mise icelle ville par iceulx Angloiz tenans icellui siège à si grant neccessité que les habitans d'icelle eussent volentiers trouvé aucun traictié de composicion par payant aucune grosse somme d'argent à iceulx Angloiz sans rendre ladite ville, ou se fussent voluntiers mis en l'obeissance de Philippe, duc de Bourgongne, lequel tenoit le party d'iceulx Angloiz, et y envoièrent en embassade ung escuier nommé Poton de Santrailles pour luy offrir mettre icelle ville en son obéissance par certains traictiez et moyens desquelz estoit chargé ledit Poton de dire plus applain audit duc de Bourgongne, dont icelluy duc fut content d'entendre à icelluy traictié, pourveu que le duc de Bethefort, lequel se disoit regent de France en fust content. Et envoya tantost icelluy duc de Bourgongne devers icelluy duc de Bethefort pour celle cause, pour luy faire savoir la charge que ledit Poton avoit de par ceulx de ladite ville d'Orléans. De laquelle chose ledit duc de Bethefort ne fut en riens d'accord ne content, ainssois disoit qu'il avoit icelle ville d'Orléans à sa voulenté, et que ceulx d'Orléans lui paieroient ce qu'il avoit cousté à tenir ledit siège et qu'il seroit bien couroucé d'avoir batu les buissons à ce que d'autres deussent avoir les oiseillons. Et à tant ledit Poton print congié dudit duc de Bourgongne, et s'en retourna audit lieu d'Orléans, sans autre appoinctement faire.

Chapitre 35.

Continuacion du dit siège.

Après ce que ledit siège eult esté tenu par iceulx Angloiz devant icelle ville d'Orléans par l'espace de sept moys, et qu'il y ot esté fait plussieurs guerres et vaillances d'un costé et d'autre, et que ladite ville estoit en si grant necessité que bonnement ne povoit plus durer pour la grant necessité de vivres qui là estoit, combien que tousjours le bastard d'Orléans, le sire de Boussac, mareschal de France, La Hire et plussieurs cappitaines y faisoient le mieulx qu'ilz povoient de résister contre les Angloiz, comme de avictaillier icelle ville de leur puissance, sy disoit-on communément que icelle ville seroit perdue. Et comme dessus est dit, les villes de dessus la rivière de Loire jucques à Blois estoient anglesses ; toutes les forteresses de la Beauce, excepté Chasteaudun, estoient semblablement anglesses ; La Ferté-Hubert, en la Soulongne, estoit aussy tenue des Angloiz. Et n'y véoit-on nulle bonne provision ne remède.

Chapitre 36.

La venue de la Pucelle.

En celuy temps vint nouvelle qu'il y avoit une pucelle près Vaucouleur, ès marches de Barrois, laquelle estoit aagée de vingt ans ou environ, et dist par plussieurs foiz à ung nommé

Messire Robert de Beaudricourt, cappitaine du dit Vaucouleur, et à plussieurs autres, qu'il estoit neccessité qu'ilz la menassent devers le roy de France, et qu'elle luy feroit grans services en ses guerres et par plussieurs foiz les en requist. Et de ce ne se faisoient que rire et mocquer, et réputoient icelle Jehanne pour simple personne, et ne tenoient aucun conte des parolles. Et finablement fist tant icelle Jeanne qu'elle fut amenée devers le roy de France par un nommé Ville Robert et autres en sa compaignie [1].

Et icelle venue devers le roy fist les inclinacions et révérences acoustumées de faire aux roys ainssi que se elle eust esté nourrie en sa cour. Et en sa subjection et salutation dist, en adressant sa parolle au roy : « Dieu vous doint bonne vie, gentil roy. » Combien qu'elle ne le congnoessoit et qu'elle ne l'avoit oncques veu, et y avoit plusieurs seigneurs pompeusement et richement vestuz et plus que n'estoit le roy. Pourquoy respondit à ladite Jehanne : « Ce ne suys je pas qui suys roy, Jehanne. » Et en luy monstrant l'un de seigneurs, dit : « Vélelà le roy ! » A quoy elle respondi : « A ! non ! gentil prince, c'estes vous, et non autres. »

Et adonc fut examinée et interroguée dillangement par plussieurs saiges clercs et autres gens de plussieurs estaz, pour savoir qui la mouvoit de venir devers le roy. Et elle respondit qu'elle venoit pour mettre le roy en sa seignourie et que Dieu ainssy le voulloit, et qu'elle leve-

---

[1]. La Pucelle arriva devant le roi, à Chinon, le 6 mars, et fut présentée le 9.

roit le siège que tenoient les Angloiz devant la ville d'Orléans, et après ce, qu'elle maineroit le roy couronner à Rains, et qu'elle voulloit combatre les Angloiz, quelle part qu'elle les pourroit trouver, et qu'il failloit que le roy luy baillast telle puissance que le roy pourroit finer : car de lever icellui siège, de mener couronner le roy à Rains, de desconfire et débouter les Angloiz, elle n'en faisoit aucune doubte, et disoit plussieurs autres choses merveilleuses. Et respondit merveilleusement aux questions qui luy estoient faictes. Et au regard de la guerre, sembloit qu'elle en fust treffort expérimentée. Et s'esmerveilloient plussieurs docteurs et cappitaines de guerre et autres de son fait et des responces qu'elle faisoit, tant des choses divines que de la guerre.

Et pour pourveoir à la neccessité dudit siège d'Orléans, fut advisé par le roy en son conseil que icelle Jehanne la Pucelle yroit advitailler et besongner ce qui luy seroit possible sur ledit siège, ainssy qu'elle luy requéroit chaque jour. Et fist le roy certains mandemens de gens d'armes pour accompaigner icelle Jehanne la Pucelle. Entre lesquelz furent mandez de par le roy le sire de Raiz, Messire Ambrois, sire de Loré et plussieurs autres, lesquelz conduisirent et amenèrent icelle Jehanne la Pucelle en la ville de Blois[1], auquel lieu trouvèrent Messire Regnault de Chartres, archevesque de Rains et chancellier de France, le bastard d'Orléans, La Hire et

---

1. Le 25 avril, elle partit de Blois et se mit en campagne.

autres. Et furent chargés en ladite ville de Blois plussieurs chevaulx et charettes de blé et prins grant force de beufz, moutons, vaches, pourceaulx et autres vivres.

Et print son chemin icelle Jehanne la Pucelle et cappitaines dessunommez à tirer droit à Orléans, du costé de la Soilongne, et couchèrent une nuyt dehors, et le lendemain arriva ladite Jehanne la Pucelle et les dessus dits cappitaines avec iceulx vivres devant ladite ville d'Orléans. Et desamparèrent d'icelle heure les Angloiz d'une bastille, laquelle ilz tenoient, nommée Saint Jehan le Blanc, et se retirèrent les Angloiz estans en icelle aux Augustins avec autres qui là estoient près du bout du pont. Et entra ladite Jehanne la Pucelle, le bastard d'Orléans et plussieurs autres cappitaines avec tous iceulx vivres en ladite ville. Et lesditz sires de Raix et de Loré s'en retournèrent à Blois avec la plus grant part de la compaignie [1]. Et faisoit on difficulté de mettre tant de gens en ladite ville d'Orléans, pour ce qu'il y avoit trop pou de vivres.

Ceste dite Pucelle, après qu'elle oult été examinée, requist au roy qu'il luy ploust bailler l'un de ses armeuriers pour aller à Saincte Katherine de Fierbois quérir une espée qui estoit en certain lieu de l'église venue par la grace de Dieu, et en laquelle avoit pour empraincte de chacun costé cinq croix [2], laquelle chose luy fut adcor-

1. Elle entra dans Orléans le 29.
2. Nous mettons ici *cinq croix*, encore bien qu'aucun texte manuscrit ou imprimé de Jean Chartier ne fournisse cette leçon. Les motifs qui nous ont ainsi porté à corriger l'auteur lui-même résultent de l'exposé qui va suivre. On trouve

dée, en luy demandant par le roy se elle avoit oncques esté audit lieu, comment elle savoit ladite espée estre telle, et comment elle y avoit esté apportée. A quoy respondit que oncquez n'avoit esté ne entré en l'église de ladite Saincte Katherine, mais bien savoit que icelle espée y estoit entre plussieurs vieilles ferrailles, comme elle le sçavoit par révélacion divine, et que par le moien d'icelle espée devoit expeller les ennemis du royaulme de France, et mener le roy enoindre et couronner en la ville de Rains. Après lesquelles parolles ainssy exposées par ladite Jehanne, par le congié et mission du roy l'un de sesdits armeuriers ala audit lieu, et véritablement trouva ladite espée et l'aporta à ladite Jehanne; qui

dans le texte des diverses éditions de la chronique, savoir : Mss. 8350, 9679, 2, a, et Saint-Germain françois 1540 : *cinq petites espées;* mss. 8298, Saint-Germain françois 1539 et Arsenal, 160, ainsi que les imprimés de 1477, 1493, 1518, 1661 : *cinq fleurs de lis.* Mais, d'un autre côté, la *Geste des nobles françois,* par Guillaume Cousinot, le chancelier (mss. 10297 et 9656), la *Chronique de la Pucelle,* par Cousinot de Montreuil, dans Godefroy, p. 507, le *Journal du siége,* dans Quicherat, *procès,* etc., p. 129, donnent, au passage correspondant : *cinq croix.* Cette leçon est évidemment la bonne, et ce qui doit fixer la controverse, c'est le témoignage direct, sur ce point, de la Pucelle. « Interrogée comment elle savoit que cette épée étoit en ce lieu, a répondu... qu'il y avoit dessus *cinq croix*, et qu'elle le savoit par ses voix. » (*Procès de condamnation,* t. 1, p. 76 et 236.) Cette particularité offre un nouvel argument ou un nouvel appui en faveur de la thèse que j'ai développée dans ma dissertation intitulée : *Essais critiques sur les historiens,* etc. *Chronique de Cousinot.* Paris, 1857, in-8°. Jean Chartier, qui, après 1437, travailloit sur des textes communiqués, a évidemment ici altéré le texte, lui ou ses copistes, et cette altération, comme on voit, porte tantôt cinq *fleurs de lys* et tantôt cinq *petites épées.*

estoit chose bien merveilleuse. De laquelle elle a milité et mené guerre ausditz ennemis du roy moult vaillanment, et par son entreprinse et nouveau commencement a avitaillé, avec les dessus nommez, ladite ville comme dit est.

Et quant lesdits sires de Raiz et de Loiré furent arrivez à Blois, ils trouvèrent ledit chancellier de France, et adonc tindrent conseil de rechief savoir ce que on avoit affaire et estoient presque tous ceulx de la compaignie en voulenté de retourner audit lieu d'Orléans pour y faire et besongner chacun ce qu'il pourroit au bien du roy et d'icelle ville. Et, en parlant d'icelle matière, survint le bastard d'Orléans, lequel parla ausditz chancellier et cappitaines, en leur requérant et priant que on feist à l'ayde et secours d'icelle ville du mieulx com pourroit, et que se icelle compaignie s'en retournoit, que icelle ville estoit en voye de perdicion, et tantost fust conclud de retourner et de mener de rechief des vivres à puissance, et que on yroit par le costé de la Beausse, où estoit la puissance des Angloiz en la grant bastille dont dessus est faite mencion. Et avoient fait difficulté d'i aller à l'autre fois, que on y ala par la Souloigne avecques ladite Jehanne la Pucelle, où estoit trois foiz plus de gens que on n'estoit à aller par la Beauce.

Chapitre 37.

Comment Orléans fut advitaillé.

La veille de l'Ascencion [1] de rechief se partirent de la ville de Bloys ledit bastard d'Orléans, lesditz sires de Raiz et de Loré, et plussieurs autres, avec grant compaignie et grant quantité de blé et bestail, et autres vivres, et vindrent au coucher presque my chemin de Blois, et le lendemain [2] prindrent leur chemin droit à Orléans. Et quand ilz furent ainssy que à une lieue de ladite ville d'Orléans, leur vindrent au devant ladite Jehanne la Pucelle, son estandart en sa main; La Hire, Messire Florent d'Illiers et plussieurs autres, et vindrent tous ensamble passer par devant la grant bastille des Angloiz, nommée Londres, avecques leurs vivres entrer en ladite ville d'Orléans. Et environ deux ou trois heures après qu'ilz furent ainssy en ladite ville d'Orléans, se partit ladite Jehanne la Pucelle d'icelle ville, armée de tous harnoiz, et plussieurs autres gens de guerre en sa compaignie, et se tirèrent vers la bastille de Saint-Loup, en laquelle avoit grant nombre d'Angloiz, et fut assaillie durement, et treffort et très-longuement se deffendirent. Et, finablement, fut prinse icelle bastille, et furent tous iceulx Angloiz mors et prins. Et se mirent en chemin ceulx de la grant bastille pour leur cuider don-

---

1. L'Ascension 5 mai. La veille étoit donc le 4.
2. 5 mai.

ner secours, maiz ilz n'allèrent guairez loingtz que ilz ne s'en retournassent en leur dite bastille. Et ce fait, s'en retournèrent icelle Jehanne la Pucelle, et autres qui estoient en sa compaiguie en ladite ville d'Orléans.

Et le landemain[1] fut tenu conseil pour savoir que on avoit affaire pour endonmager et grever iceulx Angloiz tenant le siége d'un costé et d'autre d'icelle ville d'Orléans, et fut tenu icellui conseil en l'ostel du chancellier d'Orléans, auquel lieu estoient le bastard d'Orléans, les sires de Raiz[2], de Grasville, La Hire, Messire Ambrois de Loré, le sire de Gaucourt et plussieurs autres.

Auquel conseil fut conclud et délibéré que on feroit certains appareilz, comme mantaulx, taudiz de bois, pour aller assaillir la grant bastille qui estoit du costé de la Beausse, affin que on fist venir les Angloiz qui estoient de l'autre costé, devers la Soloigne pour aider et secourir ceulx de ladite grant bastille et autres du costé de la Beausse, et non obstant n'estoit que une chose fainte; car ilz n'avoient aucune intencion d'assaillir icelle bastille. Maiz estoit la conclusion d'iceluy conseil que sitost que, du costé de la Soulongne, seroient passés la rivière, laquelle ilz passeroient bien à bateaulx des ungtz aux autres, que tout à coup passeroient icelle rivière du costé de la Solongne pour aller assaillir ceulx qui seroient demourez du costé de la Solongne. Et fut chascun de ceste oppinion. Et n'estoit point

1. Ce conseil eut lieu le 5 mai.
2. Le fameux Gilles de Retz (et mieux, suivant l'ancienne forme, Rais). Il fut exécuté à mort pour ses crimes privés en 1440.

icelle Jehanne à ce conseil, maiz estoit en l'ostel du chancellier d'Orléans[1] avec la femme d'icelluy chancellier.

Et fut dit, après conclusion prinse, par aucuns, que il seroit bon d'envoyer quérir Jéhanne la Pucelle pour luy dire la conclusion qui avoit esté prinse pour besongner sur les ennemis le jour ensuivant. Et en yot aucuns qui dirent qu'il n'estoit point de neccessité de luy dire le passage que on avoit intencion de faire de l'autre part de la rivière, du costé de la Soloigne, pource c'om le devoit tenir segret, et en doubtant que par icelle Jehanne ne fust révélé; que on ne luy dist sinon qu'il avoit esté conclud à ce conseil de assaillir et prendre la grand bastille. Et fut envoyée quérir, pour venir à ce conseil, par Messire Ambrois, sire de Loré. Et quant elle fut venue, on luy dist et récita le conseil qui avoit esté tenu au regard de essaier à prendre ladite grant bastille, en laquelle estoit le sire de Sufford, le sire de Tallebot, le sire de Scalles, Messire Jehan Fastol et plussieurs autres en grant compaignie. Et ne luy dist on pas l'intencion que on avoit de passer à l'autre costé devers la Soloigne, comme dessus est dit, lesquelles parolles furent dictes par le chancellier d'Orléans. Et après ce qu'elle oult ouy et entendu ledit chancellier, respondit telles parolles ou semblables comme personne couroucée : « Dictez[2] ce que vous avez conclud et appointé; je sèleroye[3] bien plus grant chose que

1. Guillaume Cousinot, auteur de la *Geste des nobles*.
2. Dites.
3. De *céler*, tenir secret.

ceste cy »; et alloit et venoit par la place sans soy seoir. Et tantost le bastard d'Orléans luy dist telles parolles ou semblables en substance : « Jehanne, ne vous couroucez pas, on ne vous peult pas tout dire à une foiz ; ce que le chancellier vous a dit est ce qui a esté conclud et appoincté. Mais se ceulx de l'autre costé de la rivière de la Solongne se désemparent pour venir aider à la grant bastille et à ceux de par deçà, nous avons appoincté de passer de là la rivière de l'autre costé pour besongner ce que nous pourrons sur ceulx de par delà, et nous semble que ceste conclusion est bonne et prouffitable. Et lors respondit Jehanne la Pucelle qu'elle estoit contente et qu'il luy sembloit que celle conclusion estoit bonne, maiz qu'elle fust ainssy exécutée.

Et touteffoiz de celle conclusion ne fut riens fait ne exécuté, et bien souvent estoient ledit bastard et autres cappitaines ensemble pour conseiller ce qui estoit à faire. Et quelque conclusion qu'ilz prinssent, quant icelle Jehanne la Pucelle venoit, elle concluoit aucune autre chose ou contraire et contre l'oppinion de tous les cappitaines, chiefs de guerre et autres qui là estoient. Et faisoit souvent de telles entreprinses sur les ennemis, dont tousjours bien lui prenoit, et n'y fut fait guaires de chose de quoy il faille parler que ce ne fust à l'entreprinse d'icelle Jehanne la Pucelle. Et combien que cappitaine et autres gens de guerre exécutassent ce quelle disoit, ladite Jehanne alloit tousjours à l'escarmouche armée de son harnois, combien que ce fust contre la voulenté et oppinion de la plus grant part d'iceulx gens de guerre, et montoit sur son courssier toute armée aussy tost que chevallier qui fust en la cour du roy; de quoy les gens de guerre estoient couroucez et moult esbahiz.

Chapitre 38.

La prinse des boulevers et bastille du bout du pont.

Il advint ung jour, après plusieurs grans escarmouches et prinses de plussieurs bastilles dudit siége, icelle Jehanne la Pucelle voulut passer la rivière de Loire à puissance devers la Soloigne pour besongner sur les Angloiz qui tenoient le siège au bout du pont d'Orléans. Lesquelz estoient logez aux Augustins et en boullevart et bastille du bout du pont, et à bateaux fist passer grand nombre de gens et presque tous les cappitaines dessus nommez, et iceulx dessenduz à terre vindrent au bout d'icellui pont où estoient logez environ de sept à huit cens Angloiz, lesquels ne saillirent aucunement dehors pour faire aucune escarmouche jucques à ce que icelle Jehanne la Pucelle, les cappitaines et autres gens se vouldrent retirer pource que il estoit presque soleil couchant.

Et pour ce que iceulx Angloiz virent que on remontoit les bateaulx pour repasser la rivière, saillirent de l'ostel des Augustins et du bout du pont, et vindrent treffort charger sur les François, tant que icelle Jehanne la Pucelle et les cappitaines qui là estoient furent contrains d'eulx deffendre et vindrent charger sur iceulx Angloiz. Lesquelz estoient eslongnés de leurs forteresses bien environ le trait de trois erbalestes, et tellement qu'il en y ot plussieurs mors et prins et furent reboutez par les François en l'ostel des Augustins, lequel ils avoient fortiffié. Et d'icelle heure fut prins d'assault sur iceulx Angloiz, et se retraire du tout en boullevert et en la bastille du bout du pont, devant lesquelz boulleverts et bastille demourèrent toute la nuyt ladite Jeanne la Pucelle, le bastard d'Orléans, le sire de Raiz, le sire de Loré et plussieurs autres cappitaines, et le landemain au matin commença l'assault au boullevert dudit pont. Auquel boullevert et en la bastille estoient deux barons d'Angleterre, l'un nommé le sire de Moulins, et l'autre le sire de Bunnis ou Pounis, et ung escuier bien renommé de vaillance, nommé Guillaume Gassidal, lequel on disoit qu'il estoit gouverneur et conduiseur de tout icellui siège.

Et estoient en iceulz boullevert et bastille environ de cinq à six cens Angloiz, lesquelz furent tout icelluy jour assailliz, les estandars tousjours sur le bort du fossé, et plussieurs foys aucuns estandars et gens de guerre dessendoient et montoient contre iceulx Angloiz à combatre main à main, et puis estoient reboutez par iceulx Angloiz en fossé, et tousjours disoit icelle Jehanne la Pucelle que chascun eust bon cœur et bonne espérance en Dieu, que l'eure s'aprouchoit que iceulz Angloiz seroient prins. Et icelle ung pou après midi navrée d'un vireton en icellui assault parmy l'espaulle, et ce non obstant oncques ne se voult retirer ne bouter hors dessus le bort d'icellui fossé. Et environ soleil couchant tout en ung moment entrèrent lesditz François ès fossez de toutes pars, et montèrent à mont en boullevert et le prindrent d'assault. Et furent mors lesditz sires de Moulins et Bommis, ledit Guillaume Glassidal et plussieurs autres, jucques au nombre de quatre cens ou environ et les autres prisonniers. Et celle nuyt logèrent ladite Jehanne la Pucelle et les cappitaines dessus nommez avec leurs gens d'icelui costé de la Soloigne, car ilz ne povoient pas retourner en ladite ville d'Orléans sinon par bateaulx, pour ce que les pontz estoient rompuz.

Chapitre 39.

Comment le siège d'Orléans fut levé.

Celle prinse ainssy faicte desditz boullevers et bastille, toutes les cloches de ladite ville se prindrent à sonner et les habitans d'icelle à louer et mercier Dieu. Laquelle prinse povoient bien veoir les Angloiz estans de l'autre costé de la rivière devers la Beausse, en une bastille nommée Saint-Laurens. Pourquoy le sire de Tallebot, le conte de Sufford, le sire d'Escalles, Messire Jehan Fastol et plussieurs autres, lesquelz estoient en la grant bastille nommée Londres, dont dessus est faicte mencion, furent conseillez de désemparer, avecquez eulx toute leur compaignie, et de désemparer icelluy siège.

Et se partirent le dimenche [1] de quoy lesditz boullevers et bastille avoient esté prins le sa-

---

1. Les Anglois partirent dans la nuit du samedi 7 au dimanche 8.

medi au soir. Et deslogèrent d'icelle bastille en très grant désaroy, et tant que bien pou de gens qui saillirent de la ville leur firent laisser la plus grant partie de leur charroy, artillerie et autres biens. Et touteffoyz il n'estoit pas possible que l'autre compaignie qui estoit de l'autre costé peussent passer sitost qu'ilz peussent aucune chose besongner sur iceulx Angloiz. Lesquelz estoient quatre mille combatans ou environ. Et s'assemblèrent ensemble et s'en allèrent en ordonnance à Meun sur Loire, qui appartenoit à iceulx Angloiz. Et furent chevauchez et escarmuchez deux ou trois lieues par Estienne de Vignolle, dit La Hire, et Messire Ambrois, sire de Loré, avec cent ou six vingtz lances. Lesquelz estoient repassez en ladite ville, après la prinse desditz boullevers et bastille, dès le soir de ladite prinse.

Et estoit prisonnier des Angloiz en ladite grant bastille ung cappitaine françois nommé le bourg[1] de Bar, lequel estoit enferré par les piez d'une père de fers si pesans qu'il ne povoit aller. Et luy estant en prison estoit souvent revisité par ung Augustin angloiz qui estoit confesseur dudit sire de Tallebot, maistre dudit prisonnier. Lequel Augustin avoit acoustumé lui livrer et administrer vivres pour sa substance. Duquel prisonnier le dit sire de Tallebot s'atendoit fort audit Augustin de le bien garder comme son prisonnier. Et quant ledit sire de Tallebot et autres se partirent hastivement de la bastille comme dit est, icellui Augustin se demoura avecques

1. *Bourg* signifie bâtard.

ledit prisonnier pour le cuider mener après ledit sire de Tallebot son maistre. Et le mena icellui Augustin bien demy trait d'arc par dessoubz le bras après ledit sire de Tallebot et autres Angloiz qui tousjours tiroient leur chemin. Et lequel bourgc du Bar, comme courageux et bien advisé, non obstant qu'il fust prisonnier et enferré, voyant que iceulx Angloiz estoient en grant désaroy, print ledit Augustin et luy dist qu'il n'yroit plus avant, mais contraigny icelluy Augustin ainssy féré qu'il estoit de le porter sur ses espaulles jucques en la ville d'Orléans, combien que partout là entour estoient François et Angloiz qui escarmouchoient les ungtz après les autres. Mais néantmoins à la veue de tous tant d'Angloiz comme François se fist ainssy porter comme dit est.

Chapitre 40.

La prinse de Laval par les Angloiz.

Environ ce temps, le sire de Tallebot, Angloiz, print d'eschielle la ville de Laval en pays du Maine, et y gaigna plussieurs grans finances et en chastel dudit lieu Messire Andrieu de Laval, seigneur de Lohéac, lequel fist composicion pour luy et autres dudit chastel à vingt-cinq mille escuz d'or, et demoura prisonnier jucques à ce que ot payé ou baillé plége de ladite somme.

Chapitre 41.

La délivrance du duc d'Alençon.

En icelluy mesme an fut mis à finance[1] le duc d'Alençon par le duc de Betheford, Angloiz, auquel il estoit prisonnier de la prinse de la bataille de Vernoil, dont dessus est faicte mencion. De laquelle finance il paya partie comptant en la ville de Rouen, où il estoit prisonnier, et de l'autre partie bailla ostages, et fut délivré et s'en ala devers le roy de France. Et combien que sadite finance ne montast que six vingtz mille[2] saluz, sy luy cousta il devant qu'il peust estre délivré deux cens mille escuz; lesquelz il paia, et acquicta bien loyaument ses pleiges.

Chapitre 42.

Armée de gens de guerre.

En ce mesme temps ensuivant que icellui duc d'Alençon eust acquicté ses obtages, le roy Charles de France, dont dessus est faicte mencion, fist une grant armée par le moien et amonnestement de Jehanne la Pucelle, de laquelle est dessus parlé. Et manda ledit duc d'Alençon de toutes pars pour venir au service du roy, plus pour accompaigner icelle Jehanne la Pucelle que autrement. En espérance qu'elle

1. Voy. ci-dessus ch. 28.
2. Cent vingt mille.

venoit de par Dieu, plus que pour gaiges ne autre prouffit qu'ilz eussent du roy, s'asemblèrent grant compaignie de gens d'armes et d'archiers avec icellui duc d'Alençon et ladite Jehanne la Pucelle, à laquelle toutes gens d'armes avoient grant espérance : le bastard d'Orléans, le sire de Boussac, mareschal de France, le sire de Grasville, maistre des erbalestiers, le sire de Culent, admiral de France, Messire Ambrois, sire de Loré, Estienne de Vignolle dit La Hire, Gaultier de Bussac et plussieurs autres cappitaines. Lesquelz duc d'Alençon et autres dessus nommez allèrent devant la ville de Guergeau, et là se mirent à siège, et après plussieurs escarmouches firent asseoir leurs bombardes et faire plussieurs aprochemens pour gaigner et conquester icelle ville de Gergeau, laquelle tenoit le party des Angloiz, et en estoit cappitaine et garde pour le roy d'Angleterre le conte de Sufford, Anglois, et avoit en sa compaignie de six à sept cens Angloiz.

Et environ huit jours après le siège mis, fut assaillye de toutes pars et finablement fut prinse d'assault. En laquelle fut prisonnier ledit conte de Sufford, par ung escuier nommé Guillaume Regnault; lequel conte fist chevallier icellui Guillaume Regnault. Et y fut prins aussi le sire de la Poulle, son frère [1]. Et y fut mort Messire Alexandre de la Poulle, son autre frère, et bien trois ou quatre cens Angloiz, et les autres prisonniers. Lesquelz prisonniers furent les plus [2] tués, sur aucuns débatz d'aucuns François, entre

1. Frère du comte de Suffolk.
2. La plupart.

Gergeau et Orléans. Et se tira ladite armée
audit lieu d'Orléans. Ce venu à la congnoessance du roy que ladite ville de Gergeau avoit
ainssy esté prinse d'assault comme dit est, manda
gens d'armes de toutes pars pour venir et soy
joindre avecquez ledit duc d'Alençon, Jehanne
la Pucelle et autres seigneurs et cappitaines
dudit lieu d'Orléans. Et s'en vindrent logier ès
champs devant la ville de Meun, sur la rivière
de Loire, et gaignèrent le pont près dudit lieu
sur les Angloiz. Et ce fait, y establirent garnison
pour tousjours obvier aux entreprises desditz
Angloiz, et pour les surmonter en conquestant
sur eulx ce que injustement avoient occupé sur
le royaulme de France, de longtemps et sans
raison.

Chapitre 43.

*Comment les Angloiz de Baugency se rendirent
aux François.*

Le landemain au matin se desloga icellui ost
et s'en alla logier devant la ville de Baugency sur Loire, en laquelle estoient les Angloiz. Et tantost se retirèrent iceulx Angloiz au
chastel et sur le pont d'icellui Baugency, et habandonnèrent la ville. Et cecy fait, le duc d'A-
lençon, Jehanne la Pucelle, le bastard d'Orléans
et autres, entrèrent dedans icelle ville et y logèrent, et firent promptement assortir leurs bombardes devant ledit chastel, ouquel avoit bien
de sept à huit cens Angloiz. Et durant le temps
que on assortissoit lesdites bombardes et canons,
les Lombars estans en la compaignie faisoient

grant devoir de tirer. Pendant ce aussy que on approuchoit de toutes pars, lesditz Angloiz ne faisoient que bien pou de résistence, eulx voyans aller la besongne à déclin et à mal pour eulx. Et tantost après requirent à avoir composicion et eulx rendre.

Auquel siège ariva Artus, conte de Richemont, connestable de France, et le sire de Beaumanoir en sa compaignie. Et disoit-on que ilz estoient bien de dix à douze cens combatans, qui estoit grant secours et aide, et en est ledit connestable bien à reconmander, car icy et en plussieurs autres lieux a fait de grans services au roy. Outre plus, venoient chacun jour en l'ost gens de toutes pars, et avoient prins les François en eulx moult grant couraige et hardement pour la venue de ladite Jehanne la Pucelle, laquelle tenoient plussieurs estre venue de par Dieu, car ses œuvres et gouvernement le démonstroient assez. Et les Angloiz, qui de ce oyoient parler chacun jour, estoient moult espovantez et apovriz. Et requisdrent iceulx Angloiz de parlementer pour rendre iceulx chasteau et pont. Et finablement leur fut donnée composicion, et saufconduit de eulx aller et de emporter tous leurs biens. Et le landemain au matin s'en partirent et rendirent lesditz chasteau et pont de Baugency, et les convoya et mist hors de l'ost Messire Ambrois, sire de Loré, par l'ordonnance des seigneurs dessusditz.

Chapitre 44.

La bataille de Patay pour les François.

Et environ une heure après que iceulx Angloiz se furent partiz à saufconduit pour eulx en aller, vint certaines nouvelles en l'ost des François que le sire de Tallebot, Anglois, le sire de Scalles, Messire Jehan Fastol et plussieurs autres seigneurs et cappitaines d'Angleterre, jucques au nombre de quatre à cinq mille, estoient passez par Yemville en Beausse, pour venir droit à Meun sur Loire. Et tantost furent mis chevaucheurs en chemin pour savoir de ce la vérité plus applain, et toujours faisoient tirer ledit duc d'Alençon, le conte de Richemont, connestable de France, le conte de Vandosme[1], et ladite Jehanne la Pucelle, ledit ost aux champs hors de ladite ville de Baugency et mettre en bataille. Et tantost après revindrent iceulx chevaucheurs; lesquelz raportèrent que ilz avoient veuz iceulx Angloiz près de Meun sur Loire, et que ceulx de ladite ville de Meun s'en estoient partiz, et avoient laissé et habandonné icelle ville de Meun, et s'en alloient avecquez les autres. Lesquelz Angloiz tiroient droit à Yemville en Beausse.

Et ce venu à la congnoessance du duc d'Alençon, le conte de Richemont, connestable de France, le conte de Vandosme, le bastard d'Orléans, Jehanne la Pucelle et autres chiefz de guerre et cappitaines, fut conclud retirer hasti-

1. Louis de Bourbon.

vement celle part où que on disoit que iceulx
Angloiz estoient, et les combatre quelque part
qu'ilz les peussent trouver. Et tantost desplacè-
rent les batailles et chevauchèrent dilliganment
en tirant vers une église forte nommée Patay
en Beausse, et là furent trouvez et aconçuz[1]
iceulx Angloiz qui s'en alloient à pié et à cheval,
et en marchant tousjours leur chemin furent
trouvés par les coureurs et avangarde des François. Et tant que en la bataille où estoient lesditz sire d'Alençon, le connestable de France,
le conte de Vandosme, le bastard d'Orléans,
Jehanne la Pucelle et autres, aprochoient très
fort et là povoient bien veoir les Angloiz. Lesquelz Angloiz se desmarchèrent pour prendre
place en l'orée d'un bois emprès un village, et
à celle heure lesditz coureurs et avant-garde des
François, en laquelle estoient le sire de Beaumanoir, Messire Ambrois de Loré, la Hire,
Poston de Sentrailles et autres cappitaines, férirent sur iceulx Angloiz en telle manière que
iceulx qui estoient à cheval, ou la plus grant
partie d'iceulx, se prindrent à fuir. Et ceulx à pié,
lesquelz estoient en grant nombre, se boutèrent
dedens icellui bois et village.

Et à icelle heure ariva la bataille des François, et finablement furent iceux Angloiz desconfitz. Et y en eult environ de deux à trois
mille de mors, et de prisonniers grant nombre.
Et y furent prins le sire de Tallebot, le sire de
Scalles, Messire Gaultier de Hongrefort et plussieurs autres grans seigneurs d'Angleterre. Et

1. Atteints, de *aconsuivre*.

dura la chasse jucques à Yemville en Beausse. Laquelle ville de Yenville estoit tenue par lesdits Angloiz, et fut d'icelle heure rendue et mise en l'obéissance du roy de France, avecques plussieurs autres forteresses dudit pays de Beauce. Et se retournèrent Messire Jehan Fastol et plussieurs Angloiz qui peurent eschapper de la besongne à Corbeil. Et les François dessus ditz couchèrent la nuyt ensuivante audit lieu de Patay[1].

Chapitre 45.

[Nouvelle] armée de gens d'armes.

L'an mil quatre-cent-vingt-neuf, au commencement du moys de juing, le roy Charles de France fist une grant armée, par l'amonnestement de ladite Jehanne la Pucelle, laquelle disoit que c'estoit la voulenté de Dieu que le roy Charles allât à Rains pour illec estre sacré et couronné. Et quelques difficultés ou doubtes que feist ledit roy ou son conseil, il fut conclud, par l'amonnestement de ladite Jehanne, que ledit roy manderoit ce qu'il pourroit finer de gens pour aller à prendre le voiage de son couronnement à Rains, combien que icelle ville de Rains fust tenue en l'obéissance des Angloiz et toutes les villes de Picardie, de Champaigne, l'Isle de France, Brye, Gastinois, l'Auxerrois, Bourgoungne, et génerallement tout le pays d'entre la rivière de la Loire et la mer. Lequel roy de France fist son assemblée à Gien sur Loire, et

---

1. La victoire de Patay fut remportée le 18 juin.

avoit en sa compaignie le duc d'Alençon, le duc de Bourbon [1], le conte de Vendosme, Jehanne la Pucelle, le sire de Laval, le sire de La Trimoulle [2], le sire de Raiz, le sire d'Albreth, le sire de Lohéac, frère du sire de Laval, et plussieurs autres grans seigneurs et grans cappitaines.

Et venoient gens d'armes de toutes pars au service du roy, et avoient chacun grant attente que par le moien d'icelle Jehanne la Pucelle en eust beaucoup de biens au royaulme de France. Laquelle on convoitoit fort voir et disiroit-on à cognoestre ses faitz comme chose congnue de par Dieu [3], et chevauchoit tousjours armée et en habillement de guerre, ainssy qu'estoient les autres gens de guerre de la compaignie. Et parloit aussy preudanment de la guerre comme ung cappitaine eust sceu faire. Et quant le cas advenoit qu'il avoit en ost aucun cry ou effray d'armes, elle venoit, fust à pié ou à cheval, aussy vaillanment comme cappitaine de la compaignie eust sçeu faire, en donnant cuer et hardement à tous les autres et en les admonestant de faire bon guet et garde en l'ost, ainssy que par raison doit faire. Et en toutes les autres choses estoit bien simple personne, et estoit de

---

1. C'est-à-dire Charles, comte de Clermont : celui-ci ne fut duc de Bourbon qu'après son frère, en 1434. Jean Chartier l'appelle ainsi parce qu'il écrivoit après 1437. Voy. notice de Jean Chartier.

2. Georges de la Trimouille, personnage hétéroclite. La sincérité même de son attachement à la cause de Charles VII et sa probité se présentent également dans l'histoire sous un jour douteux. Il exerça, dans cette période critique, une funeste influence.

3. (Ms. de Rouen et autres.) Godefroy : comme chose toute extraordinaire venue de la part de Dieu.

belle vie et honneste, et se confessoit bien souvent, et recevoit le corps Nostre-Seigneur presque toutes les sepmaines. Estoit tousjours armée ou autrement en habit d'omme. Et disoit on que c'estoit trop estrange chose de veoir chevaucher une femme en telle compaignie, et tant d'autres raisons disoit on qu'il n'y avoit clerc ne autre qui de son fait ne fust esmerveillé.

Et pour celle heure estoit le sire de la Trimoulle avec le roy de France, et disoit-on qu'il avoit fort bien entreprins le gouvernement du royaulme de France. Et pour celle cause grant question eurent icellui sire de la Trimoulle et le conte de Richemont, connestable de France. Pourquoy il faillut que ledit connestable, qui avoit bien en sa compaignie douze cens combatans, s'en retournast. Et aussi¹ firent plussieurs autres seigneurs et cappitaines, desquelz ledit sire de la Trimoulle se doutoit², dont se fut très grant dommage pour le roy et son royaulme. Car par le moien d'icelle Jehanne la Pucelle venoient tant de gens de toutes pars devers le roy pour le servir à leurs despens, que on disoit que icellui de la Trimoulle et autres du conseil du roy estoient bien courroucez que tant y en venoit que pour la doubte de leurs personnes. Et disoient plussieurs que ledit sire de la Trimoulle et autres du conseil du roy eussent voulu recueillir tous ceulx qui venoient au service du roy qu'ilz eussent peu légièrement recouvrer tout ce que les Angloiz tenoient en royaulme de France.

1. Ainsi : c'est-à-dire que plusieurs capitaines se retirèrent aussi.
2. Défioit.

Et n'osoit on parler pour celle guerre contre ledit sire de la Trimoulle, combien que chascun véoit clerement que la faulte venoit de luy.

CHAPITRE 46.

Paiement de gens d'armes.

Auquel lieu de Gien sur Loire fut fait ung paiement aux gens d'armes tel qu'il ne se montoit pas plus de deux à trois francs pour homme d'armes. Duquel lieu de Gien s'en partit icelle Jehanne la Pucelle et plussieurs cappitaines de gens en sa compaignie, et s'en alla logier environ quatre lieues loing dudit Gien, en tirant le chemin de Rains, vers Auserre. Et le roy de France se partit le lendemain ensuivant en tirant celle part, et ce jour assembla tout l'ost ensamble. Et avoit on dit ost plussieurs femmes diffamées qui empeschoient aucuns gens d'armes à faire dilligence à servir le roy.

Et ce voyant, icelle Jehanne la Pucelle, après le cry fait que chacun allast avant, tira son espée et en batit deux ou trois tant qu'elle rompit sadite espée, dont le roy fut bien desplaisant et marry, et luy dist qu'elle deust avoir prins ung très-bon baston et frapper dessus, sans habandonner ainssy celle espée qui luy estoit venue divinement, comme elle disoit. Et chevaucha ledit roy tant qu'il vint devant la cité dudit lieu d'Aucerre; laquelle cité ne luy fist pas plaine obéissance, mais vindrent devers le roy aucuns des bourgeois d'icelle cité, et disoit on qu'ils avoient donné argent audit de la Trimoulle affin qu'ilz demeurassent en trèves icelle foiz. De laquelle chose furent bien mal contens aucuns seigneurs et cappitaines d'icellui ost, et en parloient bien fort, en murmurant contre icellui seigneur de la Trimoulle et autres estans du conseil du roy. Et voulloit tousjours icelle Jehanne la Pucelle que icelle ville fust assaillye. Et finablement demoura en icelle trève, combien que ceulx de ladite ville baillèrent plussieurs vivres à ceulx de l'ost pour leur argent, desquelz ilz avoient grand neccessité en icellui ost.

Chapitre 47.

Siège mis devant Troys en Champaigne.

Après que ledit roy de France eult esté devant icelle cité d'Aucerre[1] pour trois jours, se partit avec son ost en tirant vers Saint-Florentin, laquelle ville de Saint-Florentin luy fist obéissance. Et de là print son chemin droit à Trois à Champaigne, et tant chevaucha qu'il vint logier devant la cité de Trois[2], en laquelle avoit bien de cinq à six cens Anglois et Bourgongnons. Et à l'arivée saillirent iceulx Angloiz et Bourgongnons sur l'ost du roy, lequel roy et son ost fut logié d'un costé et d'autre par l'espace de six ou sept jours en parlementant et cuidant tousjours que icelle cité lui feist obéissance. Mais aucun appoinctement ne s'i povoit trouver, et avoit en l'ost si très grant chierté de pain et d'autres vivres, car il avoit en icellui ost de six à sept mille hommes, qui n'avoit mangié du pain

1. Le roi étoit devant Auxerre le 1ᵉʳ juillet.
2. Il étoit devant Troyes le 5 juillet.

passé avoit huit jours. Et vivoient le plus [1] des gens d'icelui ost de fèves et de blé frotté en espy [2].

Et manda ledit roy venir devers lui le duc d'Alençon, le duc de Bourbon, le conte de Vendosme, et plussieurs autres seigneurs et cappitaines, avecques autres gens de son conseil en grant nombre pour avoir avis qu'il avoit à faire [3]. Et là fut mis en termes et délibéracion audit conseil par l'arcevesque de Rains, chancellier de France, que ledit ost ne povoit bonnement demourer devant ladite ville de Trois, par plussieurs raisons, premièrement pour la grant famine qui estoit oudit ost, et que vivres ne venoient en icellui ost de nulle part, et aussy qu'il n'y avoit plus homme qui eust point d'argent; et oultre, que c'estoit merveilleuse chose de prendre la ville de Trois, qui estoit forte, bien garnie de vivres, de gens d'armes et de peuple, et, selon ce c'om [4] povoit veoir, ceulx de dedens n'avoient point de voulenté de rendre et mettre icelle ville en l'obéissance du roy de France; et aussy qu'il n'y avoit bombardes ne artillerie à souffisant nombre pour gaigner et combatre icelle ville; et d'autre part n'y avoit ville françoise dont on peust avoir aide ne secours plus près que Gien sur Loire, de laquelle ville ilz estoient à plus de trente lieues jucques à l'ost. Et si alégua et dist

---

1. La plupart.
2. Des épis de blé que les soldats *frottoient* dans leurs mains ou autrement, de manière à isoler le grain, qu'ils mangeoient ainsi.
3. Cette séance eut lieu le 8 juillet.
4. Qu'on.

plussieurs autres raisons et inconvéniens dont il estoit vray semblable qui povoient advenir en icellui ost[1]. Et commanda le roy audit chancellier qu'il demandast par oppinion à ceulx qui présens estoient à ce conseil qu'il estoit à faire pour le meilleur.

Et adonc commença ledit chancellier à demander à plussieurs, les chargant que chacun s'aquictast loyaulment envers le roy de le conseiller de ce qu'il avoit à faire sur ce que dit est. Et furent presque tous ceulx de ce conseil d'oppinion que, veu et considéré les choses dessus desclairées et que le roy avoit esté reffusé à ladite ville d'Auxerre, laquelle n'estoit garnie de gens d'armes ne si forte que icelle ville de Trois, et plussieurs autres choses que ung chacun alleguoit selon son entendement, furent d'oppinion que ledit roy et son ost s'en retournassent.

Et vint ledit chancellier à demander à ung ancien conseiller nommé Messire Robert le Masson, seigneur de Trèves, lequel respondit par son oppinion qu'il falloit envoier quérir ladite Jehanne la Pucelle, dont dessus est faite mencion, laquelle estoit en l'ost et non pas au conseil, et que bien povoit estre qu'elle diroit quelle chose qui seroit prouffitable pour le roy et sa compaignie. Et dist oultre que, quand le roy estoit party qu'il avoit entreprins ce voyage, il ne l'avoit pas fait par la grant puissance de gens d'armes qu'il eust, ne par le grant argent de quoy il fust garny pour paier ses gens d'armes, ne aussy parce que

---

1. Traduisez : qui, vraisemblablement, pouvoient advenir, etc.

icellui voyage lui semblast bien possible, maiz seullement avoit entreprins icellui voyage par l'admonnestement de Jehanne la Pucelle, laquelle disoit tousjours qu'il tirast avant pour aller à son couronnement à Rains, et que il ne trouveroit que bien pou de résistence, et que c'estoit le plaisir et voulenté de Dieu, et que se icelle Jehanne ne conseilloit aucune chose qui en icellui conseil n'eust esté dicte, qu'il estoit de la grant et commune oppinion, c'est assavoir que ledit roy et son ost s'en retournassent dont ilz estoient venus; mais que ladite Jehanne la Pucelle pourroit dire aucune chose sur laquelle le roy pourroit prendre autre conclusion. Et par l'oppinion d'icellui Messire Robert le Masson fut envoyé quérir icelle Jehanne la Pucelle.

Et icelle venue en icellui conseil, fist la révérence au roy, ainssy qu'elle avoit acoustumé. Et luy fut dit par ledit chancellier que le roy l'avoit envoyé quérir affin de lui faire dire et desclairer son oppinion pour conclure sur les grandes neccessités de l'ost comment ladite ville de Trois estoit forte et garnie de vivres et de gens d'armes. Et lui exposa et dist tous les grans inconvéniens et doubtes qui là avoient esté débatus audit conseil et que de ce elle dist son oppinion au roy et quelle chose il luy sembloit que on avoit à faire au sourplus. Laquelle tourna sa parolle au roy et lui demanda s'elle seroit creue de ce qu'elle lui diroit. A quoy il respondit que s'elle disoit chose qui feust prouffitable et raisonnable, que voluntiers on la crerroit. Et reprint de rechief sa parolle et demanda s'elle seroit creue, et le roy respondit que ouy, selon ce qu'elle diroit. Et adonc lui dist ses parolles : « Gentil roy de France, se vous voullez demourer devant vostre ville de Trois, elle sera en vostre obéissance dedens deux jours, soit par force ou par amour, et n'en faictes nulle doubte. » Adonc lui fut respondu par le chancellier : « Jehanne, qui seroit certain de l'avoir dedans six jours, on l'attendroit bien. Maiz je ne scay s'çil est vrai ce que vous dictes. » Et de rechief dist que n'en faisoit nulle doubte. A l'oppinion de laquelle Jehanne la Pucelle le roy et son conseil s'arestèrent et fut conclud de là demourer.

Et à celle heure monta ladite Jehanne la Pucelle sur ung coursier, ung baston en sa main, et mist en besongne chevalliers, escuiers et autres gens de tous estaz à porter fagos, huys, tables, fenestres et chevrons, pour faire taudiz et aprouchemens contre ladite ville pour asseoir une petite bombarde, autres canons estans en l'ost, et faisoit de merveilleuses dilligences, ainssy comme eust peu faire ung cappitaine qui eust esté nourry tout son temps à la guerre. Et pou de temps après parlementèrent ceulx de ladite ville, et vindrent l'évesque et plussieurs autres de ladite ville, tant de gens de guerre que de bourgeois, devers le roy. Et finablement prindrent composicion et traictié; c'est assavoir que les gens de guerre s'en yroient eulx et leurs biens, et ceulx de ladite ville demoureroient en l'obéissance du roy, et luy rendroient ladite ville, laquelle il reçeut. Et le landemain entra le roy dedens[1], lui et ses gens, environ neuf

1. Le 9 juillet.

heures du matin. De laquelle tant Angloiz que Bourgongnons s'en allèrent où bon leur sembla. Et en devoient enmener leurs prisonniers, maiz ladite Jehanne les leur osta à la porte. Et faillict que le roy contentast iceulx gens d'armes de leurs finances.

Et laissa le roy en icelle ville de Trois bailly, cappitaines et autres officiers de par luy. Et cedit jour que ledit roy de France entra en ladite ville de Troyes demoura garde de sondit ost ledit Messire Ambrois de Loré, lequel demoura garde sur les champs, lequel ost passa le landemain parmy ladite ville.

Chapitre 48.

Comment le roy fut sacré et couronné à Rains.

Et l'andemain ensuivant ledit roy de France desloga de ladite ville de Troyes, et print son chemin avecques son ost droit à Challons, et tant chevaucha qu'il arriva devant icelle ville de Challons, et lui vindrent au devant l'évesque avec grant nombre bourgois d'icelle ville, et lui firent obéissance. Et se loga avecques son ost la nuy en icelle ville, en laquelle il establit de par lui cappitaine et officiers [1]. De laquelle ville de Challons se partit ledit roy et son ost, et print son chemin droit à Rains. Et tant chevauchèrent que lui et sondit ost arrivèrent devant ladite ville de Rains, laquelle estoit tenue de par le roy d'Angleterre, ainssy que les autres villes dont

---

1. Le roi étoit à Châlons le 14.

dessus est faicte mencion, laquelle ville de Rains luy fist plaine obéissance. Et entra dedens icelle avecques son ost, en laquelle il fut receu à grant joye. Et vindrent devers ledit roy pour estre à son service le duc de Bar et de Lorraine, le sire de Commercy, à grant compaignie de gens d'armes, pour eulx emploier au service du roy.

Et le landemain, que fut jour de dimanche [1], fut couronné et sacré le roy en l'église de Rains par Messire Regnault de Chartres, archevesque dudit lieu et chancellier de France. Et fut fait ledit roy chevallier par le duc d'Alençon. Et après se, fist ledit roy le sire de Laval conte [2]. Et y fut fait par le roy, le duc d'Alençon, le duc de Bourbon et autres princes qui là estoient, plussieurs chevalliers [3]. Et y estoit ladite Jehanne la Pucelle, laquelle tenoit son estendart en sa main, et laquelle estoit cause dudit couronnement du roy, et de toute icelle assemblée ainssy que dessus est dit. Et fut rapporté de l'abaye Saint-Remy ladite ampoulle en l'église Nostre-Dame, par le sire de Raiz, mareschal de France. Et après ce, séjourna le roy en ladite ville de Rains trois jours, et puis se partit avecques son dit ost pour aller en une abbaye nommée Saint-Marcoul, ou quel lieu les roys de France ont acoustumé d'aller après leur couronnement. Et leur fait on là certain service et

1. 17 juillet.
2. Les lettres-patentes de cette érection, datées de Reims, 17 juillet 1429, sont dans le ms. Dupuy, n° 476, f" 13-14.
3. Les trois ducs et autres princes firent plusieurs chevaliers.

mistère[1], pourquoy on dit que le roy de France garist des escrouelles.

Chapitre 49.

Comment Lan et Soissons se rendirent François avec plussieurs autres villes.

D'icelle abbaye Saint-Marcoul s'en alla le roy avec son ost en une ville nommée Veelly[2], appartenant à l'arcevesque de Rains, de laquelle lui fut faicte obéissance, et s'i loga pour le jour, et envoya ses messagers à Laon, laquelle ville se mist semblablement en son obéissance. De là s'en ala à Soisons (Soissons), qui semblablement se mist en son obéissance, et y séjourna deux ou trois jours avec son ost[3]. Et lui fut rendu Chasteau-Thierry, Provins, Coulommiers, Cressy en Brye et plussieurs autres forteresses.

Chapitre 50.

Comment le duc de Betfort partit de Paris et s'en ala à Corbeil cuidant combatre le roy de France.

Après ce que ledit roy de France eult séjourné à Soisons, comme dessus est dit, se desloga et se mist au chemin avec son ost, droit à Chasteau-Thierry, et de là s'en ala droit à Pro-

1. *Ministerium.*
2. Wailly; il y étoit le 22.
3. Du 23 au 26.

vins, où il séjourna deux ou trois jours. Et ce venu à la congnoessance du duc de Betheford, Angloiz, qui se disoit pour lors régent du royaulme de France et se tenoit à Paris, lequel vint à grant puissance à Corbeil et Melun, disant qu'il se voulloit trouver aux champs et combatre icellui roy de France. Lequel roy, quant il sceult que ledit duc de Betheford le voulloit combatre, se desloga de Provins et s'en vint logier aux champs avecques son ost, près d'un chasteau, près de La Motte, nommé Langis en Brye, et furent ordonnées les batailles dudit roy de France, et se tindrent aux champs presque tout ung jour, pour ce que continuellement venoient nouvelles que le duc de Betheford venoit pour combatre. Et touteffoiz il ne vint point et s'en retourna à Paris avec son ost, auquel on disoit qu'il y avoit bien de dix à douze mille combatens, et que ledit roy de France en povoit bien avoir autant ou plus.

CHAPITRE 51.

Comment le roy s'en voulloit aller de l'Isle de France.

Ledit roy de France, par le conseil d'aucuns et de sa voulenté, fut délibéré repasser la rivière de Saine, pour aller à une ville nommée Bray sur Saine, assez près de Prouvins, pour s'en retourner avecques son armée en son pays obéissant oultre la rivière de Loire, et lui fut prómis passage et obeissance en ladite ville par les habitans d'icelle. Maiz la nuyt dont il devoit passer le landemain matin, y ariva certaine quantité d'Angloiz. Et iceulx qui s'avancèrent devant pour passer furent les aucuns prins[1], les autres destroussez. Parquoy fut le passage empesché, donc le duc du Bar, le duc d'Alençon, le duc de Bourbon, le conte de Vandosme, le conte de Laval, Jehanne la Pucelle et plusieurs autres seigneurs et cappitaines furent très joieulx et bien contens, pource que celle conclusion de passer estoit contre leur gré et voulenté.

Chapitre 52.

Entreprinse d'Angloiz sur les François.

En icellui an, la veille de la Nostre Dame my aoust, par le conseil des seigneurs françois dessus nommez, le roy de France retourna avecques son ost droit à Chasteau-Thierry[2], et passa tout oultre droit à Crespy en Valloys, et s'en vint loger aux champs assez près de Dampmartin. Et ce venu à la congnoessance du duc de Betheford, qui estoit à Paris à grant ost d'Angloiz, se tira sur les champs et se vint mettre en bataille et ordonnance en place d'avantaige[3], comme on disoit, à Mitry en France, soubz ledit lieu de Dampmartin. Et fut envoyé La Hire et plusieurs autres cappitaines par manière de courcerie sur l'ost du duc de Betheford, et durèrent presque tout le jour les escarmouches. Et fut rapporté audit roy de France que ledit duc

---

1. Ms. de Rouen. Godefroy : tuez.
2. Le 14 août.
3. Avantageuse.

de Betheford estoit en place d'avantaige. Et ne fut pas conseillé audit roy de France passer plus avant pour assaillir iceulx Angloiz. Et le landemain retourna ledit duc de Betheford avec son ost à Paris. Et ledit roy de France tira vers Crespy en Vallois. Et avoit envoyé icelluy roy certains messages à la cité de Beauvois et à Compiengne, lesquelles villes lui firent assavoir qu'ilz se voulloient mettre en son obéissance.

Chapitre 53.

Comment les Angloiz vindrent près Senliz, pour combatre le roy de France.

Tout en suivant, ledit roy se party pour aller audit lieu de Compiengne, et se vint logier en ung village nommé Barron[1], environ deux lieues de Senliz, lequel Senliz estoit en l'obéissance des Angloiz. Et au matin vindrent nouvelles de devers Paris au roy de France que le duc de Betheford et son ost estoient deslogez de Paris pour tirer le chemin droit à Senliz. Et lui estoient venus de renfort une grant compaignie d'Angloiz, ainssy comme de trois à quatre mille combatans, lesquelz le cardinal d'Angleterre, oncle du feu roy d'Angleterre, avoit amenez. Et disoit-on que iceulx Angloiz estoient souldoiez de l'argent du pape, et que icellui cardinal les devoit mener sur une manière de gent qui créoient contre la foy, que on

1. Il étoit à Baron le 17 (*Itinéraire de Charles VII*, inédit).

appelloit Boesmes, ès parties d'Almaigne. Et touteffoiz furent employez iceulx Angloiz par l'ordonnance d'icelluy cardinal contre le roy de France.

Et ce venu à la congnoessance du roy, que le duc de Betheford tiroit celle part, charga à Messire Ambrois, sire de Loré, et le sire de Sentrailles, de monter tantost à cheval et de tirer vers Paris, ainssi qu'ilz aviseroient, pour savoir veritablement le fait dudit duc de Betheford et de son ost. Lesquelz dilliganment montèrent à cheval et prindrent de leur gens environ quinze ou vingt seullement [1]. Et tant chevauchèrent et approuchèrent d'icellui ost qu'ilz veyrent et aperceurent sur le grant chemin dudit Senliz grans pouldres de l'ost dudit duc de Betheford. Lesquels envoyèrent diliganment ung chevaucheur devers le roy pour lui faire assavoir. Et approuchèrent encores plus près, tant qu'ilz veyrent ledit ost qui tiroit vers Senliz, et tantost envoyèrent de rechief ung autre chevaucheur devers le roy pour lui signiffier. Et bien dilliganment le roy avecques son ost tirèrent aux champs et furent ordonnez les batailles, et commencèrent à chevaucher entre la rivière qui passe à Barron et ung lieu nommé Mont-Espiluel ou Montespilouer [2], en tirant droit à Senliz.

Et icellui duc de Betheford et son ost, environ heure de Vespres, arriva près d'icelle ville de Senliz, et se mist à passer une petite rivière qui vient dudit Senliz audit Barron, et estoit le

1. Ms. de Rouen. Godefroy : treize ou quatorze.
2. Mont Epiloy.

passage si estroit que ilz ne povoient passer que ung cheval ou deux à la foiz. Et sitost que ledit sire de Loiré et de Sentrailles virent que lesditz Angloiz commencèrent à passer, ilz s'en retournèrent hastivement devers le roy et lui acertenèrent que ledit duc de Betheford et son dit ost passoient audit passage. Maiz iceulx Angloiz estoient jà la plus grant partie passez. Et s'entrevéoient l'ost des François et des Angloiz ainssy comme à une petite lieue.

Et y eult de grans escarmouches entre lesdites deux compaignies. Et à celle heure estoit près de souleil couchant, parquoy lesditz Angloiz se logèrent sur le bord d'icelle rivière, et les François se logèrent viz à viz près d'un lieu nommé Mont-Espilouel.

Chapitre 54.

Comment les François se disposèrent à combattre les Angloiz.

Le landemain ensuivant au matin se mist le roy de France et son ost sur les champs et fist ordonner ses batailles, de la plus grant desquelles avoient le commandement le duc d'Alençon et le conte de Vandosme. D'une autre bataille avoit la charge le duc du Bar. De la tierce, qui estoit en la manière d'une esle[1], avoient la charge les sires de Raiz et de Boussac, mareschals de France. D'une autre bataille qui souvent se desplaçoit pour escarmoucher et

---

1. Aile.

guerroier iceulx Angloiz avoient le gouvernement le sire d'Albreth, Jehanne la Pucelle, le bastard d'Orléans, La Hire et plussieurs autres capitaines. Et à la conduite et gouvernement des archiers estoient le sire de Grasville, maistre des arbalestiers, et ung chevallier limosin nommé Messire Jehan Foucault. Et se tenoit le roy assez près de ses batailles, et avoit pour la garde de sa personne le duc de Bourbon et le sire de la Trimouille et plussieurs autres. Et par plussieurs foyz chevaucha le roy devant ses batailles au veu des Angloiz; aussy firent le duc de Bourbon et de la Trimoulle; et ledit duc de Betheford, le conte de Sufford et le sire de Tallebot, Angloiz, le bastard de Saint-Pol, Bourguignon, et plusieurs autres, qui estoient en bataille près d'un village et avoient au dos ung estanc et ladite rivière.

Et toute icelle nuyt et le jour très-diliganmant se fortiffièrent de fossez, de paux [1] et d'autres taudiz. Et combien qu'il fust prins conclusion par le roy de France et son conseil de combatre icellui duc de Bethford et son dit ost, quant plussieurs cappitaines et autres eurent veu la place que tenoient lesditz Angloiz, et leur fortification, ledit roy fut conseillé de ne les point combatre aucunement en ladite place ainssy fortiffiée. Maiz les batailles des François s'approuchèrent à deux traitz d'arbaleste ou environ d'iceulx Angloiz, en leur disant chacune heure qu'ilz saillissent hors de leur parc, et que on les combatroit. Lesquelz Angloiz de leur dit parc ne

1. Pluriel de *pal*.

vouldrent saillir. Et tout cedit jour y oult de grandes escarmouches, et tellement que les François venoient main à main combatre à pié et à cheval en fortiffiement des Angloiz. Et toutes voys iceulx Angloiz sailloient à pié et à cheval aux champs, en reboutant lesditz François, et y en avoit souvent de mors et de prins d'un costé et d'autre. Et se passa tout ledit jour jucques environ souleil couchant en escarmouches.

Et comme [1] à l'eure du souleil couchant, s'aprouchèrent grant nombre de François tant qu'ilz vindrent combatre et escarmoucher lesditz Angloiz main à main. Et lors saillit grand nombre d'iceulx Angloiz à pié et à cheval, et de rechief s'efforcèrent iceux François, et y eult à celle heure plus grant escarmouche qu'il n'y avoit eu de tout le jour, et y avoit si grans pouldres que on ne congnoessoit ne François ne Angloiz, et tant que les batailles ne s'entrepovoient veoir, combien qu'ilz fussent près les ungtz des autres, et dura icelle escarmouche tant qu'il fut nuyt obscure. Et se retirèrent lesdits Angloiz en leur parc, et aussi se retirèrent les François aux batailles. Et demourèrent iceulx Angloiz logiez où ilz estoient, et les François où ilz avoient logé la nuyt devant, environ demye lieue [2] desditz Angloiz, près du Mont-Espilouel.

1. Environ.
2. Manuscrit de Rouen. Godefroy : deux lieues.

Chapitre 55.

Comment François et Angloiz se deppartirent.

Le landemain au matin, environ dix heures, se deslogea l'ost desditz François, et s'en ala vers Crespy en Vallois. Et aussitost lesditz Angloiz s'en retournèrent à Paris.

Chapitre 56.

*Comment Compiengne, Beauvaiz et Senliz
se rendirent François.*

Le landemain ensuivant, le roy de France, avec son ost, print son chemin droit à Comgiengne, laquelle ville de Compiégne lui fist obéissance, et y establit de par luy ung capitaine nommé Guillaume de Flavy [1], natif du pays; et là vindrent devers luy les bourgois de Beauvaiz, lesquelz mirent icelle ville de Beauvaiz en son obéissance. Et s'asemblèrent les evesque, bourgoys de Senliz, et vindrent devers le roy, et pareillement mirent ladite ville de Senliz en son obéissance. Et d'illec se partit le roy de France, et ala en ladite ville de Senliz.

Chapitre 57.

*Garnisons d'Angloiz mises ès places à eulx
obaissans.*

En icellui an, en la fin du mois d'aoust, se desloga de Paris le duc de Betheford dessus

---

[1]. Voir ce nom dans la *Biographie générale*, publiée par MM. Didot.

nommé et son ost et tira vers Normendie, et départit sondit ost et l'envoya en plussieurs lieux, tant en pays de Normendie comme allieurs, pour garder les places dont il avoit le gouvernement et qui estoient en son obéissance. Et laissa à Paris Messire Loys de Luxembourg, évesque de Thérouenne, soy disant chancellier de France, ung chevallier angloiz nommé Messire Jehan Rachel, et ung autre chevallier de France nommé Messire Simon Morhier, qui lors estoit prévost de Paris. Et avoient en leur compaignie environ deux mille Angloiz pour la garde d'icelle ville de Paris, ainssi c'om disoit.

Chapitre 58.

Escarmouches de François et d'Angloiz entre Paris et Saint-Denis.

En laffin dudit moys d'aoust se desloga ledit roy de France de Senliz, et lui firent ceulx de la ville obaissance, en laquelle entra lui et son ost et se loga en icelle ville. Et adonc se commencèrent grans courses et escarmouches entre les gens dudit roy estans logié à Saint-Denis et les Angloiz et autres estans à Paris.

Chapitre 59.

Comment la Pucelle donna ung assault devant Paris.

Et environ trois ou quatre jours après, le duc d'Alençon, le duc de Bourbon, le conte de Vendosme, le conte de Laval, le sire d'Albreth,

Jehanne la Pucelle, les sires de Raiz et de Boussac, mareschaulx de France, et autres en leur compaignie, se vindrent logier comme en my voye de Saint-Denis et de Paris, en ung village sur le grant chemin, nommé La Chappelle Saint-Denis, et l'endemain commencèrent grandes escarmouches entre les Angloiz et les François et autres de Paris. Et premièrement au lieu dit le moullin à vent, et le lendemain vindrent les dessus nommez, ducz et autres seigneurs François, à grant compaignie, aux champs près de la porte Saint-Honnouré, sur une grant bute que on dit le marché aux pourceaulx, et firent assortir plussieurs canons et couleuvrines pour tirer dedens ladite ville de Paris. Et estoient les Angloiz tournoiant avecques leurs seigneurs entre lesquelz portoient une grant banière à une grand croix vermeille au longc de la muraille de Paris, par dedens ladite ville. Et de plaine arivée fut prins le boullevart d'icelle porte Saint-Honnouré d'assault [1]. Et estoit à celle prinse ung chevallier françois que on appelloit le sire de Saint-Vallier, et ses gens, qui très-bien y firent leur devoir. Et cuidoient les François que les Angloiz et autres gens de Paris deussent saillir par la porte Saint-Denis ou quelqu'autre pour férir sur eulx. Parquoy le duc d'Alençon, le duc de Bourbon, le seigneur de Montmorency et autres, avec grant puissance, se tenoient tousjours en la bataille desrière icelle grant bute. Et y fut fait chevallier le seigneur de Montmorency. Car plus près ne se povoient

---

1. Cette affaire eut lieu le 8 septembre 1429.

tenir, pour les canons et couleuvrines qui tiroient sans cesse. Et dist ladite Jehanne la Pucelle qu'elle voulloit assaillir ladite ville de Paris. Laquelle Jehanne n'estoit pas bien informée de la grant eaue qui estoit ès fossés. Et néantmoins, vint à tout grant puissance de gens d'armes, entre lesquelz estoit le sire de Raiz, mareschal de France, et se dessendirent en l'arrière fossé, où elle se tint avecques ledit mareschal à grant compaignie de gens d'armes tout icellui jour, et y fut navrée icelle Jehanne d'un vireton parmy la jambe.

Neantmoins elle ne voulloit partir arrière dudit fossé, et faisoit ce qu'elle povoit faire de getter fagots et boys en l'aultre fossé pour cuider passer, laquelle chose et veue la grant eaue qui y estoit, n'estoit pas possible d'y entrer. Et depuis qu'il fut nuyt fut envoyé quérir par plussieurs foiz par lesditz duc d'Alençon et de Bourbon, maiz pour riens ne se voulloit partir ne retraire, tant qu'il fallut que le duc d'Alençon l'alast quérir et la ramena. Et se retrait toute la compaignie audit lieu de La Chappelle, où ilz avoient logié la nuyt devant. Et le landemain s'en retournèrent lesditz ducz d'Alençon et de Bourbon, ladite Jehanne la Pucelle et autres à Saint-Denis, où estoit ledit roy de France et son ost. Et là, devant les précieulx corps de Monseigneur Saint-Denis et ses compaignons, furent pendus et laissés les armeures d'icelle Pucelle, lesquelles elle offrit par grant dévotion.

Chapitre 60.

Réparacion du chastel de Saint-Célerin par les François.

En icelluy moys d'aoust, l'an que dessus, furent prins les chasteau et ville de Bonmoulin sur les Angloiz, par certains moyens, à l'entreprinse d'un nommé Ferrebourg ou Fourbourg, auquel le duc d'Alençon donna la cappitainerie. Et fut emparé le chastel Saint-Célerin, près Alençon, par un escuier nommé Jehan Armenge, de la compaignie de Messire Ambrois sire de Loré, et ung autre gentihomme nommé Henry de Villeblanche. Et au tiers jour qu'ils furent entrés en icelle place, les Angloiz de la garnison d'Alençon vindrent courir devant eulx avec canons et autres habillemens, et les assaillirent. Lesquelz François dessus nommez se deffendirent vaillanment, tant qu'ilz demourèrent maistres de ladite place, et lesdits Angloiz s'en retournèrent audit lieu d'Alençon.

Chapitre 61.

Comment ceulx de Laigny se mirent en l'obbaissance du roy de France.

Le vingteufviesme jour dudit mois d'aoust, l'an que dessus, le prieur de l'abbaye de Laigny et Artus de Saint-Marry, avecques aucuns de ladite ville de Laigny, vindrent à Saint-Denis devers le roy de France pour mettre ladite ville de Laigny en son obéissance. Et charga le roy au duc d'Alençon d'y envoyer Messire Ambrois sire de Loré, auquel fut baillée icelle ville par les bourgois et habitans d'icelle, lequel sire de Loré leur fist faire serment au roy ainssy que en tel cas appartenoit, c'est assavoir, d'estre vrays et loyaulx au roy de France.

CHAPITRE 62.

Comment le roy se partit de l'isle de France.

Le douziesme du mois de septembre, l'an dessus dit, le roy de France ordonna que le duc de Bourbon, le conte de Vendosme, Messire Loys de Culand et plussieurs autres cappitaines demourroient ès pays qui de ce voyage s'estoient redduitz en son obéissance, et laissa son lieutenant le duc de Bourbon. Et audit lieu de Saint-Denis laissa le conte de Vendosme et le sire de Culand, admiral de France, à grant compaignie de gens d'armes, et se partit avecquez son ost. Auquel departement Jehanne la Pucelle laissa toutes ses armeures complètes devant Saint-Denis, comme dessus est dit, ausquelles elle avoit esté blécée devant Paris. Et s'en ala ledit roy coucher à Laigny sur Marne. Auquel lieu il ordonna demourer Messire Ambrois sire de Loré, lequel print et accepta icelle charge ; et demoura avecques luy ung chevallier nommé Messire Jean Foucault. Et le lendemain ensuivant se partit le roy d'icelle ville de Laigny, et s'en alla passer la rivière de Saine à [Bray-sur-Seine] [1] et la ri-

[1]. Jean Chartier a laissé en blanc ce nom de lieu; nous le restituons d'après le témoignage du hérault Berry. Ce passage eut lieu vers le 13 septembre.

vière d'Yonne au gué emprès Sens. Et de là s'en ala à Montargis et tout oultre la rivière de Loire.

Chapitre 63.

Comment les Angloiz de Paris pillèrent Saint-Denis.

Tantost après s'assemblèrent à Paris grant compaignie d'Angloiz et de Bourgueignons, et les François que le roy de France avoit laissez dedens Saint-Denis en France à son partement, comme dessus est dit, laissèrent et habandonnèrent icelle ville de Saint-Denis et s'en allèrent à Senliz. Et tantost après ledit département vindrent les Angloiz de Paris audit lieu de Saint-Denis, et trouvèrent lesdites armures de Jehanne la Pucelle, lesquelles furent prinses et emportées par l'ordonnance de l'évesque de Thérouenne, chancellier ès parties au roy d'Angleterre obaissant, sans pour ce faire aucune récompense à ladite église, qui est pur sacreleige et magnifeste.

En icelluy moys de septembre, l'an que dessus, vindrent devant la ville de Laigny les Angloiz et les Bourgueignons à grant puissance, faisant manière d'y voulloir mettre le siège. Et ledit Messire Ambrois sire de Loré et Jehan Foucault avec plussieurs autres gens de guerre en leur compaignie, voyans et congnoessans que ladite ville de Laigny estoit très-foible et n'avoit aucune espérance de secours, saillirent aux champs contre iceulx Angloiz et Bourgueignons, et si leur trindrent si très grande et si

très-forte escarmouche par trois jours et par
trois nuyts, que iceulx Angloiz et Bourgueignons
n'aprouchèrent oncques plus près de la berrière
que le trait d'une arbaleste. Et quant ils aperceurent si grant résistence, et qu'ilz virent avec
iceulx chevalliers grant compaignie de gens d'armes, ilz s'en retournèrent à Paris sans autre
chose faire; et y en ot ausdites escarmouches
plussieurs mors et prins d'un costé et d'autre.

Chapitre 64.

*Comment la ville de Laval fut prinse par
les François.*

Ès moys de septembre et an dessus dits, fut
faicte une entreprinse par le sire du Hommet, le sire du Bouchet et Bertrand de la Ferrière pour regaigner la ville de Laval, laquelle
avoit esté prinse d'eschielle par le sire de Tallebot, Angloiz. Et fut faicte une embusche de
gens à pié en ung moulin estant sur la rive de la
rivière de Mayenne, qui passe au-dessoubz de
ladite ville, et puis joignant le bout du pont et
du costé d'icelle ville, près d'une porte dont les
barrières sont sur icellui pont, par le moien d'un
monnier [1]. Et à ung matin, à l'ouverture d'icelle
porte, saillirent iceulx gens d'armes à pié, ainssi
que les portiers allèrent ouvrir certaines barrières estans sur icellui pont, et entrèrent en
ladite ville de Laval, en laquelle avoit bien
quatre à cinq cens Angloiz. Et iceulx François à

---

1. Meunier.

pié n'estoient pas plus de deux à trois cens. Desquelz Angloiz y en ot plussieurs mors et prins, et les autres saillirent par dessus la muraille de ladite ville pour eulx sauver. Et par ce moien fut prinse et remise ladite ville de Laval en l'obéissance du roy de France.

Chapitre 65.

Une entreprinse de François sur la ville de Rouen.

En icelle saison, le duc de Bourbon, lequel estoit demouré lieutenant du roy de France ès pays qui de nouvel estoient redduitz en son obéissance, donc dessus est faicte mencion, se tenoit à Senliz, Laon, Beauvaiz et autres villes, pour tousjours les garder et y mettre ordre et gouvernement. Maiz il ne trouvoit pas partout hommes obéissans, combien qu'il mettoit grant paine de bien conduire le fait du roy et d'exécuter quelque chose sur les Angloiz. Et advint que Messire Ambrois sire de Loré et Messire Jehan Foucault, estans à Laigny, avoient certaine entreprinse sur la ville de Rouen, par le moyen d'un homme d'icelle ville, nommé le Grant Pierre.

Et pource que, en temps que l'exécucion se devoit faire, n'estoit point de lune pour chevaucher par nuyt, prolonguèrent et misdrent ung autre jour audit Grand Pierre. Car bien leur sembloit qu'il n'estoit pas possible de mener si grosse compaignie par le pays où il falloit passer sans s'entreperdre ou adirer. Et s'en ala ledit Grant Pierre par Senliz, où il trouva ledit duc de Bourbon, le conte de Vendosme, l'archevesque de Rains, chancellier de France, par lesquelz il fut contraint de dire dont il venoit et de desclairer toute icelle entreprinse. Lesquelz ne firent point de difficulté en ce que lesdits Messire Ambrois sire de Loré et Messire Jehan Foucault avoient dessein de faire, et mandèrent gens de toutes pars pour exécuter icelle entreprinse. Et en allant de nuyt, perdirent et adirèrent l'un l'autre, desquelz les ungtz furent devant les portes de Rouen.

Et en retournant, ainssy c'om disoit, trouvèrent de soixante à quatrevingtz Angloiz, lesquelz dessendirent à pié et se deffendirent et résistèrent contre la compaignie d'iceulx François, et après plussieurs escarmouches se demourèrent les Angloiz en leur place et les François s'en retournèrent. Touteffoiz ce n'estoit pas l'intencion des chevalliers dessus dits d'exécuter icelle entreprinse sans aller devers ledit duc de Bourbon et de lui desclairer. Laquelle entreprinse fut ainssy perdue et faillie. Et ainssi c'om disoit, ce fut parce que ladite compaignie fut ainssi perdue et adirée l'un l'autre comme dit est, par le temps qui estoit aussi noir, obscur et trouble. Dont ledit duc de Bourbon et autres n'avoient fait aucune difficulté, ainssi que avoient fait lesdits Messire Ambrois sire de Loré et Jehan Foucault.

Chapitre 66.

Une grande pillerie en France.

En ce mesme temps cy commencèrent de toutes parts très grandes pilleries et ravages ès pays de France que le roy avoit nouvellement conquis dessus les Angloiz, dont dessus est faicte mencion, sans ce que guaires lui eust cousté. Car, sans coup férir, on venoit de toutes pars lui faire obéissance, et estoient iceulx pays riches et bien peuplés et bien labourés. Néantmoins que tantost furent destruis les laboureurs et plussieurs villes bien apressées, apovries, tellement que plussieurs contrées demourèrent toutes inhabitées et sans labourer. Et voulloit chacun faire ce qu'il faisoit plus de voulenté indeue que de raison. Et quant ledit duc de Bourbon congnult la désolation et pillerye dessusdites, s'en ala en son pays. Esquelz pays demoura le conte de Vendosme, lequel avoit principallement la charge de la cité de Senliz, et si eult de par le roy de France le gouvernement de tout icelluy pays. Et fut envoyé de par ledit roy le sire de Boussac, mareschal de France, avec huit cens ou mille combatans, pour ayder à secourir et garder icellui pays, et de ce estoit grande neccessité. Car les Angloiz, qui tenoient Normendie et plussieurs autres pays en France, guerroyoint d'un costé, et le duc de Bourgongne, qui tenoit la Picardie, de l'autre.

Chapitre 67.

Comment Saint Pierre le Moustier fut pris d'assault.

Environ ce temps fut faicte par l'ordonnance du roy de France une armée, en laquelle estoit Jehanne la Pucelle et plussieurs cappitaines et chiefs de guerre, et allèrent devant une ville nommée Saint Pierre le Moustier, laquelle ilz prindrent d'assault, et après vindrent sur la Charité-sur-Loire, de laquelle estoit cappitaine ung nommé Perrinet Grasset, et se mirent à siège devant icelle ville de la Charité, et y firent asseoir et assaulter aucunes bonbardes, canons et autres artilleries. Devant laquelle se tindrent par aucun temps, et en laffin se levèrent et s'en allèrent de devant icelle ville, et y perdirent, comme on disoit, la plus grant part de leur artillerie.

Chapitre 68.

Rencontre d'Angloiz.

En moys d'octobre ou dit an, ensuivant, Messire Ambrois sire de Loiré, cappitaine de Lagny sur Marne, Messire Jehan Foucault, ung cappitaine escot nommé Quenide ou Quenede (Kannedy), se partirent de Lagny environ quatre ou cinq cens combatans et leur compaignie, et vindrent logier à Louvre en Parisy. Et le landemain cuidèrent trouver entre Paris et Pontoise certains Angloiz, que on leur avoit dit qui devoient passer. Lesquelz ne le trouvèrent pas et s'en retournèrent audit lieu de Louvre. Et en eulx retournant rencontrèrent ung cappitaine angloiz nommé Ferrières, lequel avoit en sa compaignie de huit vingtz à deux cens Angloiz et Bourgueignons. Furent desconfilz et y en ot plussieurs mors et prins. Et fut ledit Ferrières prins prisonnier. Et le landemain s'en allèrent devant la ville de Paris, aux portes de Saint-Denis et de Saint-Anthoine. Et d'illec s'en retournèrent audit lieu de Laigny.

Chapitre 69.

Siège mis par les Angloiz devant Saint-Célerin.

Environ laffin du moys de décembre [1] ou dit an, le duc d'Alençon manda aller devers lui Messire Ambrois sire de Loiré, lequel tenoit Laigny sur Marne pour le roy de France. Et tantost après ces nouvelles oyes se partit de Laigny et s'en ala devers ledit duc d'Alençon, et laissa audit lieu de Laigny Messire Jehan Foucault, Guieffroy de Saint-Aubin, et ledit Quenede, escot. Et quant ledit sire de Loré fut arivé devers ledit duc d'Alençon, il fist et ordonna ledit sire de Loré son mareschal, et l'envoya au chastel de Saint-Célerin, à trois lieues d'Alençon, lequel avoit esté de nouvel emparé, ainssy que dessus est dit. Lequel mareschal fist dilliganment labourer à l'enforcement d'iceluy, et le fist garnir de vivres et d'artillerie. Et tantost après fut mis le siège devant icellui chastel par le sire d'Es-

1. Selon Jean Chartier mss.; Godefroy : octobre.

calles, Messire Robert de Bouteillier, Messire Robert Ros, Messire Guillaume Hodehalle, à grant ost d'Angloiz, avec grans habillemens de bonbardes, canons et autres artilleries. Et touteffoiz icellui chastel n'estoit encores si fort habillé ne advitaillé qu'il péust longuement tenir. Et estoit bien advis à iceulx Angloiz que depuis qu'ilz avoient assiégé et affermé ou dit chastel Messire Ambrois sire de Loré, mareschal dudit duc d'Alençon, que nul secours ne seroit donné ne pourchassé à icellui chasteau.

Et après ce que ledit mareschal eut ordonné à chacun sa garde et fait faire plusieurs réparacions, lui fut requis par tous ses compaignons que se voulsist mettre en adventure de s'en aller hors du chastel pour querir secours, ou autrement qu'ilz savoient bien qu'ilz estoient perduz. De laquelle chose fist grant difficulté, tant pour ce qu'il disoit que ce ne seroit pas son honneur de s'en aller, que aussi pour le grand dangier où il se mettoit, pour ce que ledit chastel estoit assiégé de toutes pars. Et touteffoiz, à la requeste de tous, s'en saillit lui cinquiesme par nuyt parmy l'ost d'iceulx Angloiz, soubz umbre d'une grant saillie faicte sur icellui siège, et chevaucha jour et nuyt dilliganment, tant qu'il vint à Chinon, auquel lieu il trouva le roy de France et le duc d'Alençon en sa compaignie, et dist et exposa au roy le siège ainssy mis par iceuly Angloiz devant ledit chastel de Saint-Célerin.

Et tantost le roy manda gens de toutes pars, et aussi fist le duc d'Alençon, et tirèrent les gens d'armes ès parties du Maine pour combatre iceulx Angloiz. Et ce venu à la congnoessance desdits

Angloiz tenans ledit siège, après ce qu'ilz oulrent esté devant ledit chastel de dix à douze jours, donnèrent ung grant assault qui dura de quatre à cinq heures, et furent lesdits Angloiz plussieurs foiz à combatre main à main. Et y moururent plussieurs Angloiz et François, et entre autres y mourut ung chevallier françois nommé Messire Jean de Beaurepaire.

Et le landemain se deslogèrent iceulx Angloiz sans autre chose faire. Et à celle heure semblablement se misdrent lesditz Angloiz à siège devant Laigny, et après plussieurs bateries de bombardes et assault, s'en retournèrent semblablement, sans autre chose faire. Et estoient dedens ledit Laigny Messire Jehan Foucault, un escot nommé Quenede, et plussieurs autres vaillans gens.

CHAPITRE 70.

Rencontre sur les Angloiz.

L'an mil quatre cens et trente[1], se partit Jehanne la Pucelle du pays de Berry, accompagnée de plussieurs gens de guerre, et s'en vint à Laigny-sur-Marne. Et assés tost après vindrent nouvelles que il traversoit en l'Isle de France de trois à quatre cens Angloiz. Et tantost icelle Jehanne la Pucelle tira sur les champs avecques Messire Jehan Foucault, Gueffroy de Saint-Aubin, ung cappitaine nommé Barrette, Canede escot et autres de la garnison de Laigny. Et vindrent trouver iceulx Angloiz, lesquelz se mirent tous à pié contre une haye. Et adonc

---

1. Pâques le 16 avril.

ladite Jehanne la Pucelle, Messire Jehan Foucault et autres se délibérèrent de les combatre, et en très bon appareil vindrent à pié et à cheval frapper sur iceulx Angloiz. Et y ot très dure besongne, car les François n'estoient guaires plus que Angloiz. Et finablement furent tous iceulx Angloiz mors et prins. Et y ot plussieurs Françoiz mors et blecez. Et s'en retournèrent lesdits Jehanne la Pucelle, Messire Jehan Foucault et autres audit lieu de Laigny avec leur prinse.

Chapitre 71.

Siège mis à Compiègne par Angloiz et Bourguongnons.

Et en l'an dessus dit, Messire Jehan de Luxembourg, le conte de Hautinton, le conte d'Arondel et plussieurs autres Angloiz et Bourgueignons, vindrent, à grant ost, mettre le siège devant la ville de Compiengne d'un costé et d'autre de la rivière d'Aise. Et firent plussieurs bastilles où ilz se tenoient. Et ce venu à la congnoessance de Jehanne la Pucelle, dont dessus est faicte mencion, se partit dudit lieu de Laigny pour aider à secourir les assiégés d'icelle ville, en laquelle icelle Jehanne la Pucelle entra. Et après commencèrent chacun jour grans escarmouches entre les Angloiz et Bourgueignons tenans ledit siège, d'une part, et les cappitaines et gens de ladite ville, d'aultre. Et advint ung jour que ladite Jehanne la Pucelle estoit saillie sur ledit siège moult vaillamment et hardiement; maiz aussi les Angloiz et Bourgueignons chargèrent très fort sur elle et sa compaignie, et tant qu'il fut de nécessité à ladite Jehanne la Pucelle et autres à eulx retirer. Et disoient aucuns que la barrière leur fut fermée au retourner, et autres disoient que trop grand presse y avoit à l'entrée. Et finablement fut prinse et emmenée ladite Jehanne la Pucelle par iceulx Angloiz et Bourgueignons[1].

De laquelle prinse plussieurs du party du roy de France furent dollens et couroucez; et fut tenue longuement en prison par les Bourgueignons de la compaignie dudit Luxembourg. Lequel Luxembourg la vendit aux Angloiz, qui la menèrent à Rouen, où elle fut durement traictée, et tellement que, après grant dillacion de temps, sans procès, maiz de leur voulenté indeue, la firent ardoir en icelle ville de Rouen[2] publiquement, en luy imposant plusieurs maléfices, qui fut bien inhumainement fait, veu la vie et gouvernement dont elle vivoit. Car elle se confessoit et recepvoit par chacune sepmaine le corps de nostre Seigneur, comme bonne catholique. Et n'est point à doubter que l'espée qu'elle envoya quérir en la chapelle Saincte-Katherine de Fierbois, dont dessus est faicte mencion, ne fut trouvée par miracle, comme ung chascun tenoit, mesmement veu que par le moien d'icelle espée, en paravant qu'elle fust rompue, a fait de beaulx conquestz cy dessus desclairez. Et est assavoir que après la journée de Patay, ladite Jehanne la Pucelle fist faire ung cry, que nul

---

1. La Pucelle fut prise le 23 mai 1430.
2. Elle périt le 31 mai 1431.

homme de sa compaignie ne tensist aucune fame diffamée ou cuquebine. Néantmoins elle trouva aucuns trespassans son commandement, parquoy elle les frappa tellement d'icelle espée, qu'elle fut rompue. Et tantost ce venu à la congnoessance du roy, fut baillée à ouvrier pour la resoulder, ce que ilz ne peurent faire, ne la peurent rassembler[1] oncques, qui est grant aprobacion qu'elle estoit venue divinement. Et estoit chose notoire que, depuis que ladite espée fut rompue, ladite Jehanne ne prospéra en armes au prouffit du roy ne autrement, ainssi que par avant avoit fait.

Or est vray que quant icelluy siège de Compiengne eult esté tenu desdits Angloiz et Bourgueignons par l'espace de six mois ou environ, et que les François estans en icelle ville estoient en grant neccessité, se vint mettre et entrer dedens ung escuier breton nommé Jamet de Teillay[2], accompaigné de quatre vingtz à cent combatans, lequel reconforta fort lesdits assiégez, et s'i porta et gourverna moult vaillamment. Et après ce fit une armée et assemblée de mille cinq cens combatans ou environ, de laquelle estoient chiefz le conte de Vendosme, le sire de Boussac, mareschal de France; et vindrent courir sur iceulx Angloiz et Bourgueignons tenans ledit siège devant la ville de Compiengne, lesquelz Angoiz estoient clos de foussez, et devant les portes avoient de grans bastilles, et par force à pié et à cheval entrèrent en icelle fortiffica-

1. Rassembler, réunir les parties.
2. Jamet (Jacquet) du Tillay.

cion. Et y ot plussieurs Angloiz et Bourgueignons mors et prins, et plussieurs se retirèrent par dessus ung pont qu'ilz avoient fait à travers la rivière d'Aise.

Et par lesdits conte de Vendosme, le sire de Boussac, mareschal de France et autres de leur compaignie, y eult fait de plussieurs belles armes et grans vaillances. Et à celle heure qu'ilz se combatoient à gaigner iceulx fossez et fortifficacions, ceux de la ville saillirent dehors et assaillirent vaillamment une bastille qui estoit viz à viz de leur porte, en laquelle avoit, ainssi c'om disoit, de trois à quatre cens combatans picars de la compaignie dudit de Luxembourg, lesquelz furent presque tous mors en la place. Et à celle heure fut desconfit tout le siège du costé devers la forest de ladite ville de Compiengne; et s'aproucha fort la nuyt, parquoy convint que ledit conte de Vendosme, le mareschal de France et autres de leur campaignie entrassent en ladite ville. Et tantost commencèrent à passer de l'autre part devers la rivière plussieurs gens de guerre en bateaulx, pour ce que la saillie de dessus le pont estoit rompue. Et toute nuyt se deslogèrent Angloiz et Bourgueignons et s'en allèrent sans ordonnance en Normendie les ungtz, et les autres en Picardie, en très grant désarroy.

Et disoit on que ce iceulx conte de Vendosme et mareschal de France avec leur compaignie eussent peu passer ladite rivière, ilz eussent tous desconfitz iceulx Angloiz et Bourgueignons. Et laissèrent iceulx Angloiz deux ou trois grosses bombardes et plussieurs canons et autres artillerie et moult grant quantité de vins et de vivres. Et estoit dedens ladite ville Messire Philippe de Gamaches, abbé de Saint-Pharaon[1], lequel, ainssi c'om disoit, fut cause de tenir icelle ville de Compiengne contre iceulx Angloiz et Bourguaignons si longuement ; lequel s'i porta moult vaillamment et grandement au bien du roy de France. Et en estoit cappitaine Guillaume de Flavy, lequel semblablement s'i porta vaillanment. Et devant le siège fut prins certain appoinctement pour traicter de paix entre le roy de France et le duc de Bourguongne, par lequel fut appoincté que ledit duc de Bourguongne auroit ladite ville de Compiengne en sa main, pource que c'estoit passage de rivière, affin qu'il allast à Paris et ailleurs, pour besongner au fait d'icelui traicté. Et fut mandé audit Guillaume de Flavy, de par le roy de France, de bailler et délivrer icelle ville audit duc de Bourguongne, de laquelle chose il fut refusant, dont le roy fut d'abord très mal content, et touteffoiz plussieurs disoient que la désobéissance que icellui de Flavy avoit faicte avoit prouffité au roy, car par icelle ville furent les Angloiz et Bourgueignons trèsfort endommagez, et fut cause d'entretenir les autres villes que ledit roy avoit conquises.

CHAPITRE 72.

Comment Melun se rendit François.

En icellui an mil quatre cens trente, les Angloiz et Bourgueignons estans en garnison ès chastel et ville de Melun estoient allez et partis

1. Saint-Faron de Meaux.

d'iceulx courir sur les François. Et adonc les bourgois d'icelle ville, voyans que pou estoit demouré desdits Angloiz et Bourguongnons, s'esmeurent et rebellèrent contre iceulx. Et y avoit ung vieil homme trompette qui autreffoiz avoit servi le roy de France, qui sonna sa trompette en disant *vive le Roy!* Et à celle voix s'eslevèrent lesdits bourgois et habitans, qui tousjours avoient eu bonne voullenté envers le roy de France, et qui par force et par siège avoient esté conquis.

A celle heure frappèrent sur leurs ennemis, et tellement qu'ilz furent maistres d'icelle ville. Lesdits Angloiz et Bourguongnons, voyans le peuple de la ville ainsy esmeu contre eulx, furent en grand effroy, car ils visdrent bien qu'ilz ne porroient résister. Parquoy n'y eust sy hardy ne assurré qui se ozast monstrer ne arrester, ains le plus hastivement qu'il leur fust possible se retrairent dudit chastel. Et tantost envoyèrent iceulx habitans devers deux chevalliers qui tenoient aucunes places en pays d'environ, l'un nommé le commandeur de Giresmes, et l'autre Messire Denis de Chailly, lesquelz vindrent dilligantment à tout ce qu'ils peurent finer de gens d'armes au secours desdits bourgois et habitans, et assiegèrent ledit chastel, ouquel avoit de quatre-vingtz à cent hommes Angloiz et Bourguongnons. Et vindrent les Angloiz de Paris et de Corbeuil audit Melun, pour cuider secourir ceulx qui estoient oudit chastel, lesquelz furent reboutez par lesdits deux chevalliers, Messire Jehan Foucault, ung capitaine nommé Housse et plussieurs autres vaillans gens.

Et après ce que iceulx Angloiz de Paris et de Corbueil furent ainssy reboutez, lesdits deux chevalliers et autres dessus nommez tindrent le siège devant le chastel par l'espace de douze jours ou environ. Et en lafin leur fut rendu par lesdits Angloiz et Bourguongnons, qui se retirèrent à Paris et ailleurs, en party desdits Angloiz.

Et furent iceulx chevalliers moult profittables et firent de très grans et notables services au roy, tant en la garde de son pays, en plussieurs lieux de ce royaulme, comme aux prinses et recouvrement de Prouvins, qu'ilz prindrent d'eschielle sur les Angloiz, qui pareillement avoit esté prins d'eschielle par lesdits Angloiz sur les François. Et gaignèrent iceulx chevalliers d'assault sur les Angloiz ung petit chastel que lesdits Angloiz avoient fortiffié ou grand chastel de Prouvins. Et furent mors à celle prinse de quatrevingtz à cent Angloiz, et firent coupper les testes à plussieurs des bourgois d'icelle ville qui s'estoient retirés oudit chastel en la compaignie des Angloiz.

Et huit jours après, prindrent semblablement lesdits deux chevalliers sur lesdits Angloiz la ville de Moret en Gastinois.

Et avant et après ces choses faictes, trouvèrent façon et manière de mettre en l'obéissance du roy maintes autres villes et forteresses moult proffitables pour le roy, pour les congnoessances qu'ilz avoient au pays, et par promettre et donner argent à aucuns des ennemys segrettement : comme Crécy en Brye, Coulommiers en Brye ; Blandy, que ilz prindrent par siège, Corbueil, le boys de Vincennes et plussieurs autres forteresses. Et firent plussieurs belles destrousses et rencontres sur les Angloiz, et tant qu'ilz en sont dignes de grande recommandacion envers le roy de France et le royaulme.

Chapitre 73.

Une journée de François contre Angloiz et Bourgueignons.

Oudit an y avoit une grant compaignie d'Angloiz et de Bourguongnons assemblez, et jucques au nombre de sept à huit mille combatans, lesquels tiroient pays pour aller mettre aucun siège ou autrement quérir leur advantaige. Et quant ilz furent entre la ville de Chaallons en Champaigne et Nostre-Dame de l'Espine, vint bruit audit Chaallons de ladite assemblée. Pourquoy, doubtant qu'ilz n'eussent fait aucune entreprinse sur icelle ville, par le conseil d'un ancien chevallier moult subtil en guerre, nommé Messire Barbazam, qui pour lors estoit logié audit lieu de Challons en Champaigne, en l'abbaye de Saint-Mange, et fut appoincté que on prévendroit sur lesdits Angloiz et Bourguaignons, et que on les yroit assaillir. Et pour ce furent assemblez avecques ledit Barbazam monseigneur Eustace de Comflans, chevallier cappitaine dudit lieu de Challons, ung escuier nommé Versailles, ung aultre escuier, Pierre Martel, cappitaine de Sepsaulx, et plussieurs autres cappitaines de gens d'armes des garnisons d'environ, et jucques au nombre de trois mille ; qui estoit pou de chose au regard de la compaignie d'iceulx Angloiz et Bourguongnons. Et néantmoins se partirent dudit Challons et allèrent courir sus ausdessus dits Angloiz et Bourguongnons. Lesquels se misdrent à leur advantaige, quant ils virent lesdits François venir en ung lieu appellé la Croisette, et là fut vaillanment combatu tant d'une part comme d'autre.

Et durant que ladite bataille se faisoit, fut envoyé quérir par ledit Barbazan ung escuier nommé Henry de Bourges, cappitaine du chastel et ville de Sarré[1], pour venir à leurs secours. Et combien que ledit cappitaine fust promptement venu de courir les pays de ses ennemys, touteffoiz, comme vaillans, preux et hardi, changèrent lui et ses gens nouveaulx chevaulx, et y avoit en sa compaignie quinze cens[2] combatans ou environ, bien en point. Desquels estoit le principal le bourg[3] de Vignolles, frère de La Hire, et vindrent audit lieu où la bataille estoit, à une lieue près dudit Sarré. Et tindrent leur chemin tout au long des vignes tout le plus couvert qu'ilz peurent, et sans marchander se boutèrent dedans icelle bataille, et tellement s'i gouvernèrent que lesdits Angloiz et Bourguongnons furent desconfilz, et n'en eschappa guaires que tous ne fussent mors et prins. Et disoit on qu'ils estoient bien de cinq à six cens prisonniers, qui furent menez dedans ladite ville de Challons. Et furent enterrez les mors par les gens des villages d'environ. Et

---

1. Sarry-lès-Châlons. Château appartenant à l'évêque.
2. Godefroy : quelque quatre cents.
3. Bâtard.

Jean Chartier. I.

si y mourut des François quatre vingts ou environ. Icelle desconfiture relactée par Pierre de Bruyères, serviteur dudit bourg de Vignolles, lequel estoit présent à ladite journée.

Chapitre 74.

Comment le roy Henry d'Angleterre fut couronné à Paris.

L'an mil quatre cens trente-un [1] passa la mer et descendit en France le roy d'Angleterre Henri VI du nom, filz du feu roy d'Angleterre, aussi nommé Henry, dont dessus est faicte mencion, et de Katherine, fille de France, lequel estoit en l'aage de douze ans ou environ. Et s'en vint tout droit à Paris acompaignié du cardinal de Vicestre, du duc de Betheford, son oncle, du conte de Varuich et de plusieurs autres seigneurs d'Angleterre. Auquel lieu de Paris il fut receu moult grandement et honnourablement en cryant *Noel!* pour sa venue et en faisant plusieurs mistères et jeux de personnages en plusieurs carrefours de ladite ville de Saint-Denis. Au hault de la bastille de la porte Saint-Denis, par laquelle il entra, fut fait ung grant escu armoyé des armes dudit roy, et plusieurs autres paintures et histoires en louant sa venue. Et par l'évesque de Thérouenne, soy-disant chancellier de France pour ledit roy Henry, l'évesque de Paris, les présidens, les conseilliers et autres tant de parlement, des comptes, des généraux, des requestes et autres, les prévosts de Paris,

1. Pâques, le 1er avril.

des marchans, eschevins et autres de ladite ville de Paris, furent à le renconter aux champs, en lui faisant révérence comme à leur souverain seigneur. Et se vint logier ledit roy d'Angleterre au pallaiz.

Et furent faiz grans eschaffaulx de boys en l'église Nostre-Dame de Paris, et solempnellement devant tout ledit peuple fut ledit roy Henry couronné à roy de France par ledit cardinal. Et avoit pour l'eure deux couronnes, dont l'une lui fut mise sur la teste par ledit cardinal, et l'autre estoit tenue emprès lui en manière que ung chacun la povoit bien veoir, en signiffiance du royaulme d'Angleterre. Et le service et mistère fait et acomply, s'en alla disgner [1] au Pallaiz, où il tint estat royal.

Chapitre 75.

Comment le prince d'Orenge fut desconfit par les François.

En ce temps, le prince d'Orenge, lequel tenoit le party du duc de Bourguongne, fist une grant armée pour faire guerre et grever le roy de France et ses subjects. Et ce venu à la congnoessance dudit roy, ordonna que pour résister à l'encontre dudit prince d'Orenge, yroit ès marches du Daulphiné à grant compaignie le sire de Gaucourt, gouverneur dudit Daulphiné, avec ung autre cappitaine espagnol nommé Rodigues de Villendras [2], lesquelz les tirèrent has-

1. Dîner.
2. Rodrigo de Villa Andrando. Voy., sur ce personnage, le mémoire de M. Quicherat, *Bibliothèque de l'École des chartes*, t. 6, p. 119 et suiv.

tivement celle part. Et tantost après se trouvèrent en bataille ledit sire de Gaucourt et Rodigues contre ledit prince d'Orenge, et combatirent ensemble cedit jour, et finablement fut desconfilt icelui prince d'Orenge, et y ot très-grant nombre de ses gens mors et prins. Et se retira ledit prince d'icelle bataille et s'en alla en son pays. Et comme il s'en fuyoit de ladite bataille, fut de si près chassé par les François que force lui fut de passer sur son cheval la rivière du Rosne à grant haste tout à gué, ou autrement il estoit prins. Laquelle chose est moult merveilleuse, se mist en très-grant danger d'estre noyé. Et gaignèrent lesdits de Gaucourt et Rodigues de grandes richesses et grant nombre de bons prisonniers.

CHAPITRE 76.

[*Affaire de Beauvais. Poton de Saintrailles et Le Berger sont pris par les Anglais.*]

Environ ce temps, le conte d'Arondel, Angloiz, à tout bien deux mille combatans ou environ, s'aproucha de Beauvoiz à une lieue près ou environ, et envoya ses coureurs courir devant icelle ville de Beauvoiz. En laquelle estoient le sire de Boussac, mareschal de France, ung cappitaine gascon nommé Poton de Santrailles et bien de huit cens à mille combatans. Et saillirent après iceulx coureurs lesdits mareschal, Poton et leurs gens, avec plussieurs gens de ladite ville, à pié, en chassant iceulx coureurs angloiz. Et quant ilz furent loing de ladite ville comme environ demye lieue, soudainement vindrent saillir d'une vallée ledit conte d'Arondel et ses gens. Et lors fut dit par lesdits mareschal et Poton qu'il estoit de neccessité de eulx mettre en bataille et ordonnance, et en prenant conseil sur ce qu'ilz avoient à faire, venoient tousjours iceulx Angloiz à pié et à cheval, et sans point marchander vindrent iceulx Angloiz frapper sur iceulx François. Lesquelz n'estoient pas du tout arrestez en leur conclusion, et de quoy la plus grant part avoit jà le pié levé. Et finablement furent iceulx François desconfilz par ledit conte d'Arondel, et y en ot plusieurs mors et prins, et principallement y furent mors plusieurs gens de ladite ville qui estoient allez à pié. Et y fut prins ledit Poton de Saintrailles et ung valleton qui se nommoit Le Bergier, qui disoit qu'il venoit de par Dieu, lequel on réputoit pour fol. Et se retira audit lieu de Beauvoiz ledit mareschal avec grand nombre d'icelle compaignie.

Chapitre 77.

La journée de Barroiz, où le duc de Bar fut prins des Bourguongnons.

En ce mesme temps ensuivant le duc de Bar [1] et le sire de Barbazan [2] tenoient le siège devant la ville de Vaudesmons, et pour lever

1. Réné d'Anjou.
2. Arnaud Guilhem, sire de Barbasan.

icellui siège firent grant assemblée le conte de Vaudesmons et le mareschal du duc de Bourgongne, tant de Angloiz, Bourgueignons que autres, et vindrent bien près dudit siège. Et ce venu à la congnoessance desdits duc de Bar et Barbazan, se levèrent de leur siège pour aller à l'encontre d'iceulx Angloiz et Bourgueignons, et chevauchèrent tant que lesdits deux ostz et compaignies s'entrepovoient veoir tout à cler [1]. Lesquelz Angloiz et Bourgueignons se misdrent en place d'avantaige sans marchier plus avant et se fortiffièrent de chariostz, pieuz plantés debout et d'autres fortiffiemens. Et tantost après les vindrent assaillir en leur place fortiffiée lesdits duc de Bar et Barbazan. Et finablement furent desconfitz iceulx duc de Bar et Barbazam, avec leurs gens, et y fut mort ledit Barbazam, et prins prisonnier ledit duc de Bar et grand nombre d'autres mors et prisonniers [2].

Chapitre 78.

Siège mis par les Angloiz devant Saint-Célerin.

L'an mil quatre cens trente-un, dessus dit, le sire de Vilby [3], le bastard de Salle-

---

1. Clairement.
2. La bataille de Bulgneville, dont il est ici question, eut lieu le 2 juillet. La mort de Barbasan et la captivité de René, conséquences de cette défaite, en firent un échec sensible pour Charles VII lui-même. Voyez, sur cet événement important, Villeneuve Bargemont, *Histoire de René d'Anjou*, 1825, in-8, tome 1, pages 132 et suivantes. Voyez aussi Digot, *Histoire de Lorraine*, 1856, in-8, t. 3, page 27.
3. Willoughby.

bry[1] et ung capitaine nommé Mathieu Go[1], assemblèrent une grant armée et vindrent mettre le siège devant Saint-Célerin. Auquel lieu dedans le chastel estoit ung nommé Jehan Armenge, lieutenant en icellui chastel pour Messire Ambrois sire de Loré, mareschal du duc d'Alençon. Devant lequel chastel lesdits Angloiz avoient plussieurs grosses bombardes, canons, engins, et se fortiffièrent de grans fossez. Et tousjours se deffendoient les François estans audit chastel contre lesdits Angloiz. Et y furent faictes plussieurs saillies et escarmouches, durant lequel temps ledit Messire Ambrois sire de Loré, mareschal dessus dit, estoit devers le duc d'Alençon et Messire Charles d'Anjou, lesquelz envoyèrent ledit sire de Bueil et ledit sire de Loré à Beaumont le Vicomte, à cinq lieues dudit Saint-Célerin, affin de faire savoir tousjours des nouvelles ausdits assiégez et de besongner sur les Angloiz ce que leur seroit possible, en actendant que aucuns cappitaines que iceulx seigneurs avoient mandez fussent venus, lesquelz se devoient rendre à Sablé, à certain jour.

Auquel jour ledit sire de Loré retourna dudit lieu de Beaumont audit lieu de Sablé, affin de haster et conduire le secours. Et fut conclud par lesdits seigneurs que ce qui estoit venu de gens, qui se montoient bien sept ou huit cens combatans, yroient tousjours audit lieu de Beaumont, avec ledit sire de Loré, pour tousjours reconforter les assiégez et grever lesdits Angloiz,

1. Salisbury.
2. Mathew Gough.

et que jucques à ce qu'ilz eussent assemblé plus grant armée, qu'ilz ne se partiroient dudit lieu de Sablé, iceulx duc d'Alençon et Monseigneur Charles d'Anjou avec lesquelz estoit le sire de Lohéac. Et avoit la charge des gens dudit duc d'Alençon ledit sire de Loré, son mareschal, et des gens de mondit seigneur Charles d'Anjou ledit sire de Bueil. Et y estoit Messire Pierre le Porc, lequel menoit les gens dudit sire de Lohéac, le Borgne de Blosset, seigneur de Saint-Pierre, Messire Pierre de Beauvau, Gaultier de Bruzac, Messire Pierre de Bernenville [1] et plussieurs autres qui avoient grant voulenté de ayder et secourir aux assiégez.

Et furent logez par trois jours en village de Beaumont et ung autre village nommé Vinaing, environ demye lieue dudit Beaumont. Et y estoient venus aucuns gens d'armes des garnisons françoises logiez audit Vinaing, environ de trois à quatre cens combatans, avec aucuns autres qui devant y estoient, et se montoit bien toute la compaignie ainssy logée ès dits deux villages de mil à onze cens combatans ou environ. Et estoit la rivière de Sarte entre lesdits deux logis, laquelle on ne povoit passer fors à ung pont qui est près dudit lieu de Beaumont. Et ce venu à la congnoessance dudit sire de Wilby et autres Angloiz tenans icelluy siège, que iceulx François estoient ainssy logez ès dits deux villages de Beaumont et de Vinaing, le bastard de Salbry, Messire Jehan Artus, ung autre cappitaine nommé Mathago [2] et aultres Angloiz, jucques au

1. Ou Bézenville.
2. Mathew Gough.

nombre de deux à trois mille combatans, se partirent icellui soir d'icellui siège et chevauchèrent toute nuyt et vindrent cheoir un pou après le point du jour sur lesdits François qui estoient logez audit lieu de Vinaing, qui estoient la moictié de la compaignie de tous iceux François logez ès dits deux villages.

Et là eult grant bruit et grant cry à leur arivée, tant que lesdits sire de Bueil, de Loré et autres qui estoient logiez audit lieu de Beaumont le peurent bien ouir. Lesquelz estoient tous armez et prestz, montèrent à cheval bien dilliganment et passèrent ledit pont de ladite rivière de Sarte, en faisant tirer leurs ensaignes vers ledit lieu de Venaing. Et auprès d'une justice loing d'icellui pont comme le trait de deux arbalestes, firent arrester leurs dites ensaignes et parlèrent ensamble en concluant bien en haste que on tireroit avant; avec lesquelz sire de Loré, de Bueil et leurs ensaignes n'avoit encores point plus de soixante à quatrevingtz lances et cent ou huit vingtz archiers[1]. L'intencion desquelz estoit que en eulx hastant trouveroient encore lesdits Angloiz et François combatans ensamble audit lieu de Vinaing. Maiz estoient jà iceulx François desconfilz, les ungtz mors, les autres prisonniers. Lequel sire de Loré, mareschal dessus dit, print la charge de conduire les archiers et chevaucha hastivement devant avec son ensaigne.

Et après chevauchèrent lesdits sire de Bueil, le sire de Saint-Pierre, Messire Pierre Leporc,

---

1. C'est-à-dire cent soixante (ms. 9676, 2, a, f° 40). Godefroy : six vingtz.

Messire Pierre de Bernanville, Gaultier de Brussac. Lequel Vinaing ledit sire de Loré congnoessoit aucunement. Lequel sire de Loré, en chevauchant, vit et apperceult les estandars desdits Angloiz, qui jà estoient au dehors dudit village. Avec lesquelz estandars avoit environ de mil à douze cens combatans angloiz à pié et à cheval, lesquelz estoient fort enbesongnez à tenir chevaulx en main et à tenir et lier prisonniers.

Et à celle heure et par l'un des boutz d'icellui village de Vinaing, du costé devers Beaumont, vindrent saillir dix ou douze Angloiz contre ledit sire de Loré et lesdits archiers françois. Lesquelz archiers françois les reboutèrent, et sans ordonnance les poursuivirent jucques dedens ledit village de Vinaing, lequel estoit tout plain d'iceulx Angloiz, qui prenoient les François et leurs bagues; et envoya ledit sire de Loré avec iceulx archiers ung escuier nommé Poulain. Quant il aperceult qui ne les povoit garder d'entrer en icellui village, car son intencion estoit de les faire joindre avecques ledit sire du Bueil et autres, et adonc se joignit avec ledit du Bueil et autres et leur dist : *Vecy les ensaignes des Angloiz dehors ce village; il ne faut point marchander.* Et avoit desdits François jucques ausdits Angloiz pas plus d'un trait d'arbaleste. Et promptement fut conclud marcher contre iceulx Angloiz, combien qu'il n'y avoit pas à celle heure desdits François plus de quatre vingtz à cent lances, maiz tousjours venoient les autres à fille[1]. Et semblablement sailloient à la fille les

---

1. A la file.

Angloiz dudit village. Et daisjà avoit très-grant débat entre les Angloiz et lesdits archiers françois qui estoient oudit village. Et iceulx Angloiz, avec leurs ensaignes, commencèrent à marcher sur iceulx François. Et lors lesdits François allèrent contre lesdits Angloiz les grans gallos de leurs chevaulx, chacun sa lance en sa main.

Adonc iceulx Angloiz s'arrestèrent et se commencèrent les ungz à monter à cheval, les autres à dessendre. Et à cette heure couchèrent les François leurs lances, et vindrent tout droit frapper aux ensaignes desdits Angloiz. Lesquelz Angloiz et François se combatirent treffort, et tant que toutes leurs enseignes furent toutes ruées par terre, et lors la plus grant partie d'iceulx Angloiz estant encores oudit village se commencèrent à fuyr, et une partie desdits François à les chasser. Lesquelz Angloiz ainssi fuyans et François les chassans povoient estre à deux lieues dudit Vinaing, que [1] encores se combatoient en icellui [2] les autres François et Angloiz. Et par plussieurs foys furent ce jour que on ne savoit qui avoit du meilleur [3], ne qui gagneroit le champ. Maiz tousjours enforçoient les François qui venoient à la fille dudit lieu de Beaumont. Et y ot fait d'une part et d'autre de grans vaillances. Et finablement furent iceulx Angloiz desconfilz, et y en ot mors sur le champ environ de cinq à six cens.

Et entre les autres y mourut ung chevallier anglois nommé Messire Jehan Artus, et y en ot

1. Lorsque.
2. A Vinaing.
3. L'avantage.

grant nombre de prisonniers, entre lesquelz fut prins ung cappitaine angloiz nommé Mathago. Et des François y ot environ de mors de vingt cinq à trente; et de prisonniers, environ dix huit à vingt. Lesquelz en furent hastivement menez par lesdits Angloiz. Et fut prins prisonnier icellui sire de Loré ledit jour et treffort navré, dont il en fut grand bruyt en la compaignie des François, car on disoit qu'il estoit mort. Pourquoy fut tué par lesdits François grant nombre d'Angloiz qui jà estoient prins prisonniers en icelle journée. Le tout incontinent fut rescoux et y ot très grant nombre de François navrez. Et s'en ala le bastard de Salibry et les autres Angloiz qui peurent eschapper audit lieu de Saint-Célerin, où estoit ledit siége, et les François s'en retournèrent logier audit lieu de Beaumont.

Chapitre 79.

Continuacion dudit siége de Saint-Célerin.

Le landemain d'icelle journée de Vinaing, vint nouvelles au sire de Wilby et autres Angloiz qui tenoient ledit siège devant le chastel de Saint-Célerin que lesdits sires du Bueil, de Loré et autres dessus nommez venoient audit lieu de Saint-Célerin pour les combatre ou autrement faire au mieulx qu'ilz pourroient pour lever icellui siége. Et tantost s'émeust en l'ost d'iceulx Angloiz grant désarroy, tant qu'ilz se deslogèrent sans ordonnance et sans veoir chose parquoy ilz deussent faire; en telle manière que qui plus tost s'en povoit aller, fust à pié ou à cheval, droit à Alençon s'en alloit sans actendre l'un l'autre. Et à celle heure saillit hors du chastel Jehan Armenge, lieutenant en icellui pour Messire Ambrois de Loré, avec une partie des gens estans oudit chasteau, lesquelz prindrent et misdrent à mort plussieurs Angloiz et gaignèrent plussieurs chevaulx et autres biens. Et laissèrent lesdits Angloiz deux grosses bombardes et plussieurs canons avec deux engins à verges, grant confort de vins et autres vivres. Et se retirèrent en ladite ville d'Alençon. Et ledit sire de Bueil, le sire de Saint-Pierre, Messire Pierre Leporc, Messire Pierre de Bernenville, Gaultier de Bruzac et autres s'en allèrent à Sablé, où ilz emmenèrent grant nombre d'Angloiz prisonniers.

Et d'icelle heure n'avoient iceulx François aucune intencion d'aller audit lieu de Saint-Célerin. Et ledit sire de Loré, Messire Jehan de Loré son cousin, Guillaume de Plassac, Noel de Romolart et plussieurs autres, jucques au nombre de vingt à vingt cinq, demourèrent bien fort navrez au chasteau dudit de Beaumont.

CHAPITRE 80.

La prinse de Chartres par les François.

Durant le siège de Saint-Célerin, dont dessus est faicte mencion, le bastard d'Orléans fist une entreprinse sur la ville de Chartres, laquelle estoit tenue par les Angloiz, et fist aller par ung matin plussieurs charroiz à la porte d'icelle ville, et entre les autres choses avoit en aucunes d'icelles charettes des aloses, lesquelles avoient esté promises aux portiers d'icelle affin de faire ouvrir bien matin la porte, et d'aucuns en y avoit qui savoient bien l'entreprinse, lesquelz disoient : « Il fault ouvrir hastivement; si aurons des alozes. » Si firent grant dilligence d'aller quérir les clefs et de ouvrir la porte Saint-Michiel. Près de laquelle porte étoit en ambusche Messire Florent d'Illiers à bien cent ou six vingtz hommes à pié, et ung pou plus loing avoit une autre embusche de gens à pié de environ deux ou trois cens combatans. Et à une lieue de là ou environ estoient à cheval ledit bastard d'Orléans, La Hire et autres cappitaines à bien cinq cens combatans. Et d'icelle porte se saisirent aucuns qui estoient dedens de ladite porte et du pont levys.

Et adonc saillit ledit Messire Florent de son embusche, tenant en sa main la banière du roy de France, et entra dedens icelle ville, et l'autre embusche le poursuivit de bien près; et ala ledit Messire Florent avec les gens à pié jucques devant Nostre-Dame, se combatans contre ceulx qui voulloient faire aucune resistence. Et s'aresta avecques ladite banière du roy devant ladite église de Nostre-Dame, en laquelle estoient retirez plussieurs d'icelle ville, et envoya plussieurs de ses gens parmy icelle ville ès lieux où on lui rapportoit qu'il avoit aucune résistence de ceulx de ladite ville, donc il en y ost plussieurs mors, entre lesquelz fut mort Messire Jehan de Flectigny, evesque de ladite ville, natif de Bourguongne, auquel lieu se porta moult vaillamment ledit Flourent d'Illiers. Et tantost après ariva ledit bastard d'Orléans et autres dessus nommez, en ladite ville, laquelle fut mise du tout en la subjection et obéissance au roy de France [1]. Et s'en fuy par dessus les murs de ladite ville ung nommé de l'Aubespin, bailly de ladite ville, avec plussieurs autres.

Chapitre 81.

Siège mis devant Laigny par les Angloiz.

En ce mesme temps et durant le siège de Saint-Célerin, dont dessus est faicte mencion, le duc de Betheford, Angloiz, avoit mis et tenoit le siège devant Laigny-sur-Marne à grant ost, et avoit plussieurs grosses bombardes et autres habillemens de guerre, qui sans cesse batoient icelle ville; et avoit fait faire ledit duc de Betheford ung pont sur ladite rivière de Marne, ung pou audessus de ladite ville de Laigny et là endroit d'une isle; au bout d'icellui pont du costé devers la France avoit ung fort boullevert, et à l'autre bout, en la Brye, avoit fait faire ung grant parc fossoyé entour, plus grant que ladite ville de Laigny. Et fut là devant ledit duc de Bethefort et son ost par l'espace de cinq ou six moys; dedens laquelle ville estoient Messire Jehan Foucault, ung cappitaine escot nommé Quenede, ung chevallier nommé Messire Jehan Regnault de Saint-Jehan et plussieurs autres vaillans gens. Lesquelz endurèrent moult de paine et oulrent

---

1. Monstrelet nous apprend que Chartres fut pris le 20 avril 1432 (nouveau style), jour de Pâques.

grant néccessité de vivres, et pour ceste cause fist le roy de France une armée pour secourir iceulx assiégez. De laquelle estoient chiefz le bastard d'Orléans, le sire de Raiz, mareschal de France, ung cappitaine espaignol nommé Rodigues de Villandras [1], et le sire de Gaucourt. Lesquelz à grant puissance vindrent passer la rlvière de Saine à Melun, et tant chevauchèrent qu'ilz se vindrent mettre en bataille environ ung quart de lieue de Laigny, où estoit ledit siège, et ce jour y ot plusieurs grandes et merveilieuses escarmouches, tant à pié que à cheval, et se tenoient tousjours les Angloiz en leur siège, lequel estoit cloz et fossoyé, et ainssi se passa ce dit jour. Et ce logèrent iceulx François près du lieu où ilz estoient en bataille, proche de lorée d'un petit boys.

Et le lendemain se retirèrent et remirent iceulx François en bataille, cuidant que iceulx Angloiz les voulissent assaillir, et n'estoient pas conseillez d'attaquer iceulx Angloiz en leurs fortiffiemens. Et recommencèrent de rechief les escarmouches à pié et à cheval, plus fortes que devant, et y ot plusieurs Anglois et François mors et prins. Entre lesquelz fut mort ung chevallier nommé sire de Sentrailles, et ung autre chevallier françois nommé Messire Gilles de Sillé [2] y fut fait prisonnier. Et estoient garniz lesdits François de grans quantités de vivres, lesquelz furent portés en ladite ville par au longc de la rivière au dessous de ladite ville, à une porte par laquelle saillirent

1. Rodrigo de Villa Andrando.
2. Ou Silly. Ms. 9676, 2, a : Gilles de l'Isle.

les gens de ladite ville sur les Angloiz qui devant icelle porte tenoient le siège. Et les François qui estoient dehors vindrent de l'autre part férir sur iceulx Angloiz, tant que presque tous iceulx Angloiz qui tenoient icellui siège furent mors et prins. Et entrèrent iceulx François dedans ladite ville avecques leurs vivres tout à leur bandon.

Et à icelle heure se partit ledit duc de Betheford et presque tout son ost, lesquelz tenoient le siège, devers le grant parc dont dessus est faicte mencion, pour cuider venir secourir iceulx Angloiz qui estoient devant ladite porte, et aussi pour empescher que lesdits vivres n'entrassent dedans ladite ville. Et lors se desmarchèrent par ordonnance presque la moictié desdits François pour venir courir sus audit duc de Betheford et son ost, et là eult plus grant escarmouche que devant, car bien souvent on ne savoit qui estoit ung ne qui estoit autre, tant estoient meslez les François et les Angloiz les ungz parmy les autres. Et se retirèrent les François qui estoient blécez à une bastille qui estoit tousjours fermée, et en sailloit au secours des autres à chacune foiz tel nombre que par lesdits cappitaines estoit advisé.

Et faisoit icellui jour très grant chault, tant que iceulx Angloiz, qui presque tous estoient à pié, furent travaillez et mis en si grant alayne que plussieurs en moururent de chault en leurs harnoiz sans coup férir. Et durant icelles escarmouches se retira ledit duc de Betheford et son hoste bien en haste au grant parc cloz de fossez au bout du pont dont dessus est faicte mencion, et les François, d'autre part, se retirèrent à la bataille qui tousjours tenoit pié ferme, ainssi que dessus est dit. Et demoura ledit duc de Betheford avec son òst ou dit parc, et les François se logèrent ainssi qu'ilz avoient fait la nuyt devant; et le landemain, par la délibéracion des François, entra le sire de Gaucourt en ladite ville de Laigny à certain nombre de gens, pour demourer à la deffence d'icelle ville contre lesdits Angloiz qui là devant estoient. Et prindrent leur chemin le bastard d'Orléans, le sire de Raiz et Rodigues de Villandras avecques leur ost contremont la rivière de Marne, et assez près de la Ferté-soubz-Jerre[1] firent passage sur ladite rivière de bateaulx en la France, et prindrent plussieurs petites forteresses, lesquelles ilz désemparèrent.

Et quant ce vint à la congnoessance dudit duc de Betheford, qui encores se tenoit devant Laigny-sur-Marne, lequel eult doubte que iceulx François eussent entreprinse sur la ville de Paris ou autre part à son grant préjudice, leva son siège moult hastivement et sans ordonnance, et là laissa ses bombardes, canons et autres artilleries avec grant nombre de vivres, et s'en alla à Paris. Et ses gens s'en allèrent, les ungtz par la Brye et les autres par la France[2], en très grant désarroy. Et adonc saillirent ceulx de ladite ville de Laigny, et prindrent plussieurs Angloiz et gaignèrent plussieurs chevaulx et autres biens. Et ce venu à la congnoessance des dessus dits

---

1. La Ferté-sous-Jouarre.
2. Le pays de France, ou Ile de France.

bastard d'Orléans et autres François que ledit duc de Betheford et autres Angloiz s'estoient ainssi levez de devant ladite ville de Laigny, rappassèrent ladite rivière de Marne et celle de Saine, comme ceulx qui avoient acomply ce que leur avoit esté enchargé de par le roy de France, c'est assavoir de lever le siège de Laigny-sur-Marne.

Chapitre 82.

Comment aulcuns Anglois furent desconfis près d'Argenten en Normendie, et aultres incidences.

L'an dessus dit, se partirent du chasteau de Saint-Célerin, dont dessus est faicte mencion, trente hommes de guerre ou environ, tant d'ommes d'armes que d'archiers, pour aller quérir ou cercher leur adventure sur les Angloiz vers Argenten. Entre lesquelz estoient Ambrois de Foullay, Dreux de Rosay, Collin de Note, Pierre Aubery, Julien Chevreau, Guillaume d'Avrilly, Guillot Menart, Gaultier de la Poste et autres François, jucques au nombre dessus dit. Si vindrent repaistre en ung village, en la parroisse de Renne, environ deux lieues dudit Argenten, et advint que le mareschal dudit lieu, Angloiz, avec autres trente Angloiz ou environ et sa compaignie, vindrent sur iceulx François. Et sitost que lesdits François apperceurent iceulx Angloiz, saillirent hastivement hors des maisons où ilz repaissoient et coururent sus aux Angloiz, qui estoient tous à cheval lesquelz Angloiz se reculèrent bien environ le trait d'une arbaleste.

Et les François, cuidans que les Angloiz s'en allassent, retournèrent hastivement à leurs logis et montèrent sur leurs chevaulx et poursuivirent iceulx Angloiz. Et sitost que les Angloiz les virent venir, dessendirent à pié, le dos contre une haye, pour illec combatre et actendre les François. Lesquelz François, quant ilz aperceurent les Angloiz descenduz à pié, dessendirent semblablement et vindrent à pié combatre les Angloiz. Et avant que iceulx Angloiz peussent joindre avec les François, y ot ung François mort d'une flèche parmy la gorge. Et vindrent pour combatre main à main d'un costé et d'autre, et se tenoient serrez d'une part et d'autre, aucuneffoiz estoient meslez les ungtz parmy les autres, tellement que on ne savoit qui estoit François ou Angloiz. Et après se retirèrent les François d'une part et les Angloiz d'autre. Et souvent s'entrefaisoient perdre leur place, et si longuement se combatirent qui leur convint eulx plussieurs foiz reposer les ungtz devant les autres, et furent toutes leurs lances rompues en combatant, fors une qui estoit aux François, laquelle estoit moult forte et grosse, et la s'entre ostèrent par quatre ou cinq foiz.

Et disoit-on que ceulx qui povoient avoir celle lance avoient l'avantaige sur les autres. Et par le rapport de plussieurs gens du pays qui les regardoient eulx combatre, ils combatirent plus d'une heure, et au desrenier s'entreprindrent o les pointz et combatirent avecques leurs dagues. Et y ot fait ce jour par iceulx Angloiz et François de bien grans vaillances. Et finablement furent les Angloiz desconfilz et en mourut neuf en la place, entre lesquelz fut mort ledit mareschal; les aucuns furent prisonniers et les autres s'en allèrent. Et des François furent mors lesdit Ambroise de Froullay, Dreux de Rosay et Gaultier de la Poste. Et n'y ot oncques Angloiz ne François qui ne fust merveilleusement navré ou blécé, n'estoient point de ung ou de deux plus d'un costé que d'autre. Et disoit-on au pays que oncques ne ouyrent parler que pour tel nombre de gens qu'ilz estoient eussent plus vaillanment combatu.

Chapitre 83.

Joustes à oultrance des Angloiz et François.

Environ ce temps oult un gaige de bataille à oultrance entre Robin de Malaunay, François, natif du Maine, et Guillaume Regnault, Angloiz, à Mayenne-la-Juhez, ou dit pays du Maine, et fut desconfit ledit Angloiz par ledit François. Et estoient juges d'icelui gaige de bataille le baron de Coulomces et Messire Ambrois, sire de Loré. Item, ung pou après se combatirent à oultrance à Sablé, ou pays du Maine, Hervé de Carcadieu, du pays de Bretaigne, et Thonmas Mathieu, Angloiz, devant Jacques de Dinan, seigneur de Beaumanoir, et fut ledit de Carcadieu desconfilt par ledit Mathieu.

Item, en ce temps ensuyvant, se combatirent à oultrance à Chasteau-Gontier, en pays d'Anjou, devant Messire Ambrois, sire de Loré, mareschal du duc d'Alençon, ung François et ung Angloiz, et fut icellui François desconfit par ledit Angloiz.

Item, en ce mesmes temps ensuyvant, se combatirent à oultrance en champ de bataille, à la Ferté-Bernard, en pays du Maine, ung François et ung Anglois nommé Regnault-le-Paintre, devant Guillaume de Vignolles; et y fut l'Angloiz desconfilt par le François.

Item, en ce temps en suivant, se combatirent à oultrance à Sablé, en pays du Maine, devant le sire du Bueil, ung Angloiz nommé André Trollot, ou Trollop, et ung François. Et fut icellui François par ledit Angloiz desconfit.

Item, par certain temps se combatirent devant le sire de Laval, en pays du Maine, et Messire Oliver du Seschal, cappitaine dudit lieu, ung François nommé Finot, dudit pays du Maine, et ung Angloiz, lequel Angloiz fut desconfit par ledit François, dit Finot.

Chapitre 84.

Comment les François coururent une course en foire devant Caen.

En ce mesmes temps en suivant, en moys de septembre, Messire Ambrois, sire de Loré, fist une entreprinse, à partir de Saint-Célerin, pour courir une foire qui se tient le jour Saint-Michiel, en Normendie, oultre la ville de Caen et oultre la rivière d'Orne, en plains champs, devant l'abbaye Saint-Estienne, devant ledit lieu de

Caen, qui pour lors estoit tenu du parti du roy
d'Angleterre avec toute la duchié de Normendie
et autres pays d'environ. Et pour ce faire, il
manda venir devers lui Pierre Jiaillet, et ung
nommé Forbourg, cappitaine de Bonmoulins,
et estoient de gens d'armes en nombre avec ledit sire de Loré sept cent combatans ou environ. Et print icellui de Loré avecques ses gens
à passer ladite rivière d'Orne environ trois
lieues audessus dudit lieu de Caen, et passèrent
à grant paine, pour ce que ladite rivière estoit
si grant que une grant partie de leurs chevaulx nouoient[1] sur l'eaue.

Et par le moyen de bonnes guides, vindrent
icellui sire de Loré et ses gens par vallées et
pays couvert, tant qu'ilz arrivèrent devant ladite ville de Caen, au lieu où se tenoit ladite
foire, sans estre aperceus au moins de guères
loingz. Et là prindrent plussieurs Angloiz et
presque toutes les notables gens de la ville, et
y gaignèrent plussieurs biens et bagues qu'ilz
trouvèrent à leur abandon et à leur choix en ladite foire. Et y avoit si grant presse de gens pour
eulx retirer dedens ladite ville de Caen, que on
ne povoit clorre ne ouvrir les portes d'icelle ville.

Et estoit ledit Messire Ambrois à cinquante
lances et cent archiers avecques lui, qui ne se
boutoient aucunement entre le commun d'icelle
foire, maiz estoit seullement à rebouter et résister contre les Angloiz qui pouvoient saillir de
ladite ville, en laquelle ils estoient de trois à
quatre cens combatans et autres de ladite ville

1. Nageoient.

en grant nombre. Lesquelz saillirent par plussieurs foiz pour cuider rescourir icelle foire et assemblée. Lesquelz furent reboutez et desconfiz, et tellement que plussieurs des gens dudit chevallier furent jucques dedens bien avant de ladite ville. Et pour ce qu'ilz n'estoient pas assez puissans, s'en resaillirent sauvement et se retirèrent à l'estandart dudit chevallier. Et d'iceulx Angloiz y ot plussieurs mors et prins.

Et en tenant celle escarmouche, tiroit la compaignie tousjours avec leur prinse contremont ladite rivière d'Orne vers le passage. Et après ce, se achemina le chevallier à tirer après sa compaignie, et tant qu'ilz rapassèrent ladite rivière. Et à une croix, près du passage, fist arrester toute la compaignie avec les prisonniers, et illec fist crier à son de trompe, de par le roy de France et le duc d'Alençon, duquel il estoit mareschal, sur paine de la hart : que tout homme qui avoit prisonnier prestre, ou autre homme d'église, qu'il l'envoyast et délivrast franchement; item, que tout homme qui avoit sauconduit du roy de France, ou d'autre seigneur ou cappitaine, en fust semblablement envoyé franchement; item aussi, que tous vielz hommes, jeunes enfans et povres laboureurs qui ne sont pas de prinse, en fussent pareillement envoyez; et que tous ceulx qui auroient quelque chose à dire à l'encontre promptement le veinissent dire audit de Loré au pié de ladite croix, pour sur ce pourveoir au cas ainsi qu'il appartiendroit.

Pour lequel cry furent délivrez plussieurs gens d'église, vieilles gens, jeunes et autres, povres laboureurs et plussieurs autres. Lesquelz cheurent en débat devant ledit chevallier, et en furent les aucuns renvoyez et délivrez, et les aucuns enmenez prisonniers. Dont les aucuns ainssi envoyez baillèrent cauption de venir respondre à justice devant ledit chevallier. Lequel fist conduire ceulx qui furent delivrez jucques au passage, affin que par aucuns ne fussent empeschez, et que plus seurement s'en peussent aller chacun en son hostel. Lesquelz prisonniers ainssi délivrez se montèrent en nombre environ huit cens ou mil. Et en eschappa au logis plus de cinq cens, sans ceulx qui demourèrent, qui estoient bien en nombre plus de trois mille. Et depuis le département dudit chevallier dudit lieu de Saint-Célerin demoura bien huit jours sur les champs sans retourner audit lieu de Saint-Célerin, avecques les prisonniers et autres biens ainssi gaignés comme dit est. Et ce fait, s'en retourna ledit chevallier avec sa compaignie, prisonniers et biens dessus dits, audit lieu de Saint-Célerin, sans ce que aucuns des Angloiz qui tenoient pays de Normendie en subjection, ne autre, lui feist ne portast aucun donmaige.

Chapitre 85.

Comment les Angloiz furent desconfiz par le sire de Loré, mareschal du duc d'Alençon.

Environ ce temps, ung escuier normant nommé Guillaume de Saint-Aubin estoit logié en ung villaige nommé Losengière[1], en

1. Ms. 9676, 2, a. Godefroy : La Feugère.

pays du Maine, à bien de soixante à quatre-vingts combatans. Et vindrent les Angloiz par nuyt de la garnison de Mayenne-la-Juhez férir sur son lon logiz, et se combatirent ensemble moult vaillanment, et finablement furent les Angloiz desconfilz.

Et y estoit ung homme d'armes François nommé le bastard Bois-à-Prestre, lequel se bouta et mucha en ung buisson, et après s'enfuyrent deux Angloiz qui pareillement se boutèrent en celui buisson mesmes. Et quant ledit bastard les aperceult, il leur demanda : « *Qui est là ?* » Et les Angloiz respondirent : « *My, maistre; nous nous rendons à vous, sauvez nous la vie.* » Lequel entendit bien que les Angloiz estoient desconfilz, et les mena devers ledit Saint-Aubin et autres ses compaignons, qui vaillanment avoient combattu. Et ce venu à la congnoessance dudit Saint-Aubin, lui osta lesdits deux prisonniers angloiz. Et de ce meult procès par devant Messire Ambrois de Loré, mareschal dudit d'Alençon, soubz lesquelz ils estoient. Et juga que icellui bastard n'auroit rien ès dits deux prisonniers. Et se n'eust esté la faveur d'aucuns ses amys, il l'eust fait griefment pugnir de ce meffait.

CHAPITRE 86.

Une coursse d'Angloiz devant Saint-Célerin.

En ce mesme an, le premier jour de may, les Angloiz de la garnison de la Fresnay-le-

Viconte vindrent courir et apporter le may devant le chastel de Saint-Célerin, duquel estoit cappitaine Messire Ambrois sire de Loré, mareschal du duc d'Alençon. A l'encontre desquelz Angloiz vindrent saillir les gens dudit sire de Loré, combien que lesdits Angloiz n'aprouchèrent point plus près que d'un trait de canon, lequel les engarda, et tantost après le sire de Loré monta à cheval pour aller courir devant iceulx Angloiz de Fresnay, qui estoient de trois à quatre cens combatans, et en estoit cappitaine ung Angloiz nommé Thonmas Abourg, et mareschal ung autre Angloiz nommé Rafle Godeston. Et leur fist ledit sire de Loré porter le may jucques dedens la barrière dudit Fresnay.

A l'encontre desquelz François, ainssi portans le may, les Angloiz, qui estoient armez et leurs chevaulx sellez pour monter à cheval et courir sus à ceulx qui devant eulx povoient courir et apporter le may, car bien se doubtoient que on leur rapporteroit le may que ilz avoient porté devant ledit chasteau de Saint-Célerin, lesquelz, veu le nombre qu'ilz estoient, se tenoient si puissans qu'il leur sembloit bien que nulz François ne les povoit grever. Et se mist ledit sire de Loré en une embusche à cheval le plus près de la barrière qui peult sans soy descouvrir, et envoya icellui sire de Loré un escuier nommé Armenge, son lieutenant, avec sept ou huit vingtz combatans à pié, eulx mettre en pays descouvert, et eulz garniz chacun d'un foullart pour eulx couvrir, affin qu'ilz ne fussent aperceulx de la guette dudit Fresnay quant ilz passeroient par lieu descouvert. Et tant cheminèrent iceulx à pié qu'ils s'en vindrent tous couchier desrière une haye près de la barrière dudit Fresnay d'un demy trait d'arc.

Et tantost arivèrent les coureurs dudit sire de Loré avec le may, lequel ilz rapportèrent jucques encontre la barrière dudit Fresnay. Adonc saillit icellui mareschal avec presque tous les autres Angloiz de la garnison dudit Fresnay, et rechassèrent iceulx coureurs jucques au lieu où ledit sire de Loré estoit en embuscade. Et adonc se mist icellui Jehan Armenge avec les autres François estans à pié entre la barrière dudit Fresnay et lesdits Angloiz. Sur lesquelz Angloiz charga ledit sire de Loré, et bien se cuidèrent rentrer en ladite place de Fresnay. Maiz ledit Jehan Armenge et autres à pié qui estoient entre eulx et leur place de ce les empeschèrent, et là oult fait de grans vaillances tant d'un costé que d'autre. Et estoit le pays estroit tant que iceulx Angloiz ne se povoient escarter que ilz ne passassent par où estoient lesdits François à pié. Et finablement furent iceulx Angloiz desconfiz par ledit sire de Loré et ses gens. Et y en ot grant nombre de mors et de prins, entre lesquelz furent prins ledit Rafle Hodeston, mareschal dessus dit, le filz Thonmas Abourg, Angloiz, et plussieurs autres, et bien pou en eschappa d'icelle besongne qu'ilz ne fussent mors ou prins.

Et ce fait, s'en retourna ledit sire de Loré avecques ses gens audit lieu de Saint-Célerin à tout leur prinse. Ung pou après vindrent courir les Angloiz de la garnison Saincte-Suzanne devant Sillé-le-Guillaume, et y mirent une embusche par laquelle furent prins plussieurs François dudit Sillé. Et d'aventure survint audit lieu de Sillé ledit Messire Ambrois sire de Loré à bien deux à trois cens combatans françois, par lequel furent desconfitz lesdits Angloiz, et y en ot de mors et de prins de huit vingtz à deux cens. Et furent chassez par ledit sire de Loré ceulx qui peurent eschapper jucques ès barrières dudit Saincte-Susanne. Et ce fait, se loga icellui de Loré avec ses gens et leur prinse en villaige dudit lieu de Sillé.

CHAPITRE 87.

Siège mis par les Bretons devant Poencé[1] en Anjou.

L'an mil quatre cens trente deux[2] fist prendre le duc d'Alençon l'évesque de Nantes nommé Malestroit, chancellier du duc de Bretaigne, pour ce que ledit duc d'Alençon disoit qu'il ne povoit estre payé de certain argent que lui devoit ledit duc à cause du mariage de sa mère, seur dudit duc de Bretaigne. De laquelle prinse sourdit grant débat et contans entre iceulx deux ducs, et furent prinses à Vannes aucunes parolles de traictié, tant que ledit chancellier de Bretaigne, qui estoit à la Flesche en Anjou, fut mené à Pouencé. Et estoit ledit de Bretaigne bien informé que ledit chasteau de Poencé n'estoit pas

---

1. Pouancé (Maine et Loire, arrondissement de Segré).
2. L'évêque de Nantes fut pris par le duc d'Alençon en 1431, et non en 1432, le jour de la Saint-Michel-au-mont-Gargan, c'est-à-dire le 29 septembre. Voyez ci-après page 160, note 1 et la chronique de Guillaume Gruel.

bien garny de gens d'armes, et y fist soudainement mettre le siège par aucuns Bretons et Angloiz, et y fist assiéger ledit duc d'Alençon, qui estoit nepveu dudit duc de Bretaigne, lequel s'enfuyst, lui septiesme, en plain jour, et y laissa Madame la duchesse sa mère, seur du duc de Bretaigne, et Madame la duchesse sa femme, fille du duc d'Orléans, lesquelles y oultrent maintes paines et doulleurs et maintes neccessitez.

Et tantost fut envoyé par ledit duc d'Alençon, lequel s'estoit retiré à Chasteau-Gontier, Messire Ambrois sire de Loré, son mareschal, en la ville de La Guerche [1] en Bretaigne, quatre lieues de Poencé. Lequel sire de Loré vint à ung matin au point du jour, et fist entrer oudit chasteau de Poencé par une poterne Maistre Guillaume de La Motte, Pierre Jaillet, Pierre d'Anthenaise, et un nommé Janequinault, avec bien de trente à quarante combatans. Desquelz le bastard d'Orléans et le sire de Saint-Pierre, qui estoient assiegez en ladite place, furent très joyeulx et contens, et les menèrent vers lesdites dames, lesquelles leur firent grant chière. Et de rechief

1. Château appartenant au duc d'Alençon. Les trois plus anciennes éditions de Jean Chartier et les meilleurs manuscrits donnent La Guyerche (Ille et Vilaine, à la distance indiquée par le texte). Le manuscrit 6976, 2 a : Guerrande, et Godefroy : Ingrande, mais à tort : ces deux dernières villes ne sont pas aux distances désignées par les éditeurs. Le notaire Guérin est l'auteur d'une histoire généalogique consacrée aux seigneurs de la ville et baronnie de La Guerche, écrite en 1750, manuscrit appartenant à M. le marquis du Hallay-Coëtquen. Cet événement, dont l'une des scènes est placée par l'auteur à La Guerche, y est raconté dans son ensemble.

fist aller ledit duc de Bretaigne grant nombre de Bretons et Angloiz. Desquelz Angloiz estoient chiefs le sire de Wilby [1] et Messire Jehan Fastol, Angloiz.

Et requist à son aide le conte de Richemont, connestable de France, lequel vint en armes audit siège pour obaïr audit duc de Bretaigne son frère, combien qu'il estoit desplaisant du débat, et eust voulentiers trouvé manière de traictié entre lesdits deux ducs. Et ledit duc d'Alençon estoit à Chasteau-Gontier, où il assembloit gens d'armes de toutes pars pour résister à l'entreprinse dudit duc de Bretaigne. Et lui envoya grant secours le duc de Bourbon et autres seigneurs, et tant qu'il se tourna audit lieu de Chasteau-Gontier à grant puissance. Et tousjours lesdits Bretons et Angloiz s'efforsoient et fortiffioient leur siège d'autre part, et faisoient mynes et autres approuchemens, et tant que lesdits assiégez se trouvèrent en grant neccessité. Et ce voyant et congnoessant ledit conte de Richemont, lequel ne voulloit point la prinse d'icelle ville ne le dommaige dudit duc d'Alençon son nepveu, maiz voulloit trouver traicté et adcord entre lesdits deux ducz, fist tant qu'il fist venir ung escuier dudit sire de Loré, mareschal dessus dit, nommé Guillaume de Saint-Aubin, auquel escuier, que il congnoessoit de longc temps, desclaira son intencion qu'il avoit de appaiser icellui débat. Et envoya audit sire de Loré sauconduit du duc de Bretaigne et des Angloiz pour aller traicter dudit débat.

1. Willoughby.

Et par l'ordonnance dudit duc d'Alençon et de son conseil, pour obvier aux inconvéniens qui à cause de ce se pourroient ensuir, ala icellui sire de Loré à Chasteau-Gontier, auquel lieu fut traicté l'appoinctement d'entre lesdits deux ducz, par lequel appoinctement faisant fut levé ledit siège et ledit chancellier rendu. Et aussi voulloit estre payé ledit duc d'Alençon de son argent qu'il demandoit audit duc de Bretaigne, et fut prins journée que lesdits ducz s'entreverroient et parleroient ensamble [1].

Chapitre 88.

Siège mis par les Angloiz devant Bonmoulins et Orté, ou pays du Maine.

Assez tost après, le conte d'Arondel, Angloiz, mist le siège devant Bonmoulins; lequel lui fut rendu par composicion, et après le fist désemparer. Et pou de temps après, s'en ala icellui

---

1. Le 28 mars 1431 (1432 nouveau style), un accord fut passé dans la cathédrale de Nantes, entre l'évêque de Nantes, chancelier, et Jean, duc d'Alençon. Cet acte contient l'exposé tout au long des faits ci-dessus indiqués par Jean Chartier : il représente l'arrestation de l'évêque comme ayant eu lieu *environ six mois auparavant*, c'est-à-dire *le jour de Saint-Michel au mont Gargan* (le 29 septembre 1431). Le duc donne satisfaction à l'évêque, et s'engage à lui payer une indemnité de dix mille livres de Bretagne et deux mille écus d'or de soixante-quatre au marc. J'ai vu, lu et transcrit en 1850 l'une des expéditions authentiques et originales de cette pièce, appartenant à M. le marquis du Hallay-Coëtquen. Le texte de cet acte a été imprimé dans l'opuscule intitulé : *Notice des archives de M. le marquis du Hallay-Coëtquen*. Paris, 1851, in-8, pages 51 à 60.

[1432] Chronique de Charles VII. 161

conte d'Arondel avec son armée mettre le siège devant ung chasteau nommé Orté, en pays du Mayne, duquel en estoit cappitaine ung escuier breton nommé Olivier Bouchier. Et après que icellui chasteau oult esté batu de bombardes, fut rendu par composicion. Et s'en ala ledit conte d'Arondel à Saincte-Susanne et son ost, ouquel estoit de deux à trois mille combatans angloiz, et s'alèrent logier en ung village nommé Gratail, près de Fresnay-le-Viconte, près d'une prarie sur la rivière de Sarte, environ deux lieues du chasteau de Saint-Célerin.

Et ce venu à la congnoessance de Messire Ambrois sire de Loré, se partit dudit lieu de Saint-Célerin à bien de sept à huit vingtz combatans, pour cuider trouver quelque logis appart, pour férir dessus par nuyt, pour ce qu'il faisoit cler de lune; maiz trouva que tous iceulx Angloiz estoient logiez en ung seul logis, dedens lequel il fist entrer quatre vingtz ou cent de ses archiers à pié pour prendre et exécuter ce qu'il leur seroit possible. Et venoit après segrettement avec le surplus de ses gens pour iceulx secourir et aider. Et finablement entrèrent à pié et à cheval en icellui logis en telle manière qu'ilz mirent en désarroy presque tout icellui ost, et furent maistres dudit logis, bombardes et artilleries plus d'une heure et demy, et y ot bien quatre vingts à cent Angloiz mors, et prins plussieurs autres. Desquelz fut prins ung cappitaine angloiz et y ot gaigné de cent à six vingtz chevaulx.

Et au desrenier se ralièrent en grant nombre iceulx Angloiz en ung hospital estant oudit village de Grateil, et vindrent ensemble en icelle prarye en laquelle estoient lesdites bombardes et artillerye, et boutèrent hors dudit logis icellui Messire Ambrois et ses gens, et à celle heure y ot fait de plussieurs grant résistence d'un costé et d'autre. Et y furent mors ung escuier breton nommé Le Loup, et ung autre escuier normant nommé Gros Parmy [1] et ung autre Gros Parmy, et ung autre escuier du Maine nommé Jehan de Montambault ou Montabault, et avec lui Jehan Desloges. Et ung autre fut prisonnier nommé Alinot Merchier [2], lesquelz escuiers dessus nommez estoient des gens dudit sire de Loré. Et ne povoient retourner iceulx François que par ung passage que lesdits Angloiz lui cuidèrent empescher et deffendre, auquel ot vaillanment combatu, et passèrent avec leur prinse et s'en allèrent audit chasteau de Saint-Célerin.

Chapitre 89.

Comment Louviers fut prins par les Angloiz.

En ce mesme temps, les Angloiz mirent le siège devant la ville de Louviers, en Normendie, en laquelle ville estoient cappitaine ung nommé La Hire [3], cappitaine d'icelle ville pour

---

1. *Alias* Gros-Parain; *al.* Grand-Pierre. La leçon préférable me paraît être Grandpierre. Ce Grandpierre est sans doute le même dont il est question, sous la date de 1429, dans la chronique de Cousinot dite *de la Pucelle.* Voy. cette chronique à la fin de ma *Notice de la Geste des nobles*, etc., insérée dans le t. 19 des *Notices et extraits des manuscrits publiés par l'Académie des inscriptions* en 1857, in-4 (2ᵉ part.).
2. *Alias* Aluyot Mercier.
3. Étienne de Vignoles, dit La Hire.

le roy de France, Messire Florent d'Illiers, Girault de la Paillière, Amadoc de Vignolles, frère de La Hire, Loys de Bigars et autres François. Et là fut fait de grans vaillance entre les François et les Angloiz, et y fut le siège longuement; et disoit que les Angloiz estoient plus de douze mille combatans et les François de dedens plus de deux mille.

Et fut faicte une composicion segrette par aucuns Gascons et les Angloiz tenant ledit siège, laquelle, se elle eust sorti son effect, eust esté bien préjudiciable aux autres François de dedens, qui estoient de plussieurs nacions, et de ce avoient iceulx Angloiz et Gascons baillez leurs scellez. Maiz icelle composicion fut contredicte par lesdits d'Illiers, Bigars et autres. Et après se partit La Hire d'icelle ville pour cuider trouver secours, lequel fut prins en chemin par aucuns des gens de Jean de Messier (ou Jehan de Maisis), dit de Campaines, cappitaine de Dourden. Et après ce, fut rendue ladite ville de Louviers à iceulx Angloiz. Et s'en allèrent lesdits François de dedens, eulx et leurs biens. Laquelle fut après par lesdits Angloiz désemparée.

CHAPITRE 90.

Embusche sur les Angloiz.

En ce temps se partit Jehan Armenge de Saint-Célerin, dont il estoit lieutenant, et se vint mettre en embusche devant Fresnay-le-Viconte. Et ce venu à la congnoessance des Angloiz estans audit Fresnay, vindrent à pié et à cheval en icelle embusche férir sur les François. Lesquelz François se deffendirent vaillanment. Et se dessendirent à pié, en telle manière qu'ilz desconfirent lesditz Angloiz, et en tuèrent de cent à six vingtz et plussieurs prins. Entre lesquelz fut prins ung nommé Montfort, Angloiz, mareschal dudit Fresnay. Et ce fait, s'en retournèrent lesdits François à Saint-Célerin.

CHAPITRE 91.

Siège mis par les Angloiz devant Saint-Célerin.

Audit an mil quatre cens-trente-deux, le conte d'Arondel, Angloiz, lieutenant du roy d'Angleterre, fist une grant armée, et vint mettre le siège devant le chasteau de Saint-Célerin, en Normendie, dont dessus est faict mencion, et y fist mener et afuster plussieurs grosses bombardes, engins à verges et autres habillemens de guerre. Lesquels engins à verges et bombardes jectoient jour et nuyt sans cesser contre ledit chasteau. Et y ot fait plussieurs grans mynes et autres aprouchemens par iceulx Angloiz, et par ung escuier nommé Jehan Armenge, lieutenant en icellui chasteau de Messire Ambrois sire de Loré, et ung autre escuier vaillant, nommé Guillaume de Saint-Aubin, avec autres vaillans gens dudit chasteau, furent faictes plussieurs saillies et grans résistences contre iceulx Angloiz.

Et tindrent en guerre ledit chasteau plus de trois moys, espérant que ledit sire de Loré, lequel avoit ses femme et enffans en icellui chasteau, feist grant dilligence de leur secours.

[1432] CHRONIQUE DE CHARLES VII. 165

Lequel faisoit très-grandes et merveilleuses dilligences, et à son pourchaz le roy de France fist une très-grant armée pour cuider secourir icellui chasteau. Mais les assiégez furent contrains par les Angloiz de faire composicion et de rendre ladite place avant que ledit secours peust estre venu, parce que lesdits Jehan Armenge, Guillaume de Saint-Aubin et plussieurs autres, jucques au nombre de quarante ou cinquante, avoient esté mors à la deffence d'une grant bresche faicte en la muraille d'icelui chasteau par lesdites bombardes et autres engins. Et fut rendu icellui chasteau et s'en allèrent les assiégez, et en oulrent sauconduit d'eulx en aller à pié et sans leurs biens.

CHAPITRE 92.

Comment le conte d'Arondel mist le siège devant le chastel de Sillé, et comment les François allèrent au secours.

De devant ledit chasteau de Saint-Célerin s'en ala ledit conte d'Arondel, Angloiz, avec son ost, mettre le siège devant le chasteau de Sillé-le-Guillaume, ou pays du Maine, tenu par les François. Et tantost après fut faicte composicion par Aymery d'Anthenaise, cappitaine dudit chasteau, de lui rendre icellui ou cas que dedens six sepmaines il n'auroit secours, c'est assavoir que les Angloiz se trouveroient plus fors que les François en ung lieu nommé Hommel Alestamen [1], environ une lieue et demye dudit

1. *Alias* Loumel (l'Ormel?) à Lestamen (Sarthe).

Sillé. Auquel cas, ledit conte d'Arondel estoit tenu de rendre audit Aymery les hostaiges que de ce il lui bailloit. Et aussi se ledit conte d'Arondel avecques les Angloiz estoit plus fort que lesdits François audit Hommel Alestamen, ledit Aymery lui devoit rendre ledit chasteau de Sillé. Et ce venu à la congnoessance, par la bouche dudit Eymery, du duc d'Alençon, de Monseigneur Charles d'Anjou, le conte de Richemont, connestable de France, lesquelz avoient fait ung grant mandement et assemblée de gens d'armes au pourchas de Messire Ambrois sire de Loré pour cuider lever le siège devant Saint-Célerin donc dessus est faicte mencion au précédent article.

Laquelle armée fut entretenue et vindrent eulx logier avecquez leurdit ost, ledit duc d'Alençon, Messire Charles d'Anjou et le connestable de France, en ung village nommé Coullie (Conlie), et leur avant-garde, en laquelle estoient le sire de Raiz, Messire Pierre de Rocheffort, mareschal de France, ledit sire de Loré, Gaultier de Brussac, et se logèrent à demye lieue dudit Hommel, en ung village nommé la Haye Neufville ; et en départant les logis, les logeurs du conte d'Arondel et du sire d'Escalles y arrivèrent pour semblablement y voulloir logier. Lesquelz Angloiz estoient à grant ost et puissance pour semblablement eulx trouver le landemain, qui estoit le jour assigné, audit Hommel Alestamen. Et en départant icellui logis, se commença une grant escarmouche entre lesdits François et Angloiz, et tellement que ledit logis demoura auxdits François, et furent reboutez lesdits Angloiz jucques oultre une petite rivière qui passe près dudit village, nommé Villeneufve la Haye.

Et se loga ledit conte d'Arondel et son ost sur icelle rivière si près d'icellui village que, toute nuyt [1], lesdits François et Angloiz ouyoient parler l'un l'autre et les menestrez [2] les ungz des autres. Et fut toute icelle nuyt tenue l'escarmouche sur ladite rivière par lesdits sire de Loré et de Brussac, avec autres, tandis comme les autres François reposoient. Et le lendemain au matin se deslogèrent lesdits duc d'Alençon, Charles d'Anjou et le connestable de France, avec leur ost, et se vindrent mettre en bataille audit Hommel. Et lesdits mareschal, le sire de Loré, Brussac et autres se deslogèrent après en arrière garde, pource qu'ilz estoient plus près de l'ost desdits Angloiz, et s'en allèrent audit Hommel eulx mettre en bataille auprès desdits seigneurs françois.

Et ledit conte d'Arondel, le sire d'Escalles et autres seigneurs angloiz avec leur ost se délogèrent et tirèrent semblablement audit Hommel tant que les batailles desdits Angloiz et des François s'entrepovoient veoir clèrement. Maiz c'estoit entre lesdits deux ostz et compaignies ladite petite rivière dont dessus est faicte mention. Et quant les Angloiz aperceurent que lesdits François estoient audit Hommel, ilz s'en retournèrent tout court au lieu où ilz avoient couché la nuyt devant, et là passèrent icelle rivière et se

1. « Les deux osts s'entrepouvoient parler les uns aux autres. » (Divers manuscrits.)
2. Ménétriers. On voit que les deux corps ennemis avoient chacun leur musique.

mirent en bataille le dos contre icelle rivière et au village d'icelle Villeneufve la Haye où lesdits François avoient couché.

Et ce venu à la congnoessance desdits François, s'approuchèrent d'iceulx Angloiz comme de demye lieue, et là commencèrent plusieurs grandes escarmouches, et souvent y en ot de prins et ruez par terre tant d'un costé que d'autre. Et fut rapporté aux François que les Angloiz estoient en place moult avantageuse. Parquoy lesdits François ne furent pas conseillez de les aller assaillir ne quérir en icelle place, et furent tout icellui jour en bataille les ungz vis-à-vis des autres. Et environ soleil couchant, fut envoyé ung hérault par les François aux Angloiz leur dire qu'ils venissent audit Hommel pour combatre, ou qu'ilz rendissent les ostages dudit chasteau de Sillé, ainsi qu'il avoit esté appoincté en faisant ladite composicion. Lesquelz ilz rendirent et renvoyèrent comme quictes.

Et adonc les François, comme usans de bonne foy, s'en allèrent droit à Sablé, cuidant que les Angloiz s'en deussent retourner en leurs garnisons dont ilz estoient venuz. Maiz ilz faignirent d'un et firent d'autre. Car quant ilz virent leur point et que l'assemblée desdits François estoit rompue, ilz retournèrent tout court devant le chasteau de Sillé-Guillaume et y donnèrent ung très-ffort assault, ceulx dedens estans desporveuz de leur venue comme gens qui n'eussent jamais pensé à cela, et tellement qu'ilz emportèrent et gaignèrent ledit chasteau de Sillé d'icellui assault.

Ung pou après, icellui conte d'Arondel angloiz fit une autre armée et vint courir en pays du Maine et d'Anjou, et print le chasteau de Mellay et aussi cellui de Saint-Laurens-des-Mortiers, et courut le pays jucques au pont d'Espinaz près d'Angiers, et mist garnison ès dits chasteaulx dessusdits et s'en retourna en Normendie.

CHAPITRE 93.

Gerberoye remparée par les François.

En ce temps ensuivant, et bien pou après ce que dessus est dit, ung capitaine gascon nommé La Hire et ung autre nommé Poston de Sentrailles se partirent de Beauvais en Beauvoisin, à bien huit cens ou mille combattans, et vindrent entrer en une vieille forteresse qui de longc temps estoit désemparée, nommée Gerberoie, environ quatre lieues dudit Beauvais. Et icelle forteresse r'emparèrent au mieulx qu'ils peurent, et ne furent en icelle que pou de temps que le conte d'Arondel assembla beaucoup de gens et grant ost et vint devant ladite place de Gerberoye, laquelle n'estoit encores garnie de vivres ni remparée en manière qu'il semblast à iceulx La Hire et Poston et autres François qui dedens estoient que ilz peussent longuement durer ne arrester contre ledit conte d'Arondel et son ost. Et prindrent conseil ensemble qu'il valloit mieulx saillir dehors icelle place et combatre, que eulx laisser assiéger.

Et ainssi comme ledit conte d'Arondel vint devant et aproucha d'icelle, et comme il ordonnoit ses logis pour tenir ledit siège, saillit hors à cheval d'icelle place La Hire et autres vaillans gens en sa compaignie. Et ledit Poston de Sentrailles, ung chevallier nommé le sire de Monstierollier, et autres, saillirent à pié d'icelle place et vindrent tous iceulx François tous à pié et à cheval sur ledit conte d'Arondel et son ost, lequel conte d'Arondel se combatit et résista bien vaillamment au mieulx qu'il peult. Et finablement fut icellui conte d'Arondel desconfit, et y ot grant nombre d'Angloiz mors et prins. Entre lesquelz fut icellui conte prins prisonniers et fort blecé, donc après il mourut. Et se logèrent lesdits François audit lieu de Gerberoye, lequel ilz avoient habandonné pour combatre.

Chapitre 94.

Incident. Prinse de Georges de la Trimoulle.

En l'an mil cccc. trente-trois, le roy de France estoit ou chasteau de Chinon, et en icellui chasteau estoit en sa compaignie le sire de la Trimoulle, lequel on tenoit son principal conseiller. Et par nuyt fut ouverte une poterne d'icelui chasteau en ung lieu nommé le Couldrin ou le Coudray, par ung appellé Olivier Frestart, lieutenant en icelui chasteau du sire de Gaucourt, et par icelle poterne vindrent entrer le sire du Bueil, le sire de Chaumont, le sire de Coitivy, à grand nombre de gens d'armes, et vindrent tout droit en la chambre où estoit couché ledit sire de la Trimouille, et là le prindrent; et en le prenant fut blécé d'une espée parmy le ventre. Et tantost fut icellui de la Trimoulle mené en ung chasteau appartenant audit sire du Bueil nommé Montrésor. Et ce venu à la congnoessence du roy, comme il y avoit bruit de gens d'armes audit chasteau de Chinon, demanda que c'estoit. Et ot grant doubte que ce ne fussent aucuns de ses ennemis qui voullissent mal à sa personne. Et tantost vindrent à lui lesdits sire de Bueil[1], de la Varenne[2] et de Coitivy[3] et parlèrent à lui en toute humilité, en lui disant qu'il n'avoit garde, et ce qu'ilz avoient fait d'avoir prins le sire de la Trimolle, ce n'avoit esté que pour son bien et de son royaulme. Et maintenoit-on que celle prinse avoit esté faicte par l'ordonnance de Charles d'Anjou, frère de la royne de France, lequel se mist continuellement à demourer avecques le roy en tel gouvernement ou plus grant que n'avoit esté ledit sire de la Trimoille.

Et fist assembler ledit roy les trois Estatz en la ville de Tours, et fist dire par l'archevesque de Rains, chancellier de France, en la présence d'iceulx trois Estatz, qu'il advouoit lesdits sire du Bueil, de Coitivy et de la Varenne de la prinse dudit sire de la Trimoulle, et les recevoit en sa bonne grâce. Et estoient présens lesdits Charles d'Anjou, le sire du Bueil, de la Varenne et de Coitivy, qui demourèrent en grant gouvernement et auctorité avecques ledit roy. Et depuis icelui sire du Bueil délivra icellui sire de la Trimoulle, moiennant qu'il donna quatre mille[4] moutons d'or, ainssi comme disoit. Et se trouvèrent tan-

---

1. Jean V de Bueil, comte de Sancerre.
2. Pierre de Brézé, seigneur de la Varenne, successivement baron d'Anet, d'Erval, comte d'Evreux, sénéchal de Poitou, grand sénéchal de Normandie, etc.
3. Prégent ou Prigent (*primogenitus*) de Coëtivy, mort amiral de France en 1450.
4. Un exemplaire porte quatre-vingt mille. (Godefroy.)

tost après lesdits sire du Bueil et de Chaumont aussi loingz de la court du roy comme ilz estoient par devant et comme estoit ledit sire de la Trimoulle, lequel ilz avoient ainssi débouté comme dessus est dit.

Chapitre 95.

Commocion du peuple en Normendie.

Environ ce temps s'eslevèrent et mirent sus vers Caen, Bayeulx et ailleurs en la basse Normendie contre les Angloiz tout le peuple et commun du pays, lequel commun iceulx Angloiz avoient contraint d'estre armé pour résister avecques eulx contre le roy de France et son party. Et s'assemblèrent à si grant nombre c'om disoit qu'ilz estoient plus de soixante mille. Et avoient avecques eulx plussieurs chevalliers et escuiers de Normendie, qui se mirent contre iceulx Angloiz. Entre lesquelz estoient Messire Thonmas du Bois, le sire de Merreville, ung nommé Pierre le Flamenc, ung autre appellé Cantepie[1] et plussieurs autres, et maintenoit-on que icellui Cantepie estoit le principal entrepreneur et par lequel se gouvernoient iceulx chevalliers normans et autres. Et vindrent devant la ville de Caen d'un costé et d'autre, et mirent les Angloiz estans en ladite ville une embusche ès faulxbourg de

---

1. Les éditions gothiques : *Quãtepie* (en gothique) avec l'abréviation pour *Quantepie*; d'où Godefroy et les historiens modernes ont fait *Quatrepié* (Godefroy, p. 65), et de là *Quatre pieds*. La forme véritable de ce nom est donc *Cantepie* ou *Chantepie*, qui subsiste encore.

Vaucelles, et à l'arrivée furent mors et prins plussieurs gens de commun, et entre les autres fut mort ledit Cantepie. Et tantost après se departirent plus de la tierce partie dudit commun.

Et ce venu à la congnoessance de Jehan, duc d'Alençon, que icellui commun estoit élevé contre les Angloiz, envoya Messire Ambrois, sire de Loré, son mareschal, à cent lances et deux cens archiers devers icellui commun ainssi assemblé, lequel sire de Loré les vint trouver près de l'abbaye d'Aunay, en l'évesché de Bayeulx. Et à celle heure n'estoient plus ensemble que cinq ou six mille ou environ, lesquelz sire de Loré et icellui commun se vindrent logier devant Avrenches tous ensemble. Auquel lieu alla le duc d'Alençon et le sire du Bueil en sa compaignie, et là se tindrent environ dix ou douze jours en recueillant les autres gens de commun qui ainssi se estoient mis sus contre iceulx Angloiz. Et après se départirent et deslogèrent devant ladite ville d'Avranches, et s'en ala ledit duc d'Alençon avec plussieurs gens d'icellui commun en pays du Maine. Et depuis s'en retournèrent la plus grant part d'icellui commun en pays de Normendie pour faire leur traicté avec les Angloiz, et ne sortist leur entreprinse nul autre effect.

Chapitre 96.

Autre commocion de commun contre les Angloiz.

Ung pou de temps après s'eslevèrent et mirent sus semblablement en armes le peuple et commun du pays de Caux, que les Angloiz avoient semblablement fait armer, et en estoit chief ung homme du pays nommé Le Carnier, lequel les entretenoit et gouvernoit. Et au commencement y en avoit plussieurs qui ne savoient s'ilz se mettroient sus contre les François ou contre les Angloiz. Mais finablement se tournèrent du parti des François, et disoit-on qu'ilz estoient plus de vingt mille tous obéissans à icellui Carnier. Et advint que Messire Pierre de Rochefort, mareschal de France, Gaultier de Brussac, Charles de Maretz et autres cappitaines prindrent en sa compaignie sur les Angloiz la ville de Dieppe d'eschielle par nuyt. Et tantost après se joindirent ensemble icellui mareschal et sa compaignie avecques ledit Carnyer et commun dudit pays de Caux, et prindrent par composicion et misdrent en l'obéissance du roy de France Fescamp, Harfleur, Monstiervillier, Tancarville, Lillebonne et plussieurs autres forteresses oudit pays de Caux, tant qu'on disoit qu'il n'y avoit bonne ville, chasteau et forteresse à Caux, excepté Arques et Caudebec, qui ne fussent en l'obéissance d'icelui roy de France.

Et en chacunes d'icelles forteresses estans en l'obéissance du roy de France avoit ung grant nombre de gens d'armes et plussieurs et divers cappitaines qui riens ne faisoient les ungs pour les autres, ne obéissoient audit mareschal si non à leur voulenté, et plussieurs d'icelui peuple se retirèrent ès dites forteresses en la compaignie desdits cappitaines, plussieurs autres se mirent à faire leur labeur ainsi qu'ilz avoient acoustumé. Et finablement n'y fut tenu par iceulx gens de guerre nulle ordre de justice ne de raison, et prenoit sur le peuple chacun à sa voulenté et plaisance. Et y ot fait plussieurs grans maulx et excès, tant sur hommes que sur femmes, sur abbayes et autres églises et gens de religion, tant que en la fin, et avant qu'il fut deux ans après, il ne demoura en tout le pays de Caux homme ne femme sinon ès forteresses, desquelles après furent prinses plussieurs par les Angloiz bien ligièrement. Lesquelz Angloiz destruisoient icellui pays à leur puissance, en contens[1] de ladite rébellion ainssi faicte par ledit commun, de leur costé, et les François de l'autre costé, ainssi que dit est. Et quant il n'y eult plus que mengier oudit pays, iceulx gens d'armes François s'en allèrent et habandonnèrent le pays. Et plussieurs d'iceulx cappitaines vindrent devers le roy pour lui requérir aide, en disant qu'ilz avoient despendu le leur à le bien servir, et que plus ne povoient vivre oudit pays. Et à la vérité, se au commencement avoit esté bien servy, en laffin fut par eulx desservy.

CHAPITRE 97.

Entreprinse sur les Angloiz par les François.

Ung pou de temps après, ung cappitaine Angloiz nommé Venables se vint logier en l'abbaye de Savygny (ou Saint-Gilles), à bien mille ou douze cens Angloiz, et tint icelle abbaye par l'espace de trois ou quatre moys. Et fut faicte une

1. A l'envi, *in contentione*.

entreprinse par Messire André seigneur de Lohéac, le sire de Laval, et Messire Ambrois sire de Loré, tiltré comme dessus, d'entrer en icelle abbaye par nuyt sur iceulx Angloiz. Lesquelz chevalliers françois, à bien de sept à huit cens combatans, entrèrent en une partie d'icelle abbaye environ le point du jour, et y furent mors et prins de environ de huit vingtz à deux cens Angloiz, et ne peurent entrer sur les autres plus avant. Et se combatirent ensemble iceulx François et Angloiz à une porte et en plussieurs autres lieux d'icelle abbaye bien par l'espace de quatre heures. Et y ot fait plussieurs grans vaillances d'une part et d'autre. Et finablement demourèrent le surplus desdits Angloiz en ladite abbaye, et les Françoiz se retirèrent ès faulxbourg de Fougières.

Et bien pou après se deslogea ledit Venables et sa compaignie de ladite abbaye de Savygny, et se mist à tirer les champs ès marches de Normendie et du Maine. Et fut rapporté audit sire de Lohéac et de Loré que ledit Venables estoit logié en ung village nommé Lazay, pourquoy se partirent hastivement de la ville de Laval, et estoient en leur compaignie messire Pierre le Porc, Messire Pierre de Bertenville ou Vertenville, cappitaine de Chasteau-Gontier, et autres, jucques au nombre de six à sept cens combatans, et chevauchèrent sans séjourner droit audit village de Lazay, cuidant y trouver ledit Venables et sa compaignie en leurs logis; et quant ilz furent environ deux lieues près d'icellui village, rencontrèrent ledit Venables sur les champs. Et comme les Angloiz se cuidoient mettre en ordonnance pour combatre, les François férirent tellement que iceulx Angloiz furent desconfilz, et y en ot que deux à trois cens que de mors que de prins. Et ainssi lesdits de Lohéac et de Loré s'en retournèrent avec leur prinse audit lieu de Laval. Et eschappa ledit Venables d'icelle rencontre, combien qu'il fust depuis prins par les Anglois mesmes, lesquelz, pour aucunes désobéissances qu'il avoit faictes ou autre cas desplaisant ausdits Angloiz, lui firent trancher la teste, et principallement par envye, pour ce qu'ilz le véoient grant entrepreneur en la conduite de la guerre.

Et en ce mesme temps commencèrent plussieurs guerres, tribulations et pilleries plus qu'il n'avoit esté par avant entre lesditz François et Angloiz, principallement en l'Isle de France.

CHAPITRE 98.

Comment Corbueil fut François.

L'an mil quatre cens trente quatre furent mis en l'obéissance du roy de France le chasteau et ville de Corbueil par ung cappitaine nommé Ferrières, qui les tenoit de par les Angloiz, moiennant certaine somme d'argent qui lui en fut baillée par très hault et puissant prince le duc de Bourbon, auquel il rendit et délivra icelle place. Et fut baillée en garde par ledit seigneur à ung escuier nommé Jacques de Rieullay.

Chapitre 99.

Une course en Picardie par les François.

En ce mesmes temps allèrent La Hire et Poston de Sentrailles courir en pays de Picardie, subject au duc de Bourguongne, adversaire du roy de France, ouquel pays ilz gaignèrent grant foueson de bestail, tant bestes à corne que à layne, avec grant quantité de prisonniers et de divers estaz; laquelle chose venue en la congnoessance de Messire Jehan de Luxembourc, vint à grant compaignie pour recouvrer lesdits bestail et prisonniers; et combien qu'ilz fussent longue espace les ungs devant les autres, neantmoins ilz ne combatirent point, mais s'en vindrent les François franchement et sans dommaige à tout ce qu'ilz avoient gaigné et conquis.

Chapitre 100.

Comment le chasteau du boys de Vincennes fut François.

Ou dit an fut semblablement délivré ès mains du duc de Bourbon le chasteau du boys de Vincennes par ung Escot de la garnison dudit lieu, qui faisoit le guet en dongon[1], lequel chasteau estoit en l'obéissance desdits Angloiz, et en paya ledit seigneur certaine somme de deniers. Et par ainssi fut remis ledit chasteau

---

1. Sur le donjon.

en l'obéissance du roy de France; et y fut commis à la garde un escuier nommé Jacques de Hulen.

Chapitre 101.

La prinse de Saint-Denis en France par les François.

L'an mille quatre cent trente-cinq, le premier jour de juing, Monseigneur le bastard d'Orléans, Messire Pierre de Rochefort, mareschal de France, et autres François, se misdrent sus et vindrent en la ville de Saint-Denis en France, laquelle estoit tenue des Angloiz, ainsi que plusieurs autres places. Lesquels François s'y comportèrent si vaillemment, qu'ils prirent cette ville et en chassèrent dehors les Angloiz. Combien que ledit bastard n'y fut pas à l'entrée, toutefois ses gens y estoient, pour la plus grant part soubz luy. Mais il vint environ quinze jours après, et fut par lui mise grosse garnison de François en ladite ville de Saint-Denis, et s'i tint ledit bastard d'Orléans par aucun temps. Et avoit chacun jour entre iceulx François et Angloiz estans en ladite ville de Paris grandes et merveilleuses escarmouches et rencontres, et tellement que ledit bastard fut une journée au moulin à vent devant Paris pour actendre tous venans, par l'espace d'un jour. Auquel lieu fut vaillamment combatu par lui et ses gens. Et furent rechassez ceulx de Paris, tant Angloiz comme autres qui en estoient saillis, jucques dedens icelle ville, les aucuns tuez et prins, et les autres se sauvèrent à saillir par sus les murs Saint-

Ladre et à passer par certains troux qu'ilz avoient faiz dedens lesdits murs.

Et estoit pour ladite journée si grant soicheresse, que a pou que les gens d'armes ne estouffoient dedens leurs harnoiz, et si faisoit si grand pouldre que à moult grant paine povoient choisir[1] lesdits gens de guerre l'un l'autre. Et après s'assemblèrent lesdits Angloiz à grant ost et vindrent mettre le siège devant icelle ville de Saint-Denis, en laquelle estoit demeuré ledit mareschal, à bien de mil à douze cens combatans françois, entre lesquelz estoient en sa compaignie Messire Jean Foucault et Messire Regnault de Saint-Jehan. Lesquelz Angloiz tenans icellui siège approuchèrent et guerroièrent moult vaillanment et par longc temps icelle ville de Saint-Denis. Et aussi se deffendirent icellui mareschal et autres de dedens. Et y ot fait d'une part et d'autre de moult grans vaillances, et y en ot de mors et de prins d'un costé et d'autre.

Et estoient avec iceulx Angloiz le bastard de Saint-Pol, et le sire de l'Isle Adam et autres de ladite ville de Paris. Durant ledit siège, furent faitz par lesditz Angloiz plussieurs assaulx bien merveilleux, et après ce, de tous les costés de ladite ville et tous ensamble, et tellement que en aucun lieu fut combatu main à main, et furent tousjours reboutez lesdits assaillans et aucuns noyez ès fossez, et y avoit grandes deffenses par dedens, tant de laboureurs, femmes, enffans de dix ans et audessus ; les ungtz chauffoient broches de fer, huilles, eaues ; les autres

---

1. Distinguer.

se combatoient et recueilloient le trait que les assaillans tiroient ; et y avoit de petitz enffans, comme dit est, lardés tout autour d'eulx de flèches et de viretons, et les apportoient sur les murs à grans bracées, sans ce que oncques enffans fust féru à sangc, qui doit bien estre réputé à grâce divine. Et estoient serviz lesdits assaillans de leur trait mesmes.

Et cependant le bastard d'Orléans pourchassoit le cours des assiégez et vint à grant ost jucques au pont de Meulenc-sur-Saine, qui nouvellement, c'est assavoir en moys de septembre et durant ledit siège, avoit esté prins d'eschielle sur les Angloiz, par Monseigneur de Rambouillet et ung escuier françois nommé Pierre Jaillet ou Jaillart, et par le moien de deux de leurs gens qui estoient pescheurs, l'un nommé Lacaigne et l'autre Ferrande, lesquelz entrèrent par une eschielle dedens ung bateau, et entrèrent par les bruières qui chéoient sur Saine ; et d'autre costé y avoit ung Angloiz qui estoit garde du pont qui rendit ce qu'il avoit en garde à ung des François, nommé l'Empereur, lequel le bouta hors seurement à tout saufconduit. Et aussi ceulx qui estoient dedens le chasteau en la présence de Messire Richard Marbury, chevallier, cappitaine dudit lieu, se departirent, leurs vies sauves, et y laissèrent grant quantité de biens que lesditz François oulrent et qui leur furent très nécessaires.

Auquel bastard d'Orléans, le sire de Lohéac, le sire de Bueil et Messire Ambrois sire de Loré, vint nouvelles que deux cappitaines anglois, nommez l'un Mathago et l'autre Messire Thomas

Kyriel, à tout bien six cens combatans, estoient partis de Guisors pour venir audit siège. Et tantost montèrent à cheval lesdits sire de Bueil et de Loré, et firent tirer leurs estandars aux champs, et vindrent rencontrer iceulx Angloiz, lesquelz furent par iceulx François desconfilz, et y en ot plussieurs mors et prins, entre lesquelz fut prins ledit Mathago. Et ce fait, s'en retournèrent lesdits François avec leur prinse audit pont de Meulenc, lesquelz firent faire grant justice de plussieurs François qui avoient esté trouvez en la compaignie desdits Angloiz en ladite rencontre. Et cependant que l'armée des François s'assembloit pour secourir les assiégez de ladite ville de Saint-Denis, ledit mareschal et autres cappitaines, oyant ledit secours estre trop longtems ne povoient plus tenir ladite ville, obstant qu'il y avoit faulte d'argent pour paier les souldoiers, combien que avant le partement de mondit seigneur le bastard d'Orléans, le vénérable convent de l'abbaye de Saint-Denis, pour monstrer la loyaulté qu'il avoit envers son souverain seigneur le roy de France, presta et délivra de trente à quarante mars d'argent en tasses qui estoient en refretouer[1] d'icellui convent, pour et à ce que ceulx de ladite garnison en peussent estre appaisiez aucunement[2]. Et aussi il y avoit faulte de vivres, et par espécial de vin, combien qu'il y avoit des servoises[3], lesquelles furent bien nécessaires pour rafreschir les compaignons après que les assaulx estoient passez.

1. Au réfectoire.
2. Pour la solde.
3. Cervoise.

Et y avoit grant quantité de caques deffoncées tout autour des murs. Parquoy fist ledit mareschal et autres de sa compaignie composicion avecques les Angloiz, par laquelle ilz devoient avoir trois sepmaines de trèves pour actendre secours. Et se dedens ledit temps leur secours ne venoit, ilz devoient laisser la place, et eulx en aller eulx et leurs biens saufz. Et pour ce qu'ilz savoient que ledit bastard avoit grant compaignie sur les champs, et aussi qu'ilz avoient gaigné Meulenc, doubtant qu'ilz ne fussent secoureuz, firent une merveilleuse deffence tout à l'entour du siège, et firent fortificacion telle, que par bastardeaulx la rivière estoit espandue aux champs et si avant qu'elle redondoit dedans la ville près de la porte de Chastelet, qui est assise devant la grant église; et oultre ce, y firent quatre grosses bastilles, l'une entre les deux moulins, sur le pont par où l'on va à l'Espineul; l'autre entre deux arches lès la porte de Pontoise; l'autre emprès la cousture, et l'autre à la Becalone. Et estoient toutes fermées d'eau.

Et ainssi en deffault de secours, lesdites trois sepmaines passées, rendirent ladite ville et s'en allèrent eulx et leurs biens qu'ilz peurent emporter. Laquelle ville les Angloiz firent désemparer et abatre la muraille d'icelle, et ne demoura de fortifficacion que l'abbaye et une tour dedens icelle qui est appelée la tour du Velin ou Venin, dont fut fait cappitaine ung escuier nommé Brichanteau, nepveu de Messire Simon Morhier, prévost de Paris.

Chapitre .102.

Comment les Parisiens, Angloiz, supplièrent le sire de Wilby, cappitaine de Pontoise pour le roy d'Angleterre, d'estre leur cappitaine et deffendeur.

En ce mesmes temps, comme ainssi fut que ceulx de Paris, obéissans au roy d'Angleterre, veissent et congneussent eulx fort environnez et oppressez par les gens du roy de France qui leur faisoient forte guerre, craignans, et non pas sans cause, lesditz François, requisrent ledit sire de Wilby, Angloiz, cappitaine de Pontoise pour le roy d'Angleterre, de estre leur garde et cappitaine en Paris. Lequele, ouyt la requeste, establit son lieutenant à Pontoise Jehan de Repellay, chevallier angloiz, et vint à Paris demourer comme cappitaine, avec plussieurs souldoiers de guerre, à grans gaiges desdits Parisiens.

Chapitre 103.

Excécution d'un sodomite à Bruges, fait par justice.

En ce mesmes temps advint en la ville de Bruges que ung nommé Jacques Purgatoire, contempnant Dieu et la court céleste, avoit commis ung détestable péché de sodomite, autrement dit bougrerie, et avoit eu charnellement, par force, maistrise et viollance, copulacion avec plussieurs personnes par le fondement.

Pourquoy fut par les gens de justice emprisonné et après deument examiné, et le délit par lui confessé, fut presché en lieu publicque, et affin qu'il tournast à example à tous, fut condampné par justice à estre ars et brûlé au lieu et place en tel cas acoustumé. Pour laquelle exécution faire fut baillé et délivré au bourreau de ladite ville, qui en fist son devoir en la présence du peuple, qui fut ung grant bien et bel exemple à ung chacun.

Chapitre 104.

Le traictié d'Arras entre le roy de France et Monseigneur le duc de Bourgongne [1].

En ce mesmes temps, l'an 1435, durant le siège de Saint-Denis, fut prins journée pour traitter de paix en la ville d'Arras, entre Charles le roy de France d'une part, Henry roy d'Angleterre et Philippe duc de Bourguongne d'autre part. Auquel jour fut ladite paix traictié moult haultement et somptueusement par les depputez, tant de gens d'église comme de siècle. Et principallement nostre saint père le pape, désirant mettre bonne paix, union et concorde entre lesdites deux parties, y envoya pour embaxade ung bon preudomme chartreux qui estoit cardinal de Saincte-Croix [2], avecque lequel

---

[1]. Les négociations s'ouvrirent à Arras le 1er juin 1435 par l'arrivée de deux envoyés anglois. (*Journal de la paix d'Arras*.)

[2]. Voir, pour le détail des ambassadeurs, les relations spéciales, notamment le *Journal de la paix d'Arras*, par A. de le Taverne, religieux de Saint-Vaast, 1651, in-12,

estoit le cardinal de Cipre (ou Chypre), l'arcevesquè d'Aux[1], l'évesque d'Arch[2], l'évesque d'Arbuguerne[3], l'évesque d'Uxées[4], l'évesque d'Auxerre, l'évesque d'Albanye[5] l'évesque de Venoiensiz[6], l'abbé de Viezelay[7], Nicollas de Bassetegin[8], grant archidiacre de Poullaine, et l'archediacre de Mestz, procureur du conseil, et plussieurs autres seigneurs et conseillers.

Pour la partie du roy de France estoient et comparurent ceulx pui s'ensuivent, c'est assavoir : Monseigneur de Bourbon, Monseigneur le conte de Richemont, connestable de France, l'archevesque de Rains, chancellier de France, Monseigneur le conte de Vendosme, grant maistre d'ostel de France, Monseigneur Christophe de Harcourt, le mareschal de la Fayette, le seigneur de Mouy, Monseigneur Gilles de Saint-Simon, Monseigneur Gallehault de Saint-Sauvin, le seigneur de Montenay, le seigneur de Chaurry ou Chauvry, Monseigneur Rogier ou Logiez de Holande, Monseigneur Paillant d'Ulphé ou d'Urfé, Monseigneur Théaulde de Valpergne, Loys de Saucourt, le seigneur de Saint-Priet, Messire Peppin de Lamotte, Monseigneur

---

et la *Bibliothèque de l'École des chartes*, 2ᵉ série, tome 3, pages 118 et suiv.
1. Auch.
2. Dax.
3. Dalborg ? en Jutland (Suède); en latin, *Alburgensis*.
4. Uzès.
5. Ou Albingue (Albinga), évêché du Milanois.
6. *Vexionensis*, en latin; en françois, *Vecion*, ou *Brixion*, en Suède.
7. Vezelay.
8. Lasseski, Polonois.

Jehan du Chasteau, le seigneur de Monteigny, le seigneur de Giac, le seigneur de Magny, le doyen de Paris, Maistre Adam de Cambray, premier président du parlement, Maistre Guillaume Charretier, conseillier du roy nostre seigneur en icelle court, Maistre Jehan de Croissy, Maistre Robert de Maillières, Maistre Jehan Chastenier, Maistre Alain ou Adam Lequeux, Henry de Villebranche, Messire Pierre Petit, Messire Lancellot de Dampierre, bastard; Messire Jehan de Langres, Messire Loys de Vaulx, Messire Robinet d'Estampes, Messire Jehan de Rosoy et Messire de Gascourt.

Ambassadeurs pour Monseigneur le duc de Bretaigne, c'est assavoir Monseigneur de Clarretiere, l'archidiacre d'Acres, et le seigneur de Boys-Garnier.

Ceulx pour le duc d'Alençon estoient le seigneur de Saint Pierre, et maistre Raoul le Bouvier, segretaire d'icellui seigneur.

Pour le duc du Bar, le seigneur de Ciercle, le seigneur de Barach ou Harach, le bastard de Bar, et Aimé Bourgoiz.

Embassadeurs pour le roy d'Angleterre, c'est assavoir le cardinal de Vincestre[1], l'archevesque d'Iorch, l'évesque de Lisieux[2], l'évesque de Norwiich, l'évesque de Saint David, le conte de Hotinton[3], le conte de Sufford[4], le seigneur de Hongreford[5]; Monseigneur Jehan Radclif;

---

1. Winchester.
2. Pierre Cauchon, le *juge* principal de la Pucelle.
3. Huntingdon.
4. Suffolk.
5. Hungerford.

Monseigneur Jehan Clifeton, Monseigneur Jehan Huppe, Monseigneur Eupeton, Monseigneur Jehan Poupain, Monseigneur Robert Gocebrach[1], Maistre Guillaume Ysgiers, Monseigneur Robert Soutessebroch[2], le seigneur de Vodeshan[3], Monseigneur le doyen de Sallebery[4], Monseigneur le trésorier d'Iorch, l'archediacre de Richemont[5], Monseigneur l'Archediacre de Salbery, Monseigneur l'archediacre d'Essex, Monseigneur Jacguet Blacdon, maistre en théologie; Maistre Thomas Dei-Gracia, docteur en médecine; Maistre Guillaume Evrart, vicaire de Rouen; Messire Simon Arclek, maistre en théologie; Monseigneur Edouard Neviller ou Douare Revillo, seigneur de Bergeban; Monseigneur Thonmas Cray, damoiseau de Ruchin; Monseigneur Jehan de Holland, seigneur de Copreblantrenild, Troblantremont, ou Torpriblanternild; Monseigneur Edouart Stradelin, seigneur de Sindonat, grant chambellain du roi Henry d'Angleterre et connestable de Tancion; Monseigneur Jehan Tampest; Monseigneur Guillaume Wolf, seigneur de Crestonne; Monseigneur Jehan Boys, seigneur de Faillegh, connestable et bailly de Farahan, escuier pour ledit roy d'Angleterre; Loys Jehan, seigneur de Herdonne et de Blainville en Normendie; Richard Willier, seigneur de Gnoburges ou Girobourges en Angleterre; Richard Valles, seigneur de Cironbigger; Rogier de Karvers, da-

1. God-grace?
2. Southbroke?
3. Vaudesham.
4. Salisbury.
5. Richmond.

moiseau de Cramois, Thonmas Sufford; Thonmas Unedalle, damoiseau de Uigueham; Henry Davasseur, seigneur de Esteborgue; Nicolas Carn, seigneur de Bodrigam; Guillaume Challetorpe, seigneur de Boulleham; Robert Jouglese, seigneur de Lodesne; Jehan Filz Raoul, seigneur de Clipetonne; Robert Clériel, seigneur de Ubiterton; Jehan Sideham, seigneur de Bosagtonne; Waltier Troppinton, seigneur de Montevauger; Jehan Arondech, seigneur de Continton; Richard Wenloth; Richard Ake, seigneur de Foucham; Henry Trovard, seigneur de Hordille; Philippe Bernay, seigneur de Crodeham; Robert de Clipheton, seigneur de Topsiosch; Robert Pannescourd, seigneur de Stahauge; Georges de Hans, seigneur d'Escopart.

Embassadeurs présentz et comparus pour Monseigneur le duc de Bourguongne, c'est assavoir : l'évesque du Liége, l'évesque de Cambray, l'évesque d'Arras, Maistre Nicollas Raoullin, chancellier de Bourguongne; le duc de Guelles [1]; le conte d'Estampes; le conte de Saint-Pol; l'escuier de Clèves, le conte de Ligny, le conte de Vaudesmons; le conte de Meures [2], le conte de Nassaue; le conte de Montfort; le conte de Faucemberge; le conte de Menges; Monseigneur d'Argueil, filz du prince d'Orange; Thiébaud Monseigneur frère au conte de Saint Pol; le seigneur de Chastillon; le seigneur de Crouy; le seigneur d'Antoing; Ferry Monseigneur de Lorraine; le seigneur de Croy;

1. Gueldres.
2. Frédéric, dit Valerand, comte de Meurs ou Mœurs, chevalier de la Toison d'or, frère de l'archevêque de Cologne.

le seigneur Durchy; le seigneur de Créquy; le seigneur de Roubais; le seigneur de Charny; le seigneur d'Eccham; le seigneur de Vielzville; le seigneur de Noyelles; le seigneur de Roye; le seigneur de Cancy; le seigneur de Crèveceur; le seigneur d'Armentières; le seigneur de Saveuse; le seigneur de Humières; le seigneur de Launoy; Monseigneur de la Hamede; Monseigneur Jehan de Fossey; le seigneur de Lex; Monseigneur de Ligne; le seigneur de Philippemont; le seigneur de Morancourt; Messire Jehan de Hormes; le seigneur de Humbercourt; le seigneur d'Auteville; le seigneur de Mailly; le seigneur de Henchin; le seigneur de Senselle; le seigneur de Brey; monseigneur de Lor; le seigneur de Doms; Monseigneur de Croisilles; Charles de Noyers; Messire Jehan de Carderogne ou Charderonne; le vydame d'Amyens; Jacques de Craon; le seigneur de Villiers, Noielle lès Lert; Messire Jehan de Croy; le seigneur d'Aussi; le grand prieur de France; Messire Guillaume de Labay, le seigneur de Baudrin; le seigneur de Saint Simon; le seigneur de Ternant; le seigneur de Geux; le seigneur de Beauvaiz; le seigneur de Roland d'Uthkerch ou Huitkerch; Monseigneur de Flavy; Monseigneur Davy de Roy; le seigneur d'Archi; le seigneur de Neufville; le seigneur de Verras, Monseigneur Jehan de Boncourt; le seigneur de Moreul.

Pour les Flamens : Jacques Dixemie[1], Monseigneur Girard de Guistelles[2]; le seigneur de Commines; le seigneur de Halluy[3]; le seigneur

---

1. De Dixmude?
2. Ghistelles.
3. Hallevin.

de Robedane; le seigneur de Wouchain; le seigneur de Stourney; le seigneur de Litervelle; le damoiseau de Viramboth ou Vastanbourg; Henry de Dixemie, Messire Girard de Hatrin Porte; Jehan de Watrehan; le seigneur de Prat, le seigneur de Robech; Messire Corart ou Colars de Commines; le seigneur de Lickerne.

Pour les Brebançoms : le seigneur de Ubez-Eumalle ou Wezemale; Rotheler; le Routier de Brebant; le damoiseau de Nassauve; le damoiseau de Sombref; le seigneur de Disongean; le seigneur de Gavetlr.

Pour les Hollandès : le seigneur de Rollebourg; le seigneur de Arandal; Englebert de Osebech; le seigneur de Sallemertonbeudat; Hubert de Brushusen, Messire Jehan de Hazemy; le seigneur de Pulgeste; le seigneur de Ubassenare; le seigneur de Darsement; le seigneur de Cathdignin; Laurent de Carheat; Monseigneur Girard de Pulgoste.

Bacheliers pour Monseigneur le duc de Bourguongne : Messire le Liegois de Humières; le seigneur de Markays; Messire Jean Tuse; Willamsch de Thiembienst; Regnault de Seins, Messire Symon de Lalaing; Messire Baudet de Omillier; Messire Guillebert de Launoy; Henry de la Tour; le seigneur d'Anellns; Messire Guillaume de Sars; le seigneur d'Eulle, Messire Jacques de Sars; Messire Florimond de Brimeu; le seigneur de Harsy; Messire Barat de Lor; le seigneur de Fresnes; Messire Baudot de Noielles; le seigneur de Courcelles et son frère; le seigneur de Fontaines; le seigneur de Landas; le seigneur de Ramecourt; Maillotin de Bours; le seigneur de

Fretin; Robert de Saveuse; Calard de Ramanville; le seigneur de Maingoval; Lancellot de Done; le seigneur de Belle-Ferrière; Philebert d'Agincourt; Guieffray de Thouesy ou Thoisy; le seigneur d'Avrenche; le seigneur d'Encagremont; Cammanide Ricamines; le seigneur de Laval; Messire Gossequin; le seigneur de Noyent; Messire Michiel de Ligne; le seigneur de Florent; Messire Valerand des Ambaus; Messire Jacques de Liény; le seigneur de Montovillier; Messire Paien de Beauford, et le bailly d'Amyens.

Chapitre 105.

Deppartement d'Angloiz. — Assemblée faicte à Arras pour traictié de paix.

Pour traictier de paix audevant de ladite assemblée avoit grandement peiné et travaillé son corps le cardinal qui estoit légat du pape en ceste partie, et avoit esté par diverses journées devers lesdits roys de France et d'Angleterre, et pareillement devers ledit duc de Bourguongne. Esquelz voyages il avoit grandement frayé du sien pour ses despens; mais de ce ne lui challoit fors qu'il peust estre moyen de trouver bonne paix et icelle mettre avecques charité entre icelles parties. Et néantmoins, quelque diligence qui eust esté faite en ceste matière, ne se peust trouver aucune conclusion entre iceulx gens desdits roys de France et d'Angleterre.

Et s'en allèrent lesdits Angloiz sans autre chose

faire excepté qu'il fut prins une autre journée de rassembler de rechief ensamble [1]. Et après le département d'iceulx Angloiz, par le moyen dudit légat, du cardinal de Cipre, autres saiges d'icelle assemblée, entre autres choses dont ilz estoient chargés par le pape et le saint concille fut entamée la matière de venir à une finale paix; c'est assavoir sur le fait de la foy et par espécial la réduction des Boesmes [2], et aussi sur la réformation de l'église, et tiercement sur l'interprétacion de la paix finalle entre lesdits roys de France et duc de Bourguongne, et que s'aucune chose avoit esté par extorcion faicte d'une partie à l'autre, par le moyen desdits cardinaulx et autres saiges assistens le meffait peust estre amendé.

Pourquoy, et pour entrer en la matière, fut Maistre Nicolas Raoullin, chancellier dudit duc de Bourguongne, commis et ordonné et estably de parler pour ledit duc touchant la douloureuse mort de feu de bonne mémoire le duc de Bourguongne, père, occis et meurdry à Montereau-fault-Yonne, par le moyen dudit roy, ou aumoins à son sceu. Et pour ce proposa ledit chancellier en la présence de madame la duchesse de Bourguongne, de son filz, des assistens, et fist ses requestes, accions et conclusions en la forme et par la manière qui s'en suyt:

1. La retraite des envoyés anglois eut lieu le 6. (*Journal de la paix d'Arras.*)
2. Les Bohémiens de Prague.

Chapitre 106.

Sensuit la forme du traictié.

Texte du traité d'Arras[1].

Article 1. *Premièrement* a esté requis par ledit proposant que le roy demandast pardon audit duc, en affermant par lui estre innocent dudit maléfice, et que s'il eust sceu tel cas estre advenu il eust empesché de tout son povoir envers tout et contre tout.

Art. 2. *Item*, que le roy promettra que jamais ne donnera grâce ne ne pardonnera aux malfaicteurs qui ont commis et perpétré ce détestable crime, mais les fera prendre, s'il est à luy possible, et après les fera pugnir corporellement comme au cas appartient, et les fera publier par tout son royaulme, banir hors dudit royaulme et du Daulphiné, tant ès foires, cités, comme ès autres bonnes villes, avecques la confiscacion de toutes leurs rentes et revenues.

Art. 3. *Item*, que le roy ne permetra à nul de ses subjectz de les favouriser aucunement, sur paine aux infracteurs de la teste coupper et de confiscacion de tous leurs biens.

Art. 4. *Item*, que toutes foiz qu'il plaira audit duc, soit maintenant ou aultreffoiz, soit de parolle ou par escript, de monstrer lesdits malfaicteurs ou aucuns d'eulx, le roy promettra à en faire justice telle qu'il appartient.

Art. 5. *Item*, fondera le roy à Montereau, où

---

1. Ce traité fut signé le 21 septembre.

le délit a esté fait, une chappelle, à ses propres coustz et despens, en laquelle sera célébré cotidiennement et perpétuellement une basse messe de *requiem* pour prier pour l'âme dudit duc, de Monseigneur de Nouailles, chancellier, qui fut tué avec lui, et pour tous chrestiens trespassez qui sont mors à l'occasion de la guerre. Pour laquelle messe fondera soixante livres parisis amortiz pour le vivre d'un chappellain que le duc et ses hoirs y ordonneront à leur bon plaisir et voulenté, et garnira ledit roy ladite chappelle de galices [1], livres, casubles [2], nappes, touailles et tous autres aournemens qui à ladite chappelle appartiennent.

Art. 6. *Item*, que le roy édiffiera en ladite ville de Montereau ou emprès une prieuré de douze religieux de l'ordre des Chartreux, avec les granges, greniers et maisons à labeur appartenant, affin que lesdits Chartreux qui seront encloz seront tenuz de prier pour l'âme dudit duc et dudit seigneur de Nouailles. Et sera fondé ledit prieuré de huit cens livres parisis annuelles et perpétuelles et bien amorties.

Art. 7. *Item*, que le roy sera tenu de faire édiffier sur le pont de ladite ville de Montereau une croix bien somptueusement faicte, à ses propres coustz et despens et selon la disposicion du cardinal de Saincte Croix.

Art. 8. *Item*, que le roy fondera une grant messe de *requiem* avec la sonnerie convenable, laquelle sera célébrée en l'église où le corps du-

---

1. Calices.
2. Chasubles.

dit duc repose et est enterré, pour laquelle chanter perpétuellement fondera la somme de cent livres parisis bien amorties, avecques les aournemens, calices, missel, nappes, touailles et autres choses appartenant à l'autel pour servir Dieu.

Art. 9. *Item*, que incontinent que le roy aura recouvré ladite ville de Montereau, que les Angloiz occuppent de présent, il sera tenu de faire commencer les édiffices dessus denommez et les rendre parfaiz et achevez dedens et à l'affin de cinq ans; pendant lequel temps sera célébrée une basse messe pour et en lieu de la haulte.

Art. 10. *Item*, que le roy, pour récompensacion de certains joyaulx et biens meubles appartenant audit duc qui furent prins furtivement et par aucuns de ses gens, paiera la somme de cinquante mille escuz, de quoy soixante quatre feront le marc, à paier en la manière que s'ensuit :

Premièrement payera quinze mille à Pasques qui sera mil quatre cens trente sept; aux prochaines Pasques ensuivant, qui sera mil quatre cens trente huit, autres quinze mille; et vingt mille qu'il paiera à Pasques qui sera mil quatre cens trente neuf. Et avecques ce sera tenu ledit roy de rendre et restituer ung collier d'or, ou cas qu'il pourra venir à sa congnoessance et qu'il en pourra ouyr nouvelles.

Art. 11. *Item*, sera tenu le roy de augmenter la seigneurie dudit duc et de ses hoirs, soit masles ou fumelles, et lui délaissier le pays de Masconnoys et de Saint Gengon, avec toutes leurs appartenances, tant fiefz, arrière-fiefz, patronnages, confiscacions, comme autrement; l'ommage seullement au roy réservé, que ledit duc sera tenu faire en parrye [1].

Desquelz pays les hommes seront tenus de respondre en la court de parlement, se le cas le requiert, et sera ladite court par dessus les baillifz et autres juges desdits pays. Et combien que lesdites deux seigneuries aient appartenu à la couronne de France, veult le roy que doresenavant ilz soient audit duc et à ses hoirs, comme dit est. Et sera le bailliage de Saint Gengon annexé avec le bailliage de Mascon. Et seront les officiers, tant baillifz, receveurs, capitaines, prévostz, comme autrement, par le commandement du roy, combien que ledit duc les nommera telz que bon lui semblera, et aura toutes les amendes, proufiz et émolumens de la justice.

Art. 12. *Item*, que le roy laissera joyr et user ledit duc et son premier hoir, leur vie tant seullement, des aides de grenier à sel et emposicions, tailles, fouages et autres subvencions acoustumées à mettre ès pays et ville de Mascon et Challons, Ostun et Langres; et mesmement la duché de Bourguongne, contez de Charollois et des pays du dedens enclavez. Pour laquelle recepte porvoyera, lui et sondit hoir à son plaisir, de personnes ydoines qui recepveront les fruitz et émolumens comme de sa propre chose.

Art. 13. *Item*, renoncera le roy dès maintenant, en la main dudit duc et de ses hoirs légitimes, à la conté d'Auxerre, tant en fiefz comme arrière-fiefz et aultres rentes et revenues, laquelle conté ledit duc tendra du roy en hommage

1. Pairie.

et parrye et demoureront subjectz à la court de parlement, laquelle congnoestra des juges et officiers de par le roy, quant le cas requerra.

Art. 14. *Item*, que le bailly de Sens n'aura point de regard sur la justice de ladite conté d'Auxerre, maiz y aura bailli audit lieu de nouvel créé.

Et seront ordonnez par le roy, comme souverain, bailli et capitaine, et laissé audit duc et à son filz aisné pour en jouir leur vie durant seullement; et après leur déceps retournera ladite conté à la couronne de France, en telle manière comme par avant.

Art. 15. *Item,* que ledit roy en ladite conté ne prendra rien ès aides, imposicions, greniers à sel, tailles, fouages et autres subventions, maiz demoureront au prouffilt et utilité desdits duc et son hoir leur vie durant seullement. Et nommera ledit duc officiers telz que bon lui semblera, et le roy les y mettra comme souverain.

Art. 16. *Item*, que le roy renoncera au chasteau de Bar-sur-Saine avec ses appartenances en la main dudit duc et de ses hoirs légitimes, tant en fiefz, arrière-fiefz, comme autres possessions, et en la forme et manière que lui mesmes le tenoit, réservé l'ommaige que ledit duc et ses hoirs seront tenus lui faire. Et le tendront du roy en parrye.

Lesquelles justices et juridicions deppendent d'icellui chasteau et ressortissent en la court de parlement comme souveraine. Et auront toutes les aides, imposicions, grenier à sel et autres subvencions selon la coustume du pays et des lieux.

Art. 17. *Item*, que le roy délaissera audit duc et à ses hoirs la garde de l'église abbacialle de Luxeul, sans quelconque contradicion et empeschement, avec les prouffilz et émolumens qui lui compétoient comme héritier du droit de Champaigne.

Art. 18. *Item*, que le roy renoncera en la main dudit duc et de ses hoirs perpétuellement ès chasteaulx et villes des chastellenies et des prévostez foraines de Péronne, Mondidier et Roye, tant en justices, seigneuries, collacions de bénéfices, comme autrement, qui les tiendront en foy et hommage du roy en parrie et sous la supériorité de la cour de parlement. Et si joyra ledit duc et son premier hoir, leur vie durant seullement, des confiscacions, amendes, aides et autres subvencions par la manière que dessus est dit. Et combien que ledit duc et sondit premier hoir puist commettre à ce officiers, touteffoiz ce sera soubz l'authorité du roy.

Art. 19. *Item*, que le roy délaissera audit duc et à son premier hoir la conté d'Arthois avec les pays enclavez en icelle et avecques les prouffitz des aides et imposicions, estimez de présent à la somme de 14,000 frans, et nommera ledit duc et son hoir officiers telz que bon leur semblera pour gouverner la chose, et le roy sera tenu de leur bailler ses lectres pour ce faire.

Art. 20. *Item*, que le roy sera tenu de distribuer audit duc et à ses hoirs toutes les citez, villes, terres et possessions appartenans à la couronne de France qui sont assises sur la rivière de Somme, tant d'une part que d'autre, c'est assavoir Saint-Quentin, Corbye, Amyens et

Abbeville, avec toute la conté de Pontieu des deux costez de ladite rivière de Somme, c'est assavoir, Dourlens, Saint-Ricquier, Crèvecœur, Arleux et Mortaignes, en allant droictement d'Auxerre en Flandres et en Hénault, soit en royaulme de France ou ès parties de l'empire, l'ommage réservé au roy et la souveraineté à la court de parlement; lesquelles possessions le roy porra ravoir et racheter en payant à deux termes la somme de 400,000 escuz, de quoy les 64 feront le marc. Et cependant ledit duc et ses hoirs recepvront à leur prouffilt toutes subvencions et tailles et mettront officiers par la forme et manière que dessus est touché.

Art. 21. *Item*, que le roy paciffiera que nul empeschement ne soit donné audit duc ne à ses hoirs masles, leur vie durant, en la conté de Boullongne, laquelle il dit à lui compecter et appartenir; maiz en joyra paisiblement ledit duc et son hoir, leurs vies durant seullement, et après leur déceps retournera là où il appartiendra.

Art. 22. *Item*, que le chasteau de Gien avec ses appartenances, la conté d'Estampes et la seigneurie de Dourdan, lesquelles Monseigneur de Berry, comme siennes et à lui appartenantes, les donna jadis à feu monseigneur Jehan, duc de Bourguongne, soient mis ès mains de Monseigneur le duc de Bourbon, et jucques à ce que ledit duc de Bourbon ait exhibé et fait foy des lectres du don, sans ce que le roy puisse prétendre ne aleguer prescripcion de temps.

Art. 23. *Item*, que en cas que les contes de Nevers et d'Estampes feront souffisamment apparoir par toutes lectres ou autrement que aucuns receveurs de feu de bonne mémoire le roy Charles sixiesme desrenier trespassé ont prins en l'église de Rouen la somme de 32,800 escuz d'or, que feue la comtesse d'Arthois, mère des dessusdits, avoit mis en garde, pour certain mariage, — en ce cas sera le roy tenu de rendre et restituer icelle somme ausdits seigneurs ou à leurs ayans cause, à paier à certains termes à desclarer par lesdites parties.

Art. 24. *Item*, que ledit duc ne sera tenu de faire hommage au roy ne à ses successeurs de ses propres seigneuries ne de ce qui lui pourra escheoir ou royaulme de France pour le temps advenir. Et combien que ledit duc, en passant les lectres du traicté ou autres lectres, ledit duc nomme ou appelle le roy *son souverain*, néantmoins c'est sur telle condicion que pour ce il ne puisse encourir ou temps advenir aucuns dommages et intérestz, après le déceps duquel son hoir fera devers le roy ce en quoy il sera tenu.

Art. 25. *Item*, que les vassaulx et subjectz des seigneuries dessus desclairées desquelles ledit duc doit joyr seront tenus de venir au mandement dudit duc et le servir en armes et autrement, et mesmement premier que le roy, et ne pourra ledit roy faire ne traicter aucun acord avec les Angloiz se premièrement ledit duc n'est évocqué; maiz, qui plus est, se les Angloiz ou autres veuillent aucunement atempter ou usurper par force sur les seigneuries du duc, le roy sera tenu de toute sa puissance de aider audit duc, et mesmement domesticques de son hostel se mestier est; et pareillement, pour le bien de paix, fera ledit duc au roy.

Touteffoiz, après le déceps des deux parties, ce qu'il compecte et appartient à la couronne redondera et reviendra à l'oir naturel de France.

Art. 26. *Item*, que tous ceulx qui ont autreffoiz porté en armes et ailleurs l'enseigne de la croix saint André comme souldoyers dudit duc ne pourront estre conctrains de porter autre enseigne, mesmement en la présence du roy ne de son connestable, se ilz sont mendez au service du roy. Et sera tenu le roy de resouder[1] aux serviteurs dudit duc tous les biens qu'ilz ont perduz par prinse de leurs corps ou autrement.

Art. 27. *Item*, que le roy donnera abolicion généralle de tous les meffaitz de la guerre, en pardonnant le larrechin[2] des biens meubles, c'est assavoir en faisant restitucion tant aux gens d'église que aux séculiers, bénéfices et possessions immobilières; réservé de ce la conté de Bourguongne, en laquelle tout ce qui a esté prins et emblé et tant de dons de terre, de revenues, de confiscacions qui ont esté receuz à l'occasion de la guerre, et icelle durant du vivant dudit duc deffunct et du duc qui est à présent, demourront fermes et estables, sans ce que aucune chose leur en peust estre demandée, ne à leurs hoirs ou temps advenir.

Art. 28. *Item*, que tous les serviteurs et subjectz dudit duc, tant gens d'église, nobles, cytoiens comme autrement, de quelque estat qu'ils

---

1. Rembourser.
2. Larcin.

soient, qui autreffoiz ont tenu le parti dudit duc, joyront de ce présent traicté se ilz veullent. En ce faisant, tous empeschemens mis à leurs biens inmeubles en royaulme de France et Daulphiné seront levez, et leursdits biens mis à plaine délinvrance, autrement non.

Et renoncera ledit roy à toutes affinités et féaultés faictes tant à l'empereur comme à aultres qui aucunement pourroient dommager ledit duc. Et aussi pareillement fera ledit duc envers le roy.

Art. 29. *Item*, sera tenu le roy de bailler ses lettres-patentes audit duc faisantes mencion que se ledit traictié en temps advenir estoit aucunement contredit par lui ou par les siens, ce que Dieu ne veuille, dès maintenant pour bien de paix veult et consent que tous ses féodaux, subjectz et serviteurs ne se dient ou réclament plus à lui, maiz en tout audit duc, en les absoulant de la foy et serment que autreffoiz lui ont faiz, sans ce que en temps advenir leur puist estre tourné en reprouche ausdits serviteurs et féodaulx.

Et pareillement baillera ledit duc au roy ses lettres-patentes contenant ceste mesme forme et appointement.

Art. 30. *Item*, le roy compromettra le traicté dessus desclairé, ès mains desdits cardinaulx, embaxadeurs, tenir ferme et estable, sur paine d'excommuniement, agravacions, ragravacions, et de toutes autres censures d'église, dont lectres seront faictes et passées souffisantes et approuvées.

Oultre plus, fera le roy par ses cousins et autres parens de son sang baillier leurs lectres patentes par lesquelles promettront entretenir ledit compromis et appointement ; c'est assavoir, du duc d'Anjou[1], de Charles, frère dudit duc[2], du duc de Bourbon, des contes de Richemont, de Vendosme et de Foix, d'Armagnac, de Perdriac, et d'autres que ledit duc vouldra désigner.

Parquoy, si par ceulx du costé du roy infraction estoit faicte oudit accord, tous les dessusdits seigneurs seront à l'ayde du duc contre le roy.

Et quant aux gens d'église, nobles et citoyens du costé du roy, seront tenuz de baillier lettres de la compromission d'icelle paix sur la seurté de paines corporelles, telles que par lesdits cardinaulx sera trouvé expédiant.

Et pareillement de la part dudit duc, en la même forme et manière que dit est, pour avoir paix finable, en la présence desdits embaxadeurs devant lesquels sera passé et adcordé.

Art. 31 et dernier. *Item* finablement, s'il avient, par aucun cas d'aventure, que aucuns desdits articles fussent enfrains pour aucuns des subjectz desdites parties, néantmoins ledit traicté demourera tousjours en sa force et vertu, et l'amendera ou amenderont l'infracteur ou infracteurs, selon la disposicion et ordonnance desdits cardinaulx.

1. René d'Anjou.
2. Charles d'Anjou, comte du Maine.

Chapitre 107.

Comment fut conclue et accomplie ladicte assemblée d'Arras.

Après laquelle proposicion, contenant trente et un articles, ainssi faicte par ledit maistre Nicolas Raoullin, chancellier dudit duc, les seigneurs et conseil du roy demandèrent avoir par escript lesdits articles, et, sur iceulx, advis de respondre. Et pour ce que lesdits seigneurs et conseil du roy assemblez en nombre compectent, saichant de vérité et considérant le roy au bien de la paix avoir très singulière voulenté, après plussieurs messes, prières et oroisons faittes envers Dieu et la glorieuse vierge Marie, et en divers lieux et comme il fault dire génerallement partout le royaulme, la grâce du benoist saint Esperit a esté tellement infuse ès ceurs d'iceulx seigneurs et conseilliers, que eulx, considérans les grans maulx, la diminucion du royaulme et de populacion des lieux qui ont esté, par la division qui estoit et a esté entre lesdites parties, et à ce que le peuple qui est de présent et sera en temps advenir puisse vivre paisiblement sous lesdites seigneuries telles et où il appartient, sans plus y avoir effusion de sangc, pilleries, roberies, ne quelque autre énormité, meus de pitié et compassion des choses dessusdites, ayans aussi toute puissance du roy pour appoincter et promesse de lui tenir ce que par eulx seroit dit, fait et conclud, ont eu agréables les parolles proférées esdits trente et ung articles, combien qu'ilz soient pour le roy de moult grant charge et pour le duc de grand prouffilt. Maiz pour l'utilité de son royaulme, le bien de paix et amour nourrir avecquez ledit duc, lequel avoit esté en division et guerre mortelle avecques le roy, et pareillement le roy avec lui, par l'espace de vingt ans; icelle responce d'accord donnée par l'archevesque de Rains, chancellier de France; sur lequel acord les embaxadeurs des deux parties ont touché ès mains desdits cardidaulx, en eulx soubzmettant à la cohercion et paines et par la manière qu'il est contenu ès articles dessusdits. Et sur ce ont esté faictes et passées lectres patentes de partie à autre, ainssi que promis estoit, et par ainssi sont demourées les parties en paix, union et acord. Lesquelz Dieu par sa miséricorde les y vueille tousjours maintenir, et que entre eulx ait telle concorde que paradis puissent obtenir ! Pour veoir et rapporter parmy le royaulme de France ce qu'il seroit conclud en ladite ville d'Arras touchant le fait de la paix, pour le roy de France y avoit plussieurs roys d'armes, mareschaulx, héraulx et poursuivans. Et premièrement avec les embaxadeurs du roy de France estoient ceulx qui s'ensuivent : *Montjoye*, roy d'armes de France; *Malo*, roy d'armes; *Orléans*, le hérault; *Bretaigne, Emime*[1], *Pierrepont, Mongommery, Broussel, Dampierre, Bar; Feu-Grégoiz*, poursuivant; *Mémoire, Gonfanon, Monstereau-Bellay, Francheville*[2], *Beaumont, Romarin, Partenay, Montrensuy*

1. *Hermine.*
2. Chroniques de Saint-Denis : *Faucille.*

ou *Mouzenzicy*[1], *Vignolles, Loyaulté, Papillon, Bethisy, Luilly*[2], *Fesseaulx, Porc-Espic, Beauvaiz, Empire-Ville, Estoutenay.*

Pour le roy d'Angleterre, *Jartière*, roy d'armes; *Suffolk*, hérault; *Hembre*[3], poursuivant; *Eudelet*, poursuivant; lesquelz s'en sont allez dès le commencement avec leur maistre. Pour Monseigneur le duc de Bourguongne, le roi d'armes de la *Toison d'Or*, le roy d'armes de Portugal, le roy de Brebant, le roy de Bray, le roy de Flandres, le roy de Haynault, le roy de Corbie, le mareschal de Brebant, le mareschal de Flandres, le mareschal d'Arthois, *Bourgongne*, le hérault; *Montmiral*, hérault; *Hollande, Avant-garde, Namur, Franche-conté, Enghien, Orenge, Cecille, Hincy, Chastillon, Villiers*. Poursuivans : *Fuzil, Frontière, Vostre-Vueil, Desduit, l'Estoille, Camfier*[4], *Toutain, Le Gras, d'Anville, Bataille, Miaulde, Confort, Voit-qui-Peult, Vray-Desir, Chasteau-Belin, Bonne-Querelle, Rosieu, Il-dit-Vray, Plusque-Nulz*[5], *Zuillant, Tallent, Bonne-et-Belle, Bruyère, Tournay, Lours*[6], *Espinette* et *Bayant*.

Et a esté estimée ladite convencion[7] faicte audit lieu d'Arras, par Gouville, fourrier dudit duc de Bourguongne, la somme de cinq cens chevalliers; et en nombre, l'assemblée toute estoit de neuf à dix mille, qui est la plus belle

1. Chroniques de Saint-Denis : *Moreusny*.
2. Ou *Sully*.
3. Chroniques imprimées : *Hembié, Hembière* (1518); *Iambière?*
4. Ou *Canisier*, Guillaume *Poterite* (ou *Potente*).
5. C'est-à-dire *plus que nul autre*.
6. Ou *l'Ours?*
7. Estimation du nombre des personnes.

convencion c'om saiche avoir esté de longctemps.

Et estoit le siége devant Saint-Denis, tel que dit est, durant ladite convencion et assemblée. Après laquelle conclusion de ladite assemblée fut par lesdits héraulx et poursuivans dessusdits criée la paix. Et se partit chacun endroit soy où bon leur sembla porter les nouvelles, et non pas en cas criminel. Et ne voulloit pas le conte de Ligny, nommé Messire Jehan de Luxembourt, faire le serment de la paix pour celle heure, maiz demanda terme jucques à quinze jours après Pasques, pendant lequel temps il ne devoit point faire guerre ne lui ne ses gens. Et le terme venu, il fist le serment, lui et ses gens, pareil aux autres. Et au département de ladite assemblée cuida venir monseigneur le connestable à tout grant armée secourir les assiégez de dedens Saint-Denis, et fut jucques au pont Tibulon[1], qui est à une lieue dudit Saint-Denis; maiz il estoit trop tard, car il estoit jà rendu.

CHAPITRE 108.

C'est le très douloureux trespas de très haulte et très puissante dame Ysabel, royne de France, femme de Charles, sixiesme de ce nom.

Oudit an mil quatre cent trente-cinq, très haulte, très puissante et très chrestienne roigne Ysabel, femme de Charles le sixiesme roy de France de ce nom, alla de vie à trespas en

---

1. Au *Pont-Iblon*.

l'ostel de Saint-Pol. Et combien que ladite dame en son jeune aage ait grandement et honnourablement vescu en toutes ses neccessitez, comme à royne apartient, néantmoins, pour et à l'occasion de certain appoinctement fait entre sondit mary et le roy d'Angleterre Henry, comme il est contenu ès cronicques de Saint-Denis plus à plain, ladite royne a eu moult à souffrir, parce que la promesse que ledit roy d'Angleterre avoit fait ausdits roy et royne de France n'a aucunement sorty son effect, quelque promesse par serment qu'il leur eust fait, car ledit roy d'Angleterre leur devoit bailler telz estatz que à eulx appartenoit leurs vies durans, dont il n'a esté riens fait, et ont esté par ledit roy d'Angleterre en telle neccessité que ung simple conte d'Angleterre menoit plus grant estat que les roy et royne de France dessusdits, au grant détriment et déshonneur dudit royaulme de France : car cest durté grande de délaisser les choses acoustumées.

Et ont esté lesditz Angloiz cause de eulx abrégier ses jours, parce que ledit roy d'Angleterre ne la chevissoit[1] autrement. A esté aussi fort dollente et prins en desplaisance de ce que injustement les Angloiz avoient publié de son filz : car ilz disoient que Charles, dauphin de Vienne, n'estoit pas légitime, et par ce moyen inhabille à succéder à la couronne de France. Ledit roy d'Angleterre prétendoit à y parvenir. Et ce venu à la congnoessance de ladite royne, fut moult troublée et navrée en ceur, en jectant

---

1. De *chevir*, traiter, entretenir.

mains ¹ plours et soupirs, qui tellement l'ont tourmentée, que oncques depuis elle n'eult joye au ceur.

Oultre plus, ladite royne, saichant la grant division mortelle avoir esté par telle espace de temps entre sondit filz et le duc de Bourgongne, et de nouvel estoit fait paix et bon acord entre icelles parties, print ung tel esjouissement en soy qu'elle en cheult en maladie. Et adonc fist son testament bien ordonnément, receult son créateur et autres sacremens de saincte Église comme bonne catholicque, et fist plusieurs laiz selon sa possibilité, qui estoit lors bien petite.

Entre lesquelz laissa en l'église et monastère de Saint-Denis, patron de France, une maison qu'elle avoit à Saint-Ouain-lès-Saint-Denis, appellez les Bergières ², avec tous les cens, rentes et autres appartenances audit hostel. A donné oultre plus à icelle église, pour prier pour elle, les aournemens d'une chappelle, contenant cinq chappes, thunicque, dalmaticque, estolles, fanons, la couverture d'une chayère ³ cathédralle, tous de soye perse ouvrés de broderies garnies de perles et de pierres moult richement. A donné pareillement deux draps d'or de broderie pour servir au grant auteul, l'un dessus et l'autre dessoubz. Esquelz draps est la passion Nostre-Seigneur Jhesus-Crist moult richement historiée ⁴.

---

1. Maints, maintes.
2. Ou les Bergeries.
3. Chaire, *cathedra*.
4. Voir, pour les divers dons faits par Ysabelle à l'abbaye, l'*Histoire de Saint-Denis*, par Doublet, 1625, in-4, p. 1311 et suiv.

Et combien que au jour du trespas d'icelle dame elle n'eust pas encores livré à l'église lesdits aournemens, pource qu'ilz estoient en Advignon, imparfaitz, et en devoit à l'ouvrier qui les avoit faiz deux mille frans, néantmoins, dès son vivant elle charga à Maistre Jehan Chiffart, son chancellier et l'un de ses testamenteurs [1], de bailler les lettres du don des choses dessusdites à Monseigneur l'abbé de Saint-Denis et au couvent; ce qui fut fait depuis son trespas.

Et trespassa ladite royne la veille de feste Monseigneur Saint Michiel [2] l'an que dessus. Après lequel trespas fut son corps amené à Saint-Denis par eaue en ung petit bateau et jucques en l'isle à très petit appareil, car il n'y avoit de conduiseurs que quatre personnes seullement, comme se c'eust esté la plus petite bourgoise de Paris; qui fut une grant honte et déhonneur pour tous les Angloiz. Ladite dame, sa vie durant, ordonna ses testateurs [3] ledit maistre Jehan Chiffart, maistre Jehan Happart, cordellier, son confesseur, maistre en théologie.

Pour lequel enterrement faire, le vénérable couvent dudit Saint-Denis, en l'absence de Monseigneur l'abbé, revestuz de chappes moult richement à fleurs de liz, et toutes autres gens d'église, allèrent proucessionnellement quérir ledit corps jucques en l'isle. Et fut apporté en l'abbaye en chantant *Libera me* et autres suffrages, et mis en ceur soubz une chappelle de

---

1. Exécuteurs testamentaires.
2. La Saint-Michel est le 29 septembre.
3. Exécuteurs testamentaires.

boys faicte artificiellement, sur laquelle avoit grant luminaire de cierges, et entour le corps de torches non pas telle [1] que à elle appartenoit. Cet enterrement fut fait le premier jour d'octobre. Et chanta la grant messe le grant prieur dudit Saint-Denis, parce qu'il n'y avoit point de prélat. Et à faire le dueil estoient seullement lesdits trois excécuteurs, qui estoit grant honte à toute la seigneurie d'Angleterre. Et là fut bien monstré que les fleurs de liz estoient bien bas et venues en déclin. Et ainssi fut sépulturée en grans pleurs et gémissemens du peuple.

Si prierons le roy puissant
Qu'il mette l'âme en paradis,
Affin que sans aucun torment
Finablement soit en déliz.
Amen.

Chapitre 109.

Comment la paix fut criée à Rains.

Le douziesme jour de octobre oudit an, Messire Jehan Chevery, chevallier, et Tristan Lermite [2], escuier et prévost des mareschaulx, vindrent à Rains apporter les lettres de la paix faicte à Aras entre le roy de France et monseigneur le duc de Bourgongne. Et allèrent tout droit à l'église Nostre-Dame. Et alloit tout le peuple audevant eulx pour ouir les joyeuses nou-

1. Sous-entendu : *quantité*.
2. Ce personnage fut grand maître de l'artillerie sous Charles VII. Voy. le P. Anselme. Il devint fameux sous Louis XI.

velles, et combien qu'ilz n'eussent point d'intencion de les faire publier pour la journée, néantmoins, à la requeste des habitans, ilz se trahirent au pallais, et là fut publiée la paix à voix de cry et de trompette. Et furent leues les ectres des appoinctemens, après lesquelles fut d'un chacun crié *Noël!* Et le lendemain fut publiée par tous les carrefours, affin que nul, sur grosses paines, n'allast au contraire, et fut commandé par toutes les paroisses que nul, sur paine d'excommuniement, ne fist cedit jour besongne non plus que on fait au dimenche. A quoy obéit le peuple très voulentiers. Et avec ce firent feux en chacune rue et tables drécées et vins et viandes à tous venans. Et dura ladite feste et solempnité par l'espace de huit jours, pour la grant joye que chacun avoit de ladite paix.

Chapitre 110.

La reddicion de la ville d'Espernay[1].

Le mardi onzième jour d'octobre oudit an, le cardinal de Saincte-Croix et Monseigneur de Rains arivèrent en ladite ville de Rains; le jeusdi ensuivant, le chancellier du duc de Bourgongne, Monseigneur d'Argueil, fils du prince d'Orenge, Monseigneur de Chargny, Monseigneur de Crouy, pareillement vint Monseigneur de Chastillon. Les-

---

1. Voy., sur les faits rapportés dans ce chapitre, les extraits des mémoires de Rogier : *Archives de Reims*, publiées par Varin dans la *Collection des documents inédits relatifs à l'histoire de France*, 1844, in 4°; *Archives législatives*, 2ᵉ partie, *statuts*; 1ᵉʳ volume, page 606.

quelz Monseigneur de Rains avoit mandé par
saufconduit pour la réducion de la ville d'Espernay, pour ce qu'ilz ne laissoient la ¹ courir, nonobstant la paix publiée; et se disoit Angloiz.
Touteffoiz fut appointé que lui et ceulx de dedans
laisseroient la place et ils auroient six mille saluz.
Et à ce s'acordèrent ceulx de Rains et du pays
de là d'environ, et de paier les six mille saluz
plustost que d'y mettre siège.

Pour le paiement desquelz fut fait une taille
sur le peuple, c'est assavoir que on prendroit
sur chacune queue de vin seize soubz parisis,
que le vendeur paieroit, et sur le septier de seigle
six deniers, et autant sur l'avoine; sur le septier
de froment douze deniers; sur poix et sur fèves
autant. Et y eurent certains bourgois qui firent
le prest desdits six mille saluz, dont aucuns
estoient très-mal contens, disant que on leur
voulloit mectre sus² les imposicions dont ilz
avoient esté exemps puis l'an mil quatre cent
vintg-neuf, le saiziesme jour de juillet, qui avoit
esté au sacre du roy. Et adonc se départirent de
ladite ville ledit cardinal d'une part, et les dessusdits Messire Jehan de Chevery et Tristan
l'Ermite d'autre.

1. Opérer des incursions contre cette ville. Les Archives
de la ville de Reims conservent de riches documens sur ces
faits et sur le règne de Charles VII. Tous ces documens n'ont
pas été publiés, il s'en faut de beaucoup, par M. Varin, dans
sa volumineuse collection (*Archives de Reims*, 1839-1853,
10 vol. in-4°).

2. Qu'on vouloit mettre sur eux.

Chapitre 111.

Ambassade pour la délivrance du duc de Bar [1].

Le dymenche vingt-quatriesme jour dudit mois oudit an, Monseigneur le duc de Bourbon, Monseigneur le Connestable, Monseigneur de Vendosme, Messire Christophle de Harcourt et Monseigneur de la Fayette arivèrent à Rains. Et de là se partirent, en leur compaignie Monseigneur l'archevesque de Rains [2], pour aller à Digon [3], affin d'avoir la délivrance de Monseigneur le duc de Bar, lequel estoit prisonnier de Monseigneur le duc de Bourgongne. Et allèrent tous, excepté mondit seigneur le Connestable, lequel demoura pour actendre douze cens saluz. Et environ le quatriesme jour après qu'il eult receuz lesdits douze cens saluz, se partit pour aller à Saincte-Menehou pour faire rendre les forteresses à ceulx à qui elles estoient, et aussi pour faire rendre Grantpré, car le cappitaine du dedens, nommé Champaigne, ne la voulloit rendre, se ledit connestable n'y fust allé en personne.

Chapitre 112.

Les Escorcheurs.

Environ quinze jours après oudit an, vindrent en pays de Champaigne de trois à quatre

1. René d'Anjou, duc de Lorraine et de Bar.
2. Regnauld de Chartres.
3. Dijon.

mille hommes de guerre, dont les aucuns estoient yssus des forteresses que ledit connestable avoit fait rendre, lesquelz dommagèrent grandement le pays, et n'y avoit homme, femme ne enffans qu'ilz ne despoullassent, pourvu qu'ils les peussent rencontrer à leur advantaige, jucques à la chemise; et quant ilz avoient tout pillyé, ranchonnoient les villages. Et estoient leurs capitaines ung nommé de Chabannes[1] et deux bastards de Bourbon, et les nommoient le peuple vulgairement et communément les *Escorcheurs*. Et en envoya ledit connestable à Dieppe, qui estoit nouvellement prinse des gens du roy, quatre cens hommes d'armes et six cens archiers.

Chapitre 113.

Excécucion de malfaicteurs à Rains par Monseigneur le Connestable.

Le deuxiesme jour de décembre, revint Monseigneur le Connestable à Rains, et amena deux desdits gens d'armes qui ainssi gastoient le pays, lesquelz il trouva saisiz de larrechin, et le cappitaine de Berheneville; lesquelz, pour les maulx qu'ilz avoient faiz durant la paix criée et après, comme de prendre marchans et laboureurs et les destrousser, de deffyer la ville de Rains et faire plussieurs énormes maulx, mesme avoir faict faulce monnoye, ledit cappitaine fut

[1]. Antoine *de Chabannes*, comte de Dammartin. Il fut depuis grand-maître de France. (Voy., à ce nom, *Biographie générale* de MM. Didot.)

pendu au gibet de Rains, et ung des deux autres
larrons qu'il avoit amenés; mais le tiers[1] oult
sa grâce, pour avoir pendu, en deffault du bourreau, les deux dessus nommez. Et se monstra
en ce ledit connestable bon justicier, et aussi il
en avoit la grâce et renommée par tous pays.

Chapitre 114.

*Comment ceulx de Pontoise se mirent en
l'obbaissance du roy de France.*

En ce temps mesmes fut mise en l'obbéissance
du roy de France la ville de Ponthoise par
les bourgois, manans et habitans, considérans la
grant servitude en quoy les Angloiz les avoient
tenuz par longue espace de temps, et ausi voyans
l'absence de Monseigneur de Wilby[2], Angloiz,
de nouvel capitaine de Paris. Et pour ce faire
s'assemblèrent ensemble pour machiner et conclure par quelle voye et manière porroient procéder à l'excécution desdits Angloiz. Et pour
plus seurement besongner, advisèrent que la plus
grande et saine partie des gens de guerre estoient
allés dehors en fourrage ou autrement quérir leur
avantage, et n'estoit demouré que Messer Jehan
de Rappelay, Angloiz chevallier, lieutenant de
ladite ville pour mondit seigneur de Wilby, estant
cappitaine et garde de ladite ville de Paris.

Pourquoy les habitans d'icelle ville de Pontoise, conjoinctement uniz ensemble, allèrent

---

1. Le troisième.
2. Willoughby.

fermer les portes, eulx souffisamment armez et habillez, et vindrent ès logis d'iceulx Angloiz, et les prindrent prisonniers sans ce qu'il y eust aucun amer mort, et ne trouvèrent lesdits François aucune résistence, excepté ledit Messire Jehan de Rappelay, qui monta, lui troisiesme, sur la porte emprès l'Ostel-Dieu. Sur laquelle se deffendirent moult vaillanment, tant à ruer pierres comme à combatre de tuilles et autrement. Et en conclusion se rendit ledit chevallier à ung bourgois qui avoit espousé la cousine germaine de sa femme. Et ce fait, envoyèrent tantost devers Monseigneur Jehan de Villiers, seigneur de l'Isle-Adam et chambellain du duc de Bourgongne, affin qu'il vousist prendre la charge d'icelle ville de par le roy; ce qu'il fist, nonobstant qu'il n'estoit pas encores acertené de la paix faicte à Aras entre le roy et Monseigneur de Bourguongne. Maiz ne demoura guaires après qu'il n'en eust la certificacion dudit duc. Pourquoy, incontinent les nouvelles ouyes, conmença à exposer son corps au service du roy; et demoura cappitaine de ladite ville. Et avecques lui pour la garde d'icelle demourèrent Monseigneur de Montmorency, Monseigneur Jacques de Villiers, et plussieurs autres cappitaines.

De laquelle prinse furent moult couroucez et dollens les Angloiz, et les François moult joyeulx. Laquel joye fut moult aparent en tant que de toutes les parties de ce royaulme, et pour leur obéissans au roy de France, venoient seigneurs et cappitaines veoir et visiter ladite ville de Pontoise.

Chapitre 115.

Monnoye descriée.

En ce mesme an, le samedi desrenier jour de decembre, fut cryée la monnoye du roy et furent descriées les placques, qui estoient de huit doubles et mises à huit deniers parisis. Et aussi les blancs du roy au K. furent mis à six deniers, lesquelz estoient à huit. Et toutes autres monnoyes deffendues excepté la monnoye de Monseigneur de Bourguongne, c'est assavoir virelas[1] pour douze deniers la pièce, et rider[2] d'or de soixante-dix au marc pour vingt-quatre soubz parisis la pièce. Et fist le roy blans de huit deniers parisis la pièce, de six solz huit deniers de taille. Et donnoit le roy aux marchans du marc d'argent neuf frans. Et fist escuz soixante-dix au marc pour vingt-quatre soubz parisis la pièce. Et estoit la monnoye du roy et de Monseigneur le duc de Bourguongne égalle en valleur.

Chapitre 116.

Comment la royne acoucha, à Chinon, de Monseigneur Philippe de France.

En ce mesme temps, le quatriesme jour de février, à trois heures après mynuyt, ou chasteau de Chinon, acoucha d'enfant la royne de

---

1. Ou *virlains*.
2. *Riders*, cavaliers.

France, et ot ung enfant masle, lequel le roy fist tenir sur fons et donner baptesme par le duc de Bourbon, pour et en nom de Monseigneur de Bourguongne. L'autre parrain fut Monseigneur Charles d'Anjou, et la marraine fut la royne de Cécille. Et fut nommé Philippe. Et tantost après que ledit enffant fut chrestienné, le roy le manda audit duc par ung de ses héraulx nommé *Coustances*, de laquelle chose ledit duc fut moult joyeulx et donna audit hérault cent rider d'or, et une robe brodée de la livrée des nopces du conte d'Estampes, laquelle ledit duc de Bourgongne portoit et avoit vestue.

Pour lever ledit enffant nommé Philippe de France fut audit chasteau de Chinon jucques au vingt-septiesme jour dudit moys de février. Puis fut porté à Tours et coucha à Azay une nuyt, et le lendemain ariva audit Tours environ deux heures après midi. Et estoit porté à deux hommes dedens ung petit bers couvert de toille chirée, et ne vesquit que quatre moys.

Chapitre 117.

Rencontre de François et Angloiz, près Saint-Denis en France.

L'an mil quatre cent trente-six[1], le conte de Richemont, connestable de France, et le bastard d'Orléans, eulx estans à Pontoise, en leur compaignie le sire de Ternant, le sire de Lalain, envoyez au roy de France par le duc de Bourguongne, à quatre ou cinq cens combattans en

---

1. Pâques le 8 avril.

leur compaignie, fut ordonné par ledit connestable de venir, luy, le bastard d'Orléans et autres dessus nommez avec leur compaignie eulx logier à Saint-Denis en France, laquelle ville de Saint-Denis avoit esté désemparée par les Angloiz, ainssi que dessus est dit, combien que lesdits Angloiz tenoient tousjours une tour audit Saint-Denis, nommée la tour de Vélin. Et entre Ponthoise et la ville de Saint-Denis, ainssi comme environ deux lieues dudit Saint-Denis, vint nouvelles à ceulx qui estoient envoyez devant par ledit connestable pour faire et ordonner le logis, que les Angloiz estoient sailliz de Paris pour venir à l'encontre, et que ilz estoient oultre ladite ville de Saint-Denis en tirant droit à Pontoise.

Lesquelz François, qui devant estoient, s'arrestèrent et firent savoir à ceulx qui faisoient l'avantgarde qu'ilz chevauchassent hastivement. Et semblablement envoièrent chevaucheurs audit connestable pour le faire avancer. Et tiroient les Angloiz leur chemin droit aux François, et pareillement s'avancèrent les François de chevaucher contre lesdits Angloiz. Et tant chevauchèrent d'une part et d'autre qu'ilz se rencontrèrent près d'un ponceau de pierre lez de ladite rivière de Saine, environ de demye lieue de ladite ville de Saint-Denis. Et estoient iceulx Angloiz de sept à huit cens combatans; desquelz estoit chief Messire Thonmas de Beaumont, chevallier, avecques lequel estoit ung autre chevallier, nommé Messire Thomas Druic, tous deux Angloiz. Et là eult de grandes et grosses escarmouches.

Et plussieurs foiz les François reboutoıent les Angloiz et gaignoient icellui pont, et autreffois les Angloiz reboutoient les François et gaignoient semblablement icellui ponceau. Et tousjours venoit ledit connestable avec le plus de la compaignie qui encores estoit desrière. Et après toutes icelles escarmouches qui longuement durèrent, chargèrent à pié et à cheval iceulx François sur iceulx Angloiz, tellement que ledit sire de Beaumont et ses Angloiz furent desconfilz. Et y en ot de mors de trois à quatre cens, et y fut prins prisonnier ledit sire Thomas de Beaumont par ung escuier breton nommé Jehan de Rosennivynen[1], et plussieurs autres Angloiz en grand nombre. Et furent chassez iceulx qui peurent eschapper jucques à Paris, à la porte Saint-Denis, devant laquelle porte y en ot plussieurs mors.

Et se vint logier ledit connestable et sa compaignie audit lieu du Saint-Denis, et fist mettre le siège devant ladite tour de Vellin[2], en laquelle avoit bien de trente à quarante Angloiz, lesquelz s'estoient sauvez dedans icelle tour avecques le cappitaine nommé Brichanteau, nepveu de Messire Simon Morhier, prévost de Paris; et auquel lieu de Saint-Denis ledit connestable laissa de ses gens en garnison et s'en retourna avec sa compaignie audit lieu de Ponthoise.

1. Ou *Rosnivinen*. Ce nom, qui subsiste encore, doit se prononcer, je crois, *Ronivinin*.
2. Ou Venin.

Chapitre 118.

Comment Paris fut François.

Environ quatre[1] jours que iceulx Angloiz oulrent esté desconfilz ainssi que dessus est dit, ledit connestable fut deument informé que les grigneurs bourgois et de plus grant auctorité de la cité de Paris avoient bonne amour au roy de France, et que voulentiers ilz se mettroient soubz lui et en son obéissance, et que longtemps par avant l'eussent fait c'ilz eussent eu aide et secours d'icelui connestable, car ilz craignoient fort, comme ilz disoient, les Angloiz, qui estoient encores audit lieu de Paris avec le sire de Wylby, Angloiz, environ mille et cinq cens combatans. Et y estoit Messire Loys de Luxembourg, évesque de Thérouenne, soydisant chancellier de France pour le roy d'Angleterre, et ung chevallier nommé Messire Simon Morhier, natif de prez Nogent-le-Roy, lors prévost de Paris, et plusieurs autres natifz de Paris et d'autres lieux, lesquelz tenoient tous les bourgois et peuple de ladite ville de Paris en grant crainte et subjeccion. Et parquoy presque tous les bourgois et peuple désiroient fort eulx mettre en l'obbéissance du roy de France, sinon aucuns[2] particulliers qui estoient officiers ou avoient autre praticque d'iceulx Angloiz. Et ne venoient nulz vivres à Paris, pour ce que Corbeuil, Laigny-

---

1. (Mss. 9676. 2. A.) Godefroy : Quinze jours.
2. A l'exception de quelques.

sur-Marne, Pontoise, Melun[1], le boys de Vincennes, Saint-Denis en France, Poessy, estoient en la main et obéissance du roy de France. Et partout avoit grosses garnissons de François, par lesquelles choses ceulx de Paris estoient fort troublez et esbahiz. Et partit ledit conte de Richemont, connestable de France, le bastard d'Orléans avec autres dessus nommez et leur compaignie de Pontoise, et allèrent passer la rivière de Saine au pont de Poissy, et toute nuyt cheminèrent à pié et à cheval, tant qu'ilz vindrent devant Paris avant le point du jour, et se mirent en embusche près des Chartreux, du costé de la porte Saint-Jacque.

Et fist savoir ledit connestable, dès le soir devant, à sire Michiel Laillier, Jehan de la Fontaine, Pierre de Landres ou Lancres, et autres bourgois de Paris, lesquelz il savoit avoir bonne voulenté au roy de France, qu'ilz entreprenissent seurement ce qu'ilz adviseroient estre bon et prouffitable pour le roy et pour ladite ville de Paris, et que le landemain au matin seroient devant icelle porte pour les secourir, et conforter, et aider en ce qu'il pourroit. Et le lendemain au matin se mirent sus les dessus nommez avec aucuns bourgeois de ladite ville, c'est assavoir Thonmas Pigace, Nicollas de Louviers, Jacques de Bergières, et plussieurs autres bourgeois de Paris.

Et à celle heure se meult tout le peuple d'icelle ville de Paris contre les Angloiz et leurs aliez estans en icelle. Dont plussieurs d'iceulx

---

1. (Ms. 2676. 2° A.) Godefroy : Meulan.

Angloiz furent mors et prins parmy ladite ville; et cuidoient lesdits Angloiz gaigner la porte Saint-Denis et mettre en subjection ceulx de ladite ville; maiz tantost toutes les chaynes de ladite ville furent tendues au travers des rues, et se prindrent à jecter, hommes et femmes de ladite ville, sur les Angloiz et leurs aliez, pierres, busches de moulle, tables, tresteaulx et autres choses pour grever iceulx Angloiz. Et grant nombre de ceulx de Paris suivoient de pié lesdits Angloiz parmy les rues en eulx combatant au mieulx qu'ilz pouvoient contre eulx, et tellement que lesdits évesque de Thérouenne, le sire de Wilby, le prévost de Paris et autres leurs aliez qui peurent eschapper, se retrayrent en la bastille de Saint-Antoine. Et aucuns d'icelle ville qui de ce estoient courcez[1], et qui avoient fait à l'ayde d'iceulx Angloiz et contre les François au mieulx qu'ilz avoient peu, se retournèrent du parti du roy de France, et allèrent eulx mettre avec les autres bourgois et commun de Paris, faignant qu'ilz avoient très bien fait la besongne et qu'ilz s'estoient armez contre les Angloiz.

Entre lesquelz y avoit ung boullenger nommé le Vavasseur, compère[2] dudit prévost, lequel, congnoessant la commocion du peuple et voyant icellui prévost tout perturbé de ce qu'il véoit, le cuida faire retraire et trouver son appoinctement avec le roy. Maiz ledit prévost se retourna devers lui moult indigné, et le tua d'une hache

---

1. Courroucés.
2. Le compère étoit celui qui avoit été parrain avec un autre parrain (car un enfant avoit plusieurs parrains). Le père du baptisé étoit aussi le compère du parrain, et réciproquement.

qu'il portoit en sa main. Et aucuns autres se cachèrent en leurs maisons. Et durant ce bruit entrèrent plussieurs de la compaignie dudit connestable avec bateaulx parmy la rivière, et plussieurs autres entrèrent par dessus la muraille de ladite ville[1]. Et fut rompue la porte Saint-Jacques par iceulx de ladite ville, par laquelle entrèrent en icelle lesdits connestable de France, le bastard d'Orléans et autres avec leur compaignie, et se logèrent parmy ladite ville sans en icelle faire aucun mal ou exceps.

Et fut ordonné par ledit connestable faire bon guet devant ladite bastille en laquelle estoient les dessusdits évesque de Therouenne, le sire de Wilby et autres. Et s'en ala ledit messire Simon Morhier, lors prévost de Paris, au pont de Charenton, qui lors estoit tenu de par lui, auquel lieu il fut prins prisonnier par ses gens mesmes et baillé ès mains d'un chevallier françois nommé messire Denis de Chailly, lequel après le délivra moyenant certaine finance qu'il en ot. Et ainssi demoura ledit pont de Charenton en l'obéissance dudit roy de France.

Et tantost après que ladite ville de Paris eust esté réduitte et que les Angloiz eurent esté mis en subjection, comme dit est, vindrent les nouvelles à Saint-Denis, dont chacun fut moult joyeulx. Et furent toutes les cloques sonnées, et chantèrent *Te deum laudamus*, pour rendre grâces à Dieu. Et fut amenée la mulle du prévost de Paris devant la tour du Vélin, affin que le cappi-

---

1. Ceci eut lieu le vendredi 13 avril. Voy. le *Journal* dit d'un *Bourgeois de Paris*.

taine de ladite tour, nommé Brichanteau, creust mieulx les nouvelles estre vrayes. Et adonc, soy cuidant sauver, saillit comme déespéré dedens les fossez de l'abbaye, et autres de sa compaignie. Maiz il ne peult eschapper qu'il ne fust tué des bons hommes[1] des villages circonvoisins, lesquelz il avoit destruitz, tant de bouter feu comme de pilleryes. Et fut apporté tout mort à la croix devant l'église à la Pantière[2], affin que tout le monde sceust qu'il estoit mort. Et y fut ung jour entier, puis fut apporté enterrer à l'ostel Dieu. Et tous les autres ses compaignons, tant dehors ladite tour que dedens, furent tous mors ou prins.

Et le landemain fut renforcé le guet devant ladite bastille de ladite ville de Paris, et fait aucuns approuchemens. Et fut parlementé par les Angloiz estans en icelle bastille avec aucuns de dehors pour trouver manière de traictié et composicion. Et fut rapporté que iceulx Angloiz et autres estans en icelle bastille s'en yroient volentiers, maiz que on leur donnast seureté pour eulx en aller et leurs biens. Et sur ce assembla ledit connestable grant conseil, et furent plussieurs d'oppinion de ainssi laisser aller iceulx Angloiz et autres de ladite bastille, et aucuns autres furent d'oppinion contraire. Et finablement fut donné composicion et sauconduit par ledit connestable.

Et s'en allèrent eulx et leurs biens, et rendirent ladite bastille, et n'entrèrent point en ladite ville de Paris, pour doubte de la commocion du

---

1. (Ms. 9676. 2. A.) *Alias* : Bonnes gens.
2. Même Ms. Les autres textes disent seulement : La croix de devant l'église de S. Denis.

peuple, maiz furent convoyez par dehors jucques à la rivière pour aller à Rouen. Et comme ilz passoient par devant la porte Saint-Dénis, cryoit le peuple après l'évesque de Therouenne, chancellier pour lesdits Angloiz : *Au regnard! au regnard!*[1] Toutesfoiz ledit chancellier dit depuis à plussieurs gens qu'il avoit bien payé son escot avant son partement de ladite bastille Saint-Anthoine.

Chapitre 119.

Siège mis à Crailg[2] *par les François.*

Ou dit an et tantost après les choses dessusdites excécutées, ledit conte de Richemont, connestable de France, ala mestre le siège devant le chasteau et ville de Crailg, du costé de Beauvoisin, et se tint devant, et puis s'en ala en aucuns de ses affaires après qu'il y ot esté par aucuns jours. Et laissa ou dit siège ledit bastard d'Orléans, le seigneur de Jalongnes, mareschal de France, Monseigneur de Chastillon-sur-Marine, La Hire et plussieurs autres cappitaines françois, tant chevalliers que escuiers, avec grant compaignie de gens de guerre, qui se tiendrent au siège par l'espace de quinze jours ou environ, et puis s'en allèrent sans autre chose faire, et laissèrent ledit chasteau et ville de Crailg en l'obbéissance des Angloiz comme devant, car ilz estoient dedens ladite ville fort garnis de canons, veuglaires, et autre artillerye qui moult

1. Au renard, au renard!
2. Creil.

grandement dommagoit ceulx qui tenoient ledit siège.

CHAPITRE 120.

Comment Saint-Germain-en-Laye fut françois.

En ce mesme temps fut mis le chasteau de Saint-Germain-en-Laye en l'obbéissance du roy de France, moiennant certain argent que le conte de Richemont, connestable de France, en fist bailler au cappitaine qui le tenoit de par les Angloiz.

CHAPITRE 121.

La mort de Monseigneur Philippe de France.

Ou dit an, environ le commencement du moys de juing, ala de vie à trespas Monseigneur Phélippe de France, filleul de Monseigneur le duc de Bourgongne, lui estant en l'aage de quatre moys. Et est, comme on peult croire, ung petit angre[1] en paradis.

CHAPITRE 122.

L'entrée de Madame la Daulphine, fille du roy d'Escosse, en la ville de Tours.

Ou dit an quatre cent trente-six, le dymmanche vingt-quatriesme jour de juing, jour et feste Monseigneur saint Jehan-Baptiste, Madame Marguerite, fille du roy d'Escosse, entra

---

1. Ange. *Angelus* a fait jadis *angre*, comme *epistola* a fait épître.

à belle et noble compaignie dedens la ville de Tours, comme daulphine, et fut receue moult honnourablement de ceulx de ladite ville. Et estoit ladite dame montée sur une hacquenée moult richement habillée. Après et desrière estoit Madame de la Roche, l'aisnée, sur une autre hacquenée, et pareillement plussieurs autres dames et damoiselles d'Escosse; après elles y avoit deux autres chariots, tous plains d'autres damoiselles; et quant ladite dame fut à l'entrée de ladite ville, mes seigneurs de Maillé et de Gamaches, qui estoient venus au-devant d'elle à pié, prindrent la hacquenée de ladite dame par le frein, l'un d'un costé et l'autre d'autre, et en ce point alla jucques au chasteau, où elle fut dessendue à pié.

Et adonc la print Monseigneur de Vendosme d'un costé et ung autre conte d'Escosse d'autre, et la menèrent en la salle du chasteau où estoit la royne de France [1], la royne de Cécille [2], Madame Ragonde, fille du roy, Madame de Vendosme, et plussieurs autres seigneurs, dames et damoiselles. Et allèrent la royne de Cécille, Madame Ragonde, audevant d'elle jucques au bout de la salle, et la prindrent l'une d'un costé et l'autre d'autre, et ainsy la menèrent devers la royne, qui tenoit son estat contre le grant banc paré [3]. Et la dite royne se desmarcha environ quatre ou cinq pas à venir audevant d'elle, et puis la print et la baisa.

1. Marie d'Anjou.
2. Yolande d'Aragon.
3. Godefroy : La reyne, laquelle tenoit sa séance au devant d'un grand banc paré.

Et incontinent Monseigneur le daulphin, qui estoit en sa chambre embas, vint en la salle, bien acompaigné de chevalliers et escuiers. Et tantost que ladite dame, qui estoit venue pour estre femme et espouse dudit Monseigneur le Daulphin, ouyt dire qu'il venoit en la salle, elle alla audevant de lui, et là s'entrebaisèrent et acollèrent, et puis retournèrent devers la royne. Et adonc s'en allèrent tous ensemble en la chambre d'icelle royne, qui estoit grandement parée et aournée, et là s'esbatirent[1] une pièce jucques au soupper. La grant salle estoit toute tendue de tapisserie, hault et bas, moult richement, et quatre chambres pareillement tendues de drap d'or et tappicerie de haute lice. Et le landemain[2] de ladite feste Monseigneur Saint-Jehan-Baptiste, le roy ariva à Tours et assista à la bénisson de mondit seigneur le Daulphin et de Madame Marguerite, fille du roy d'Escosse, comme dit est, personnellement, et ne fut le roy en autre habit en ladite benéisson qu'en celui en quoy il chevauchoit. Maiz mondit seigneur le Daulphin estoit vestu en habit royal, et madite dame son espouse aussi. Aussi fut la royne de France au matin vestue d'une robe de velloux pers toute couverte d'orfaverie à grans fueillages, qui estoient moult belles et moult riches. Plussieurs instrumens de mellodies y avoit grant quantité[3].

Messire Regnault de Chartres, archevesque

---

1. Se divertirent.
2. Juin 25.
3. Ms. 9676, 2. A. — Les éditions imprimées : Et y avoit grant quantité de instrumens d'armonie.

de Rains et chancellier de France, si espousa [1] lesdits seigneur et dame. Desquelles espousailles fut fait grant solempnité et feste en ladite ville de Tours. Et tantost après la messe célébrée par ledit archevesque, ala le roy (en sa compaignie la royne, lesdits mariés et plussieurs seigneurs, escuiers et dames et damoiselles) où le disgner se devoit faire. Et fut l'assiecte du disgner en la manière qui s'ensuyt : Premièrement fut assis ledit archevesque qui avoit célébré la messe; le second fut le roy; Madame la Daulphine, la tierce; la royne de Cecille, la quarte; la royne de France, la cinquesme; et madame de Vendosme la sixiesme. Et ainssi fut l'assiette de la table faicte. Du service ne doit-on pas faire question, car viandes possibles à trouver y avoit largement et des entremetz. Trompettes, clairons, menestrelz, lutz et psaltérions y avoit assez; héraulx et poursuivans en grant nombre. Et à proprement parler, là fut faicte grande et bonne chière [2].

Chapitre 123.

La délivrance du duc de Bar, prisonnier en Bourgongne.

En icellui an, en moys de décembre, allèrent à Lisle-ès-Flandres le duc de Bourbon, le conte de Richemont, connestable de France;

1. Si espousa : maria ainsi.
2. Ce chapitre semble avoir été écrit sur des notes ou mémoires analogues à ceux qui composent le livre intitulé les *Honneurs de la cour*, par Aliénor ou Éléonore de Poitiers. (*Mémoires sur l'ancienne chevalerie*, de Sainte-Palaye.)

Messire Regnault de Chartres, archevesque de Rains et chancellier de France, pour traicter avec Philippe, duc de Bourgongne, la délivrance du duc de Bar [1], son prisonnier, lequel avoit esté prins en une bataille en Barrois, faicte par le conte de Vosdemons [2], et le mareschal du duc de Bourgongne, dont dessus est faicte mencion. Auquel duc de Bar, lui estant ainssi en prison, lui estoit escheu le royaulme de Cécille, la duché d'Anjou et la conté du Maine, par la mort de son frère aisné. Dequoy de telle heure avoit prins nom le roy. Et fut fait traicté par les dessusdits seigneurs, que ledit duc de Bourguongne le mist à finance et ranson, de laquelle paier bailla hostages. Et moyennant sa délivrance fut fait le mariage de la fille [3] du duc de Bourbon, niepce d'icellui duc de Bourguongne, et du filz [4] du roy de Cécille, et fut icellui roy délivré tout à plain.

CHAPITRE 124.

Comment les Angloiz reprindrent Pontoise d'eschielle.

Le jour de caresme prenant ensuivant fut reprinse la ville de Ponthoise d'eschielle par les Angloiz, sur Messire Jehan de Villiers, sire de l'Isle-Adam, qui lors en estoit cappitaine pour le roy de France. Et y estoit en garnison envoyé par le duc de Bourgongne un cappitaine nommé

---

1. René d'Anjou.
2. Vaudémont.
3. Marie de Bourbon.
4. Jean d'Anjou, duc de Calabre.

le sire de Varrenbon¹, à tout grant nombre de gens. Et fist icellui seigneur de l'Isle-Adam rompre la porte de dessus le pont pour s'en saillir; lui et le sire de Warenbon et plussieurs François y demourèrent mors et prins. Entre les autres y ot deux gentilz-hommes frères, nommez l'un le Gallois de Guevry ou Guiry, et l'autre Yudent ou Indet de Guevry ou Guiry, lesquels se boutèrent dedens l'une des portes nommée la porte Davery ou Danery², et avecques eulx aucuns de la ville, et tinrent ladite porte bien et vaillanment en eulx deffendant depuis le matin jucques à soleil couchant.

Pendant lequel temps ilz mandèrent à Paris et à Saint-Denis secours, affin de recouvrer ladite ville; maiz ilz ne peurent point avoir secours. Par quoy leur convint prendre composicion, et s'en allèrent lesdits gentilz-hommes et autres en leur compaignie, leurs vies sauves seullement. Et deux ou trois furent réservez pour aucunes charges que lesdits Angloiz leur voulloient donner, et furent prisonniers, et après certaine espace de temps oulrent les colz couppez et les corps au gibet menez. La prinse d'icelle ville de Pontoise faicte par lesdits Angloiz par manière d'avertissement fut bien subtille, car les fossez estoient tous gellez de plussieurs nuyts, et avoit fort neigé par dessus la glace.

Si prindrent les Angloiz draps blancs pour eulx couvrir, et se trainoient sur terre et sur la glace, tellement qu'il sembloit estre toute neige,

---

1. Ou Varembon.
2. D'Avery ou d'Annery?

car tout estoit blanc; et ainssi passèrent les fossez par dessus ladite glace. De laquelle entreprinse estoit le principal, comme on disoit, ung Angloiz nommé Sterquin. Et toutesfoys estoient bien advertiz les gouverneurs dudit Pontoise que lesdits Angloiz avoient entreprinse sur eulx, tant par prisonniers que autres. Et entre les autres y estoit ung des gouverneurs, nommé Pierre Paillon ou Papillon, qui se mocquoit de ceulx qui lui conseilloient de faire rompre la glace desdits fossez, disant que on le feroit bien sans eulx. Et touteffoiz il n'en fut rien fait, dont fut dommaige pour le roy et pour le pays d'alentour.

Chapitre 125.

La prinse de Montargis par les Angloiz.

L'an mil quatre cens trente sept [1] furent prins d'eschielle, frauduleusement, par les Angloiz, le chasteau et ville de Montargis, les chasteaux de Chevreuse et d'Orville, lesquelz furent après rachetez par argent, c'est assavoir : ledit Orville, d'un cappitaine natif d'Angleterre; lesdits chasteau et ville de Montargis, d'un cappitaine arragonois, nommé Messire François de Surienne, dit l'*Arragonnois*; et ledit de Chevreuse, d'un chevallier natif de France, nommé Messire Guillaume du Broullart. Duquel Guillaume du Broullart fut pareillement rachetées les ville et chasteau de Dreux, qui longc-temps avoit esté tenue par les Angloiz. Desquelz chasteau et ville furent

---

1. Pâques le 31 mars.

bien paiez de soixante à quatre vingtz mille escuz. Et ce retourna en ce faisant du parti du roy de France ledit du Broullart, lequel avoit esté par longue espace de temps contre son naturel seigneur, et avoit fait, lui estant du parti des Angloiz, plussieurs dommages par lui irréparables.

Et par especial lui et ses satelicques avoient perpétré sacriliége en tant qu'ilz avoient destroussé certains précieux aournemens ordonnez au service de Dieu, et donnez par feu de bonne mémoire le roy de Cécille en son testament, et envoyez par la royne d'icellui royaulme au monastère et abbaye de l'église roialle Monseigneur Saint-Denis en France; et les convint racheter en grant somme et deniers comptant, affin qu'il ne les appliquast en autres usaiges que il avoit esté ordonné par ledit roy.

Chapitre 126.

La prinse de Chasteau-Landon, Nemoux et Monstereau.

Ou dit an le roy de France fist une grant armée et envoya le conte de Richemont, connestable de France, et le conte de La Marche [1] devant Chasteau-Landon, qui estoit tenu par les Angloiz. Et tantost après qu'ilz furent logez devant, fut prins d'aussault, et y ot plussieurs de ceulx de dedens penduz, pour ce qu'ilz estoient natifz du royaulme de France. Et d'illec ledit connestable et conte de La Marche allèrent de-

---

[1]. Bernard d'Armagnac. Il fut gouverneur du Dauphin (Louis XI).

vant la ville de Nemoux et y mirent le siège, et y firent asseoir et assorter devant plussieurs bombardes et canons, dont fut treffort batue icelle ville. Et après ceulx dedens icelle se rendirent par composicion et mirent ladite ville en l'obbéissance du roy, et s'en allèrent où bon leur sembla en l'obbéissance des Angloiz.

Et de là s'en alla lesdits connestable et conte de La Marche mettre le siège devant Montereau-Fault-Yonne, qui pareillement estoit tenue par les Angloiz, et y firent mener plussieurs bombardes, canons et autres artilleries, firent fortiffier leur siège devers Gastinois de fossez, et en la Brye au bout du pont firent faire une grant bastille de boys sur bout et fossoyé à l'entour, et firent grans approuchemens contre ladite ville et grant bateries de bombardes.

Et assez tost après vint le roy de France en personne audit siège[1], et se loga en ladite bastille. Et après ce que ledit siège y ot esté mis environ ung mois et six sepmaines, fut prinse ladite ville d'assault, et y ot plussieurs Angloiz mors et prins. Et se retira Thonmas Guerard, cappitaine pour le roy d'Angleterre, et plussieurs de ses gens, dans le chasteau et sur le pont dudit lieu. Et après rendit lesdits chasteau et pont audit roy de France, et s'en ala avec ses gens où bon lui sembla en l'obbéissance des Angloiz. Et de là s'en ala le roy de France à Saint-Denis, et de Saint-Denis s'en ala à Paris, où il n'avoit point esté depuis son sacre, et que ladite ville estoit en son obéissance[2]. Et furent les rues ten-

1. Il y étoit le 21 septembre (*Itinéraire*).
2. Charles VII n'avoit pas remis le pied dans Paris depuis

dues et y ot plussieurs personnages et mistères, et y fut receu à grant joye et grant honneur. Et s'en ala tout droit à Nostre-Dame, et de Nostre-Dame s'en ala logier au palaiz.

Chapitre 127.

Comment le roy d'Escosse fut tué de nuyt en sa chambre.

L'an mil quatre cent trente huit, le roy d'Escosse estant en son royaulme, en une maison de Mendians [1], la royne sa femme estant en sa compaignie, fut allé assailir, à l'eure qu'il se voulloit coucher, par aucuns de son royaulme, et entrèrent par force en sa chambre. Et se combatit contre eulx bien vaillanment, et finablement fut tué et occiz devant la royne sa femme par iceulx, combien qu'il eust grant nombre de ses gens logiez en ung villaige joignant icelle maison de Mendians; maiz de riens ne se doubtoit. Et n'estoient point plus de vingt hommes à faire ledit meurdre. Et disoit-on que aucuns d'iceulx et les principaulx entreprenans estoient prouchains parens et les aucuns serviteurs du feu duc d'Albanye et d'autres seigneurs ausquelz icellui feu roy d'Escosse avoit fait coupper les testes après qu'il fut retourné de prison du roy d'Angleterre, où il avoit esté par l'espace de quinze ans ou environ.

sa sortie de la capitale, qui eut lieu en 1418. Le roi entra dans Paris le 3 novembre. Sur cette entrée, voy. Godefroy, *Cérémonial françois*, in-folio, t. I, p. 653 et 656.
1. Un couvent de religieux mendians.

Et estoient lesdits ducz d'Albanye et autres seigneurs à qui il avoit fait trencher les testes prouchains parens, et tant qu'ilz avoient tenu et gouverné le royaulme d'Escosse durant ledit temps que ledit feu roy avoit esté en prison en Angleterre, comme les plus prouchains de la couronne. Et trouva icellui feu roy manière de soy déliver sans leur moien. Pourquoy aucuns disoient qu'il leur sembloit qu'ilz eussent esté contens qu'il fust tousjours demouré en prison, affin de parvenir à la couronne et succession dudit royaulme d'Escosse. Et tantost que iceulx ourent ainssi fait ledit meurdre à la personne dudit roy, s'en partirent hastivement et furent poursuivis par ledit royaulme et autres lieux et diverses contrées, et tellement qu'ilz furent tous prins. Et fut fait d'iceulx très-grandes et cruelles justices, et menez devant tout le peupple en plussieurs lieux du royaulme. Et estoit icellui roy d'Escosse saige, vaillant et bon justicier, et bien obéy en tout son royaulme de tous ses vassaulx et de tout son peuple. De la mort duquel tous ceulx de son royaulme et tous autres voisins qui de sa personne avoient eu congnoessance en furent très-couroucez et dollens.

Chapitre 128.

Ordonnances faictes par les Angloiz en Normendie.

Après ce que le roy d'Angleterre ot conquis et mis en son obéissance la duché de Normendie et presque toute la conté du Maine, Picardie, Champaigné, l'Isle de France, Brye, Beauvoisin, le Perche et plussieurs autres grans seigneuries en royaulme de France, tous nobles et autres gens de tous estatz qui vouldrent [1] demourer sur leurs terres en pays estans obéissans au roy d'Angleterre, en lui faisant le serment, les recevoit. Aux aucuns rendoit leurs terres; les autres les rachetoient de ceulx à qui le roy les avoit données ou les prenoient à ferme, dont plussieurs y demourrèrent, espéciallement gens d'église et de commun.

Et grant nombre de nobles gens et autres qui se voulloient aplicquer à la guerre habandonnèrent leurs pays et nacion, et s'en allèrent avecques leurs femmes, enffans et tel peu de biens qu'ilz avoient peu emporter avecques eulx demourer en pays obéissant au roy de France. Et espéciallement du pays du Maine ainssi conquis par icellui roy d'Angleterre, comme dit est, ne demoura oncques noble homme en l'obbéissance du roy d'Angleterre, excepté les villes et chasteau de Sablé. Lesquelz nobles de Normendie, du Maine et autres des pays dessusdits se allèrent logier ès frontières desdits Angloiz, chacun le plus près dont il estoit natif, par lesquelz fut faicte plus grant guerre et résistence que par nulz autres du royaulme de France. Et ne trouvèrent que bien pou de aide ne de secours sinon d'eulx-mêmes qui le pourchassoient [2], desquelz presque toutes les frontières

---

1. Voulurent.
2. (Ms. 9676. 2. 4.) Les imprimés : « Secours, se eulx mesmes ne le pourchassoient. » C'est-à-dire, ils ne trouvoient d'autre secours que celui que leur fournissoient leurs propres efforts.

desdits Angloiz estoient establies et garnies. Et d'iceulx estoit le roy de France tres-bien obbay et servy.

Et se commencèrent ès autres pays obéissans au roy de France à eulx eslever et mettre sus plussieurs capitaines natifz de Poitou, de Berry, d'Auvergne et de plussieurs autres pays du royaulme de France où il n'avoit aucune guerre. Et s'asemblèrent plusieurs autres compaignies de gens d'armes qui vivoient sur les champs et qui pilloient et robboient le pais sans approuchier de la frontière des Angloiz. Et tant se creurent et multiplièrent icelles compaignies, tellement que qui povoit avoir plus de gens sur les champs et que plus povoit pillier et rober les povres gens, estoit le plus craint et le plus doubté et qui plus tost eust du roy de France quelque chose que nul autre, pource que quant ilz se trouvoient ainssi acompaigniez, pour le roy ne pour autre ne volloient faire sinon à leur voulenté.

Et y avoit ung cappitaine espagnol nommé Rodigues de Villandras[1], lequel se trouva sur les champs à plus de huit mille chevaulx, qui fut destroussé au Pont-de-Sé, près d'Angiers, par le sire du Bueil, du commandement de Messire Charles d'Anjou. Et tousjours advouoit iceulx capitaines quelque adveu de ung des seigneurs de France qui estoit cause du mal qu'ilz faisoient. Et destruisirent iceulx capitaines presque tout le royaulme de France, et plus que ne faisoient les Angloiz. Et combien que le duc de Bretaigne

---

1. Voir, sur ce personnage, le mémoire de M. J. Quicherat publié dans la Bibliothèque de l'École des chartes, 2ᵉ série, t. I, p. 119 et suiv.

eust paix avec les Angloiz, néantmoins les Bretons servoient le roy de France contre lesdits Angloiz de bonne voulenté.

Chapitre 129.

Siège mis à Calaiz par le duc de Bourgongne.

En ce temps Philippe, duc de Bourgongne, mist le siège devant Calaiz à bien grant ost, dont la plus grant partie estoit du pays de Flandres, et pou y avoit d'autres gens de guerre. Et plussieurs foiz et par diverses journées y ot de grans saillies et escarmouches entre iceulx François et les Angloiz estans oudit Callaiz, dont il y en ot plussieurs mors et prins et fait de grans vaillances tant d'une part que d'autre. Et tousjours entroient et yssoient lesdits Angloiz par la mer, et avoit fait ledit duc de Bourguongne mener grant foison d'artillerye tant grosse que menue, et entre les bombardes y en avoit trois venues de Bourgongne, dont à l'une avoit pour la traisner de sur ung chariot cinquante chevaulx, et à l'autre trente, et à l'autre vingt-six, et furent convoyées à force de gens d'armes tant de pié que de cheval.

Et après ce que ledit duc de Bourgongne et son ost y oulrent tenu le siège par l'espace de deux moys et plus, se desloga lui et son ost en grant desroy, et y laissèrent plussieurs artilleries, chariotz et autres biens. Et disoit-on que ce avoit esté de la voulenté et des ordonnances d'iceulx Flamens, lesquelz on nombroit à plus de trente mille. Et maintenoit-on qu'ilz furent en propos de courir sus audit duc de Bourguongne sans savoir cause pourquoy. Et tuèrent ung sien chevallier nommé Messire Jehan de Horgne[1]. Et demoura icellui duc de Bourguongne tout le desrenier à bien peu de gens devant ledit Callaiz, et reboutta et résista moult vaillamment lesdits Angloiz qui estoient sailliz dudit Callaiz, quant ilz aperceurent que lesdits Flamens s'en alloient ainssi en désarroy. Et après print son chemin lui et ses gens d'armes, et se retira vers son pays obéissant, lui et ses gens. Et tantost après descendit audit lieu de Callaiz une bien grosse armée d'Angloiz, qui venoient pour combatre et lever ledit siège; et quant ilz ne trouvèrent rien devant ledit Callaiz, ils coururent en plussieurs lieux de Flandres et Picardie et y firent plussieurs maulx, en bouttant feux et en prenant et emportant tout ce qu'ilz povoient emporter. Et y tindrent les champs ou dit pays longuement, et furent guerroyez, chevauchés, escarmouchez par les aucuns des gens dudit duc de Bourguongne. Et après s'en retournèrent audit lieu de Callaiz, et de là s'en allèrent les ungtz en Angleterre et les autres en Normendie.

CHAPITRE 130.

Ung incident.—Prise du maréchal de Rochefort.

En ce mesme temps ou environ, Messire Pierre de Rochefort, mareschal de France, s'estoit parti de Dieppe pour aller à Paris, et s'en alloit

---

1. Horne.

passer la rivière d'Aise¹ à Compiengne, et ne avoit avec lui que pou de gens. Et ce venu à la congnoessance de Guillaume de Flavy, capitaine dudit lieu pour le roy de France², envoya à l'encontre d'icelui mareschal ung nommé l'Ermitte et autres ses gens, lesquelz prindrent ledit mareschal et le menèrent en prison audit lieu de Compiengne.

Et ce causoit³ ledit de Flavy de ce que le conte de Richemont, connestable de France, l'avoit une foiz prins en ladite ville de Compiengne et bouté hors d'icelle ville en la présence dudit mareschal, lequel mareschal ne pensoit en rien en ladite prinse ne n'en avoit esté aucunement cause ne participant. Et le voulloit contraindre icellui de Flavy à lui faire sa paix envers ledit connestable, sur lequel connestable il avoit reprins icelle ville de Compiengne par emblée. Et ledit mareschal estant ainssi en prison, fist ledit mareschal certain traicté avecques ledit connestable, et disoit-on qu'il lui avoit payé quatre mille escuz. Lesquelz quatre mille escuz ledit de Flavy voulloit contraindre ledit mareschal lui paier et restituer avecques autres grans sommes de deniers. Et finablement tant détint en prison ledit mareschal qu'il y mourult⁴. Et après fut prins à Paris ledit Robinot l'Ermitte par Messire Ambrois, sire de Loré, prévost de

1. Oise.
2. Flavy envoya.
3. C'est-à-dire : Et le motif qui déterminoit ledit Flavy à agir ainsi étoit que, etc. (Voy. l'article *Flavy* dans la *Biographie générale* de MM. Didot.)
4. Et finalement Flavy détint en prison le maréchal si longtemps, que le maréchal y mourut.

Paris, auquel pour cause de ce il fist trencher la teste ès halles de Paris.

Chapitre 131.

Siège mis par les Angloiz devant le chasteau du Crotté[1].

En ce mesme temps ensuivant, le duc de Bourguongne fist mettre une bastille devant le chasteau du Crotté qui se tenoit par les Angloiz, en laquelle bastille estoient Messire Jehan de Crouy et plussieurs autres chevalliers et escuiers de Picardie, jucques au nombre de six ou sept cens ou environ, ainssi c'om disoit. Lesquelz se tindrent en l'obbéissance du roy de France par l'espace de six ou sept sepmaines. Pour lequel chasteau secourir les Angloiz firent une armée en Normendie et vindrent passer à la Blancque-Tacque[2] la rivière de Somme. Et sitost que ceulx de la bastille sceurent la venue desdits Angloiz, laissèrent et habandonnèrent ladite bastille, en laquelle ilz laissèrent partie de leurs harnois et habillemens, et s'en allèrent en très-grand désaroy.

Chapitre 132.

Une grant mortalité, pestilence et famine à Paris.

En icellui an, ou temps d'esté, fut si grant mortalité et famine à Paris que on disoit que

1. Crotoy.
2. La Blanque-Taque.

il y estoit bien mort cinquante mille personnes, et y valloit ung septier de blé neuf frans de bonne monnoye, et s'enfuyoient les gens du plat pays à Paris, tant pour la famine que pour les oppressions que leur faisoient les Angloiz, et aussi les garnisons des François, qui les traitoient très durement. Et maintenoit-on que d'iceulx povres gens mourut bien autant de faim à l'ostel Dieu de Paris comme il fist de mortalité. Et s'en allèrent de ladite ville de Paris, pour icelle mortalité, le conte de Richemont, connestable de France, et presque tous les gens d'estat de ladite ville, fors Messire Adam de Cambray, premier président de parlement, Messire Ambrois, sire de Loré, prévost de Paris, et Messire Simon Charles, président de la chambre des comptes, lesquelz demourèrent pour tout icellui temps en grant crainte et doubte de leurs personnes pour icelle mortalité, et aussi en grant paine de garder icelle ville contre les Angloiz.

Lesquelz estoient fors en plussieurs garnisons et couroient devant les portes de Paris, toutes les sepmaines, par nuyt et par jour, et failloit faire grant guet; et souventeffoiz, plussieurs gens d'estat qui avoient esté au guet estoient prins de l'espédimie[1] qui couroit, lesquelz soudainement estoient mors. Parquoy chacun doubtoit moult à faire le guet, et souventeffoiz venoient courir les gens d'armes des garnisons françoises devant Paris, prendre le bestail et vivres dont devoient vivre les povres gens. Et disoient que c'estoit pour ce qu'ilz n'estoient point paiez de leur

---

1. Épidémie. Voy. *Journal de Paris* (éd. Panthéon, p. 714).

gaiges. Et tant que presque tout le plat pays estoit inhabité et destruit, et les gens de ladite ville de Paris presque tous désespérés. Et plusieurs foiz venoient les povres gens en grant nombre ausquelz estoient ledit bestail et voitures ou autres, que lesdites gens des garnisons françoises en avoient emmenez, eulx plaindre audit prévost, lequel n'y povoit pas bonnement mettre remède.

Et s'asembloient souvent iceulx présidens de parlement et de la chambre des comptes, et ledit provost, pour cuider à ce pourveoir, et mesmement à la délivrance de ce qui estoit prins appartenans à ceulx de Paris. Et trouvoient tousjours aucun remède, par argent plus que par autre manière. Et n'avoit à Paris pour lors nulz gens de guerre, pourquoy on ne povoit résister contre eulx. Et furent les dessusdits pour ceste chose en grant paine et travail, car ilz ne savoient à qui avoir secours.

Et pour lors avoit ès environs de Paris tant de loups que c'estoit merveilles, lesquelz mengeoient les gens, et plussieurs foiz en vint jucques dedens ladite ville de Paris, qui estranglèrent et mengèrent plussieurs personnes, et que on doubtoit fort à aller de nuyt ès rues foraines[1], et estranglèrent au plat pays en icellui temps de soixante à quatre vingts personnes. Et pour obvier aux inconvéniens et meurdres que faisoient lesdits loups, fut ordonné que on s'asembleroit pour chasser et prendre iceulx loups. Et desquelz on print plussieurs, et en avoit-on pour

1. Qui communiquoient avec l'extérieur de Paris.

chacun loup, en la chambre des comptes du roy, vingt s. parisis, par la main de ung nommé sire Michiel Laillier, avecques ce que on en povoit avoir parmy ladite ville de Paris, parmy laquelle on les portoit.

CHAPITRE 133.

Voyage fait à Bruges par le duc de Bourgongne.

En ce mesme temps ensuivant, ala le duc de Bourgongne à Bruges en Flandres. Audevant duquel allèrent plussieurs de ladite ville lui faire revérence. Et quant ledit duc de Bourgongne fut entré en ladite ville, à tout bien quatre ou cinq cens combatans, fut fermée la porte, de la voulenté du peuple d'icelle ville. Et demourèrent dehors la plus grant partie des gens dudit duc, et se commença ung grant debbat en ladite ville, entre les gens dudit duc et les gens d'icelle ville, et tellement que après les coups et collées receues par icellui duc, lui convint faire rompre une autre porte de ladite ville pour s'en saillir bien en haste et en grand dangier de sa personne, avec une partie de ses gens.

Et Messire Jehan de Villiers, seigneur de l'Isle-Adam, et plussieurs autres des gens dudit duc de Bourgongne, cuidèrent faire ouvrir icelle porte qui avoit esté fermée, et se mirent à pié, et pource se commencèrent à combatre contre aucuns d'icelle ville, et en laffin furent mors icellui seigneur de l'Isle-Adam et plussieurs autres par les gens d'icelle ville. Et plussieurs y en ot de prins, qui tantost oulrent les testes trenchées. Et affin que ledit duc de Bourgongne pardonnast l'exceps et oultrage que iceulx de ladite ville avoient commis en sa personne et le meurdre et occision qu'ilz avoient fait à ses gens, tant à icelle entrée que de propos délibéré, en ce qu'ilz avoient fait trencher les testes de ceulx qui avoient esté prins, lui paièrent la somme de deux cens mille riddes[1] d'or, sans plussieurs grans sommes d'or qu'ilz donnèrent à la duchesse de Bourguongne et autres pour leur estre moien envers ledit duc de Bourgongne pour faire leur traictié.

CHAPITRE 134.

La prinse de Meaulx par les François.

En l'an mil quatre cent trente neuf[2], le conte de Richemont, connestable de France, avec grant compaignie de gens d'armes, mist le siège devant la cité et marchié de Meaulx, et fist asseoir et affuster devant ladite cité plussieurs bombardes et canons. Et après ce qu'elle ot esté batue desdits bombardes et canons, et que ledit siège oult esté par devant ladite ville environ quinze jours, fut icelle cité assaillie de toutes pars, et finablement fut prinse d'assault. Et y ot plussieurs Angloiz mors et prins, et plussieurs se retirèrent oudit marché. Et environ quatre ou cinq jours après, vindrent devant la cité le

---

1. *Riders*; monnoie représentant un cavalier.
2. Pâques le 5 avril.

conte d'Orsset[1], le sire de Tallebot et le sire d'Escalles, Anglois, à bien grant armée, et y ot de bien grandes escarmouches entre iceulx Angloiz et les François qui estoient encores dedens ladite cité, en laquelle estoit encores ledit connestable et sa compaignie, et gaignèrent iceulx Angloiz sur la rivière de Marne, qui passe audit lieu, ung fossé par lequel ilz midrent des gens fraiz oudit marchié, et aussi en tirèrent et emmenèrent desquelz qu'ilz vouldrent. Et après ce qu'ilz oulrent logié là devant par deux jours et deux nuystz, s'en retournèrent lesdits Angloiz à Ponthoise et en Normendie. Et tint tousjours icellui connestable de France icellui siège devant ledit marchié, et environ quinze jours après lui fut rendu par composicion, et s'en allèrent lesdits Angloiz estans en icellui marchié avecques leurs biens à Pontoise et en Normendie, et s'en retourna ledit connestable avec sa compaignie à Paris.

Chapitre 135.

Siège mis devant Avrenches par les François.

En icellui an, environ le moys de septembre, le roy de France vint à Paris, et ordonna que tous les gens d'armes qui avoient esté audit siège de Meaulx en la compaignie dudit connestable de France et autres iroient avec icellui connestable en Normendie pour faire guerre aux Angloiz ses ennemis, ainssi que par ledit connestable et autres à ce congnoessans seroit ad-

---

1. Ou de Dorset.

visé. Et pour faire tirer tous chiefz de guerre et autres oudit pays de Normendie, alla ledit roy jucques à Angiers; et print son chemin icellui connestable, avec ladite armée, oudit pays de Normendie, en tirant droit à Avrenches.

Et semblablement se partit de Chasteau-Gontier Jean, duc d'Alençon, Messire André de Laval, sire de Lohéac, mareschal de France, pour aller oudit pays de Normendie. Et iceulx dessusdits, à grant ost, avec plussieurs bombardes, canons et autres artilleries, allèrent mectre le siège devant la cité d'Avrenches, oudit pays de Normendie, laquelle estoit tenue par les Angloiz. Et fut icelle batue desdites bombardes par plussieurs journées, et après ce que les dessusdits oulrent esté devant ladite cité par l'espace de trois sepmaines ou ung moys, le conte d'Orsset, le sire de Tallebot et le sire d'Escalles[1] assemblèrent grant armée d'Angloiz, pour venir donner secours aux assiégés. Et se vindrent logier environ demye lieue près dudit siège, près d'un village nommé Saint-Liénard, sur les grèves de la mer.

Et estoit la rivière de Scé, sur laquelle est assis un pont nommé le Pont-Guillebert, assez près dudit Avrenches, entre lesdits Angloiz et ledit siège. Et quant la mer estoit retraicte, y avoit aucuns guetz, par lesquelz lesditz François passoient souvent devers lesdits Angloiz, et y ot par plussieurs journées de grans escarmouches. Et tousjours par nuyt et par jour s'aprouchoit l'ost desdits Angloiz de ladite rivière, la-

---

1. Scales.

quelle passe au pié d'une montaigne sur laquelle est assise icelle cité d'Avrenches. Et à la veue et à un trait d'arc de distance desdits François qui gardoient icelle rivière entrèrent plussieurs Angloiz pour passer icelle rivière au droit d'icelle cité d'Avranches, et passèrent tous oultre ladite montaigne pour entrer en icelle cité sans ce que les François leur feissent guères d'empeschement.

Et quant en icelle cité furent entrés, saillirent dehors sur ledit siège, et gaignèrent plussieurs bombardes, artilleries, vivres et biens. Et ledit duc d'Alençon, le conte de Richemont, connestable de France, le sire de Lohéac, mareschal de France, avec leur armée, prindrent leur chemin à aller passer la rivière de Scé au Pont-au-Bault[1], et allèrent logier sur les grèves en tirant vers Pontorson. Et lesdits Angloiz demourèrent et se logèrent en ladite ville d'Avrenches.

Chapitre 136.

La prinse des chasteau et ville de Saincte-Susanne par les François.

En ung mesme temps, durant ledit siège d'A-vrenches, furent prins d'eschielle par les François estans au duc d'Alençon et le sire de Bueil, sur les Angloiz, les chasteau et ville de Saincte-Susanne, en pais du Maine, appartenant au duc d'Alençon, par le moyen d'un Angloiz estant audit chasteau, nommé Jehan Ferremen, lequel, par une certaine nuyt, aterma lesdits François en leur baillant certaine chansson pour en-

---

1. Au Vault ou Aubault.

saigne d'approucher au mur, comme ainssi fust qu'il feist le guet celle nuyt. Lequel Angloiz tira à mont la muraille d'icelui chasteau les eschielles desdits François. Et adonc lesdits François y entrèrent et crièrent : *Saint-Denis, ville gaignée!* Et aucuns des Angloiz furent mors et prins, et aucuns autres tous nus en chemises. Et ainssi après en demoura la garde audit sieur du Bueil, lequel les tint contre le gré et voullenté dudit duc d'Alençon, à qui ils appartenoient par droit héritage.

Chapitre 137.

Comment Monseigneur le Daulphin s'en alla d'avecques le roy son père sans son congié et contre sa voullenté.

L'an mil quatre cens quarante [1], le roy de France estant à Angiers, se meult certaine division et discord entre aucuns des seigneurs qui estoient en sa compaignie. Et tantost après Monseigneur le daulphin de Viennoiz, filz aisné dudit roy [2], ala à Nyort en Poitou, et menda le duc d'Alençon venir devers lui; lequel duc venu, commença ledit daulphin prendre tout aultre régime et gouvernement que le conte de La Marche, auquel il estoit baillé de par le roy pour l'instruire en bonnes mœurs, ne lui avoit montré. Pourquoy s'en ala ledit conte de La Marche devers le roy, qui pour lors estoit audit Angiers, en lui remonstrant le gouvernement que avoit prins

---

1. Pâques le 27 mars.
2. Godefroy : A son âge de quelques dix-sept ans, s'évada de la cour et se retira à Niort, etc.

sondit filz le daulphin, et que il ne se voulloit gouverner par son ordonnance, maiz voulloit user de sa voullenté, en disant que plus ne seroit tenu subjet comme il avoit esté le temps passé, et qu'il lui sembloit qu'il feroit très bien le proffilt du royaulme.

Et estoit en sa compaignie pour lors ledit duc d'Alençon, Anthoine de Chabanes, Jehan de la Roche, seneschal de Poitou, Messire d'Amboise, sire de Chaumont, et plussieurs autres, desquelz le roy estoit et fut très mal content. Et après ce venu à la congnoessance du roy son père, assembla grant armée et vint oudit pais de Poitou, et envoya en plussieurs lieux de son royaulme de France, espéciallement aux bonnes villes, des lettres contenant qu'ilz ne donnassent aucune obéissance ne entrée audit daulphin son filz, au duc de Bourbon, au duc d'Alençon et autres ses alyez, lesquez s'efforçoient d'entrer et mettre en leurs mains plussieurs places du royaulme de France. Et s'en allèrent le jour de la Casimodo, qui fut le quatorzième jour d'avril, Monseigneur le daulphin, Monseigneur de Bourbon, Monseigneur d'Alençon, Monseigneur de La Roche et plussieurs autres estans dedens la ville de Nyort, oultre le gré et voulenté du roy, comme rebelles et désobéissans à la souveraine majesté, et machinèrent de prendre la ville de Saint-Maxent, qui estoit tenue pour le roy. Et pour ce faire, trouvèrent moyen de bailler certain argent à ung des gens de Madame de La Roche, nommé Jacquet ..... [1], auquel ladite dame, qui

---

1. Le nom de famille est demeuré en blanc dans les Mss.

estoit logée par l'ordonnance du roy en l'abbaye dudit lieu, avoit baillé la guarde du chasteau. Et par appoinctement fait entre lesdites parties, Monseigneur d'Alençon, Jehan de La Roche, et plussieurs autres dessus nommez, vindrent devant ledit chasteau, dedans lequel icellui Jacquet, comme faulx et traistre, les bouta dedens, et puis entrèrent en la ville et abbaye.

Et adonc commencèrent à pillier tous les biens de ladite dame ; maiz ung nommé Jehan Sachier, acompaigné de vingt-trois des manans et habitans d'icelle ville, voullant monstrer leur loyaulté envers le roy, tindrent le portal de la croix depuis sept heures du matin jucques à ce qu'ilz l'eussent mandé au roy, qui estoit à Poictiers. Et pareillement l'abbé dudit lieu et ses religieux se portèrent moult vaillamment, car ilz montèrent sur les voultes de l'abbaye et rompirent l'endroit des huys pour jecter pierres et deffendre la place pour le roy, et jucques à ce qu'il fust venu de Poictiers, lequel arriva sept heures après midi. Et s'en estoient jà retournez les dessusdits à tout leur pillage en ladite ville de Nyort, pour ce qu'ilz doubtoient bien la venue du roy.

Avecques le roy y avoit grant et notable seigneurie de ses vrays et loyaulx vassaux, et entre lesquelz estoient Messire Prégens de Coitivy, admiral de France, Messire Jehan de Gaucourt, Messire Philippe de Melun, seigneur de la Borde, et Messire Pierre de Brezé[1], lesquelz entrèrent premiers dedens la ville, de laquelle estoit jà

1. Sire de la Varenne, comte de Maulevrier, sénéchal de Poitou, comte d'Évreux, grand sénéchal de Normandie. Il entra aux affaires dès la retraite forcée de la Trimouille, et

parti ledit Jacquet, traictre, et s'en estoit allé audit Nyort. Maiz il demoura plussieurs de ses complices, lesquelz se retirèrent audit chasteau, cuidant eschapper. Maiz Dieu, qui est droicturier, ne voult pas la chose du tout estre impugnie, car les aucuns furent prins à mercy, qui eurent rémission, les autres noyez et les autres les testes trenchées, et jucques au nombre de vingt-huit, et chacun selon ses démérites. Maiz la plupart des traictres s'en allèrent audit Nyort avec ledit Jacquet, qui avoit esté conducteur de la traïson.

Et ce fait, en recongnoessance des agréables services que firent en ceste occasion et action au roy lesdits abbé, religieux, manans et habitans dudit Saint-Maxant, le roy les récompensa honnourablement et prouffitablement. Et premièrement leur donna de ses biens, bien et largement, et privilèges telz qu'ilz vouldrent demander. Et avecques ce leur donna et octroya à tousjours qu'ils seront gardes d'icellui chasteau, ville, portal, et des appartenances, sans leur bailler autre garde, et leur bailla les clefs et les anoblit, en baillant à l'abbé pour son église povoir et auctorité de porter pour armes ung escu de gueulles couronné d'or et une fleur de lys d'or dedens, et à la ville un escu de gueulles et une couronne d'or dedens et ung chief de France. Et est bien choses à noter que quant le roy y ariva, il y avoit si grant mortalité que pour chacun jour mouroient de douze à quinze personnes. Maiz, la mercy Dieu, elle cessa incontinent que le roy y

prit part à cette exécution. Il fut depuis le principal ministre de ce règne. Voy. Biographie Didot, au mot *Brezé*.

fut arivé, ne il n'y ot oncques homme mort, ne femme viollée à l'entrée, quelque rebellion qu'il y ot. Qui doit bien estre reputté à grâce divine, veu le fait de la guerre. Avecques ladite dame estoit Messire Guy, son filz. Et depuis dilligamment se disposa le roy pour aller mettre le siège devant Nyort.

Et ce venu à la congnoessance desdits duc d'Alençon, Jehan de La Roche et autres dessus nommez, leurs complices, s'en allèrent en païs de Bourbonnois. Après leur département, ceulx de ladite ville de Nyort ne tindrent point icelle, maiz baillèrent libéralement entrée au roy, auquel fut prins ledit Jacquet et plussieurs autres de Saint-Maxent et dudit Nyort. Et fut icellui Jacquet escartellé et les autres décappitez. Et, comme dit est, soudainement se partirent lesdits dauphin et duc d'Alençon et leur compaignie, Anthoine de Chabanes, le sire de Chaumont et autres, dudit lieu de Nyort, et s'en allèrent tout d'une tire en Bourbonnois.

En quel païs trouvèrent ledit duc de Bourbon, avecques lequel ilz s'assemblèrent; et ce venu à la congnoessance du roy, se partit et s'en ala tout droit au païs de Bourbonnois. Ouquel païs il print plusieurs villes et forteresses, et fut fort dommagé le païs par ledit roy et ses gens, en grant préjudice dudit duc et de ses subjectz. Et entrèrent lesdits Daulphin, duc de Bourbon, d'Alençon et autres en grant nombre en la ville de Saint-Poursain. Et le roy se tenoit à Rion et à Cleremont, à sept ou à huit lieues dudit Saint-Poursain ou environ.

Et dura ceste division et querelle par l'espace

de demy an. Et après, par le bon moien du conte d'Eu et autres seigneurs et vaillans gens, fut appaisié ledit discord, et vindrent lesditz Daulphin et ducz dessusdits et autres leurs aliez devers le roy, qui les receult en sa grâce. Et ainssi fut appaisié ledit discord, et demoura ledit Daulphin avecques le roy son père, et lesdits ducz s'en retournèrent chacun en son païs. Et estoient avec le roy durant les divisions dessusdites Monseigneur Charles d'Anjou, conte du Maine, le conte de Richemont, connestable de France, le conte de la Marche, le conte de Dunois et plussieurs autres seigneurs et cappitaines. Et en la compaignie desdits Daulphin et ducz estoient le sire de la Trimoulle, lequel avoit esté autreffoiz en grant auctorité devers le roy.

Le roy print celle rébellion à très grant desplaisance, comme il le démonstroit bien par effect, car, depuis le commencement jucques à la fin, ne cessa de tenir les champs, et conquist villes et chasteaulx et forteresses qui se tenoient du parti dudit Daulphin et de ses aliez, en suyvant iceulx de lieu en autre et jucques à ce qu'ilz vindrent à plaine obéissance, ainsi que dessus est dit. Et de ceste rébellion furent appellez vulgairement ceulx qui se tenoient pour ledit Daulphin de son parti, Pragois[1]. Et faillit (fallut) qu'ilz eussent tous grace du roy et rémission seellée de son grand seel de cire verte, comme on disoit, et mesmement ledit duc de Bourbon, qui estoit le principal auteur d'avoir retrait icellui

---

1. Par allusion aux habitans de *Prague*, en Bohême, dont les discordes retentissoient alors dans toute l'Europe.

Dauphin en ses païs, places et forteresses, oultre le gré, bon plaisir et voullenté du roy.

CHAPITRE 138.

Du siège mis par les Angloiz devant Harfleu.

En ce mesme an et durant les divisions dont dessus est faicte mencion, les Angloiz à grant armée mirent le siège devant Harfleu, en Normendie, qui se tenoit pour le roy de France, et se fortiffièrent en leur siège merveilleusement de fossez. Et après qu'ilz oulrent tenu ledit siège par l'espace de sept moys, le roy de France envoya une armée pour entrer en ladite ville de Harfleu, ou autrement besongner sur ledit siège, ainssi qu'il leur seroit possible. De laquelle armée estoient chiefz le bastard d'Orléans, le bastard de Bourbon et La Hire. Et estoit ledit bastard d'Orléans principal sur tous les autres. Et se mist lui et ceulx de sa compaignie en grant effort de combatre lesditz Angloiz tenans ledit siège, et d'entrer en leur fortifficacion. Mais lesdits Angloiz se tenoient tellement sur leurs gardes que iceulx François ne peurent oncques entrer en icelle fortifficacion ne audit Harfleu, tant par mer que par terre, néantmoins[1] que les François en feissent tous devoirs possibles, et assaillirent lesdits Angloiz par plussieurs et diverses foiz et par maintes journées.

Et après ce, voyant lesdits François eulx ne pouvoir beaucoup prouffiter sur lesdits Angloiz,

---

1. Non obstant.

se recullèrent jucques environ deux ou trois lieues dudit Harfleu, où ilz se logèrent par certain temps. Et adonc fut fait traicté par lesdits François, tant du dedens que du dehors, que ledit Harfleu et Monstiervillier demoureroient chacun en son entier en l'obbéissance desdits Angloiz. Laquelle composicion fut et a esté tenue tant d'une partie comme d'autre, sans enfraindre ledit appoinctement en aucune manière.

Chapitre 139.

La délivrance de Monseigneur le duc d'Orléans, détenu prisonnier en Angleterre, espérant estre faicte à Callaiz [1].

En l'an dessus dit, en moys de juing, le roy d'Angleterre délivra de prison Charles duc d'Orléans, que le roy Henry d'Angleterre, son père, avoit prins prisonnier à la bataille d'Agincourt, et avoit esté détenu prisonnier par l'espace de vingt-cinq ans. Et disoit-on que sa rançon lui coustoit plus de quatre cens mille escuz. Et espousa à Saint-Omer la niepce au duc de Bourguongne [2], qui la receult moult à grant honneur, en lui faisant de grans dons. Et combien que on disoit que par leurs pères estoient venus en royaulme de France les guerres et divisions, néantmoins si furent lesdits deux ducz bien amis l'un de l'autre, et portèrent en signe de paix et d'aliance l'ordre et la devise l'un de l'autre.

1. C'est-à-dire : négociations faites à Calais dans l'espoir de conclure la délivrance du duc, prisonnier en Angleterre.
2. Marie de Clèves. Voy. Biographie Didot au mot *Clèves*.

Chapitre 140.

Fortifficacion de place faicte par les Angloiz.

En l'an que dessus, les Angloiz fortiffièrent et remparèrent ung rochier et montaigne nommé Granville, en la basse Normendie, lequel rochier est grant, spacieulx, et y vient la mer deux foiz, de jour et de nuyt, presque tout environ. Et maintenoit-on que ce qui avoit meu lesditz Angloiz de le fortifier et emparer, c'estoit pource que les François avoient plussieurs foiz entreprins de le fortiffier, et aucune foiz en avoient esté débouttez à force par lesdits Angloiz, et une fois par feu qui print en leur logis. Et disoit-on que c'estoit une place moult advantageuse.

FIN DU TOME PREMIER.

TABLE DES CHAPITRES

                                          Pages.

Notice sur la vie et la Chronique de Jean Chartier.............. v
  I. Vie de Jean Chartier........... v
  II. Bibliographie de la Chronique de Jean Chartier................ xv
§ A. Manuscrits................. xviij
§ B. Éditions imprimées............ xxiij
III. Observations historiques et critiques sur la Chronique de Jean Chartier............. xxix
Notice sur Henri Baude et sur L'Éloge et portrait historique de Charles VII............xxxvij
Notice de quatre fragments de chroniques inédits et marqués A. B. C. D........... xlvij
Fragment A...................... xlvij
Fragment B...................... liij
Fragment C...................... lv
Fragment D...................... lvj
Sommaire des événemens racontés dans ce premier volume de la Chronique de Jean Chartier..... lxj

CHRONIQUE LATINE ou PREMIER ESSAI.
(Traduction françoise.)

Préface...................... 1
Chap. I. — De la mort du roi Henri d'Angleterre... 5
Chap. II. — Comment et où le roi de France trépassa de ce monde................. 8

Table des Chapitres.

Pages.

Chap. III. — Comment les François s'assemblèrent à l'envi pour tenter de conquérir Fresnay-le-Vicomte sur les Anglois. 14

Chap. IV. — Comment le comte d'Aumale et le vicomte de Narbonne pénétrèrent sur divers points de la Normandie. 15

Chap. V. — Comment le duc Philippe de Bourgogne se dirigea personnellement sur Saint-Riquier pour emparer cette place alors occupée par les François. 19

Chap. VI, VII, VIII, IX, X. 22

Chap. XI. — Des murmures qui s'élevoient sur le gouvernement du roi et du royaume. 22

Chap. XII. — Comment le comte de Douglas, Ecossois, vint auprès du sérénissime roi de France, afin de lui porter secours en attaquant ses ennemis. . . 23

Chap. XIII à XX. 24

CHRONIQUE FRANÇOISE.

Préambule. 25

Chap. 1. — [De la mort des rois Charles VI de France et Henri V d'Angleterre]. 27

Chap. 2. — Comment le roy d'Angleterre se intitula roy de France et comment on scella en la chancellerie en son nom. 29

Chap. 3. — Comment Messire Jehan de Bellay et Messire Ambroise de Loré firent une assemblée pour cuider prendre Fresnay-le-Vicomte, et de plusieurs rencontres. 30

Chap. 4. — Une rencontre entre François et Bourgongnons [affaire de Saint-Riquier]. 31

Chap. 5. — Aultre rencontre [affaire de la Blanque-Taque]. 31

Chap. 6. — Aultre rencontre [affaire de la Neuville-la-Haye en Maine]. 31

Chap. 7. — Siège mis à Cravant. 32

Chap. 8. — Incident [bataille de la Broussinière]. . . 33

TABLE DES CHAPITRES.

Pages.

Chap. 9. — Siège mis à Sedanne. 38
Chap. 10. — Autre siège mis au Mont-Saint-Michel. . 38
Chap. 11. — Autre siège mis à Ardevon. 39
Chap. 12. — La bataille de Vernoil. 40
Chap. 13. — Siège mis devant Tennye. 43
Chap. 14. — Embusche des François sur les Angloiz. 44
Chap. 15. — Siège mis au Mans. 44
Chap. 16. — Autre siège mis à Sainte-Suzanne. . . . 45
Chap. 17. — Siège mis à Mayenne-la-Juhez. 46
Chap. 18. — Siège mis à la Ferté-Bernard. 46
Chap. 19. — Comment Artus de Bretaigne fut fait connestable de France. 47
Chap. 20. — [Tentative des François sur la Normandie]. 48
Chap. 21. — Comment le conte de Richemont mist le siège devant la ville de Saint-James-de-Beuvron et comment les Angloiz descendirent en Hénault, etc. 49
Chap. 22. — Siège mis devant Gallerande. 51
Chap. 23. — Siège mis devant Ramessort. 51
Chap. 24. — Rencontre entre le Mans et Alençon. . 52
Chap. 25. — Siège mis devant Malicorne. 53
Chap. 26. — Conseilliers et gouverneurs pour le roy de France. 53
Chap. 27. — Siège mis à Montargis. 54
Chap. 28. — Jean, duc d'Alençon, délivré de la prison des Angloiz. 57
Chap. 29. — Siège mis devant le chasteau de Lude. . 57
Chap. 30. — D'une entreprinse faicte par les François contre les Angloiz sur la ville du Mans. 58
Chap. 31. — La ville de Pontorson remparée par les François. 59
Chap. 32. — Siège mis à Orléans. 60
Chap. 33. — La journée des harengs. 62
Chap. 34. — La mort du conte du Salbery. 63
Chap. 35. — Continuacion du siège. 66
Chap. 36. — La venue de la Pucelle. 66
Chap. 37. — Comment Orléans fut advitaillé. . . . 72

	Pages.
Chap. 38. — La prinse des boulevers et bastille du bout du pont.	76
Chap. 39. — Comment le siège d'Orléans fut levé.	78
Chap. 40. — La prinse de Laval par les Angloiz.	80
Chap. 41. — La délivrance du duc d'Alençon.	81
Chap. 42. — Armée de gens de guerre.	81
Chap. 43. — Comment les Angloiz de Baugency se rendirent aux François.	83
Chap. 44. — La bataille de Patay pour les François.	85
Chap. 45. — Nouvelle armée de gens d'armes.	87
Chap. 46. — Paiement de gens d'armes.	90
Chap. 47. — Siège devant Troys en Champaigne.	91
Chap. 48. — Comment le roy fut sacré et couronné à Rains.	96
Chap. 49. — Comment Lan et Soissons se rendirent François avec plusieurs autres villes.	98
Chap. 50. — Comment le duc de Betfort partit de Paris et s'en ala à Corbeil, cuidant combatre le roy de France.	98
Chap. 51. — Comment le roy s'en voulloit aller de l'Isle de France.	99
Chap. 52. — Entreprinse d'Angloiz sur les François.	100
Chap. 53. — Comment les Angloiz vindrent près Senliz pour combatre le roy de France.	101
Chap. 54. — Comment les François se disposoient à combatre les Angloiz.	103
Chap. 55. — Comment François et Angloiz se deppartirent.	106
Chap. 56. — Comment Compiengne, Beauvaiz et Senliz se rendirent François.	106
Chap. 57. — Garnisons d'Angloiz mises ès places à eulx obaïssans.	106
Chap. 58. — Escarmouches de François et d'Angloiz entre Paris et Saint-Denis.	107
Chap. 59. — Comment la Pucelle donna assault devant Paris.	107

Table des Chapitres.

Pages.

Chap. 60. — Réparacion du chastel de Saint-Célerin par les François. 110
Chap. 61. — Comment ceulx de Laigny se meirent en l'obbaïssance du roy de France. 110
Chap. 62. — Comment la roy se partit de l'île de France. 111
Chap. 63. — Comment les Angloiz de Paris pillèrent Saint-Denis. 112
Chap. 64. — Comment la ville de Laval fut prinse par les François. 113
Chap. 65. — Une entreprise par les François sur la ville de Rouen. 114
Chap. 66. — Une grande pillerie en France. 116
Chap. 67. — Comment Saint-Pierre-le-Moutier fut pris d'assault. 117
Chap. 68. — Rencontre d'Angloiz. 117
Chap. 69. — Siège mis par les Angloiz devant Saint-Célerin. 118
Chap. 70. — Rencontre sur les Angloiz. 120
Chap. 71. — Siège mis à Compiègne par les Angloiz et Bourguongnons. 121
Chap. 72. — Comment Melun se rendit aux François. 125
Chap. 73. — Une journée de François contre Angloiz et Bourgueignons. 128
Chap. 74. — Comment le roy Henry d'Angleterre fut couronné à Paris. 130
Chap. 75. — Comment le prince d'Orange fut desconfit par les François. 131
Chap. 76. — [Affaire de Beauvais. Poton de Saintrailles et le Berger pris par les Angloiz]. 132
Chap. 77. — La journée de [Bullègneville en] Barrois où le duc de Bar fut prins par les Bourguongnons. . 133
Chap. 78. — Siège mis par les Angloiz devant Saint-Célerin. 134
Chap. 79. — Continuacion dudit siège. 140
Chap. 80. — La prinse de Chartres par les François. . 141
Chap. 81. — Siège mis devant Laigny par les Angloiz. 143

Table des Chapitres.

Pages.

Chap. 82. — Comment aulcuns Angloiz furent desconfis près d'Argenten en Normendie et aultres incidences. 147
Chap. 83. — Joustes à oultrance des Angloiz et François. 149
Chap. 84. — Comment les François coururent une course en foire devant Caen. 150
Chap. 85. — Comment les Angloiz furent desconfiz par le sire de Loré, mareschal du duc d'Alençon. . . . 153
Chap. 86. — Une course d'Angloiz devant Saint-Célerin. 154
Chap. 87. — Siège mis par les Bretons devant Poencé en Anjou. 157
Chap. 88. — Siège mis par les Angloiz devant Bonmoulins et Orté ou pays du Maine. 160
Chap. 89. — Comment Louviers fut prins par les Angloiz. 162
Chap. 90. — Embusche sur les Angloiz. 163
Chap. 91. — Siège mis par les Angloiz devant Saint-Célerin. 164
Chap. 92. — Comment le conte d'Arondel mist le siège devant le chastel Sillé et comment les François allèrent au secours. 165
Chap. 93. — Gerberoye remparée par les François. . 169
Chap. 94. — Incident. Prinse de Georges de la Trimoulle. 170
Chap. 95. — Commocion de peuple en Normendie. . 172
Chap. 96. — Autre commocion de commun contre les Angloiz. 173
Chap. 97. — Entreprinse sur les Angloiz par les François. 175
Chap. 98. — Comment Corbueil fut François. 177
Chap. 99. — Une course en Picardie par les François. 178
Chap. 100. — Comment le chasteau du bois de Vincennes fut François. 178
Chap. 101. — La prinse de Saint-Denis en France par les François. 179

TABLE DES CHAPITRES.

Pages.

Chap. 102. — Comment les Parisiens-Angloiz supplièrent le sir de Wilby, cappitaine de Pontoise pour le roy d'Angleterre, d'estre leur cappitaine et deffendeur. 184

Chap. 103. — Exécution d'un sodomite à Bruges fait par justice. 184

Chap. 104. — Le traictié d'Arras entre le roy de France et Monseigneur le duc de Bourgongne. . . 185

Chap. 105. — Deppartement d'Angloiz de l'assemblée faicte à Arras. 192

Chap. 106. — Sensuit la forme du traictié. 194

Chap. 107. — Comment fut conclue et accomplie ladite assemblée d'Arras. 205

Chap. 108. — C'est le très douloureux trespas de très haulte et très puissante dame Ysabel, royne de France, femme de Charles sixiesme de ce nom. . 208

Cha. 109. — Comment la paix fut criée à Rains. . . 212

Chap. 110. — La reddicion de la ville d'Espernay. . . 213

Chap. 111. — Ambassade pour la délivrance du duc de Bar. 215

Chap. 112. — Les Escorcheurs. 215

Chap. 113. — Exécucion de malfaicteurs à Rains, par Monseigneur le connestable. 216

Chap. 114. — Comment ceulx de Pontoise se mirent en l'obbaïssance du roy de France. 217

Chap. 115. — Monnoie descriée. 219

Chap. 116. — Comment la royne accoucha à Chinon de Monseigneur Philippe de France. 219

Chap. 117. — Rencontre de François et Angloiz près Saint-Denis en France. 220

Chap. 118. — Comment Paris fut François. 223

Chap. 119. — Siège mis devant Crailg par les François. 228

Chap. 120. — Comment Saint-Germain-en-Laye fut François. 229

Table des Chapitres.

Pages.

Chap. 121. — La mort de Monseigneur Philippe de France. 229

Chap. 122. — L'entrée de Madame la Daulphine, fille du roy d'Escosse, en la ville de Tours. 229

Chap. 123. — La délivrance du duc de Bar, prisonnier en Bourgogne. 232

Chap. 124. — Comment les Angloiz reprindrent Pontoise d'eschielle. 233

Chap. 125. — La prinse de Montargis par les Angloiz. 235

Chap. 126. — La prinse de Chasteau-Landon, Nemours et Monstereau. 236

Chap. 127. — Comment le roy d'Escosse fut tué de nuyt en sa chambre. 238

Chap. 128. — Ordonnances faictes par les Angloiz en Normendie. 239

Chap. 129. — Siège mis à Calaiz par le duc de Bourgongne. 242

Chap. 130. — Un incident. — Prise du mareschal de Rochefort. 243

Chap. 131. — Siège mis par les Angloiz devant le chasteau de Crotté (Crotoy). 245

Chap. 132. — Une grant mortalité, pestilence et famine à Paris. 245

Chap. 133. — Voyage fait à Bruges par le duc de Bourgongne. 248

Chap. 134. — La prinse de Meaulx par les François. 249

Chap. 135. — Siège mis devant Avrenches par les François. 250

Chap. 136. — La prinse des chasteau et ville de Saincte-Susanne par les François. 252

Chap. 137. — Comment Monseigneur le Daulphin s'en alla d'avecques le roy son père sans son congié et contre sa voullenté. 253

TABLE DES CHAPITRES.

Pages.

Chap. 138. — Du siège mis par les Angloiz devant Harfleu. 259

Chap. 139. — La délivrance de Monseigneur le duc d'Orléans, détenu prisonnier en Angleterre, espérant estre faicte à Callaiz. 260

Chap. 140. — Fortifficacion de place faicte par les Angloiz. 261

Paris. Imprimé par E. THUNOT et Cie, rue Racine, 26, avec les caractères elzeviriens de P. JANNET.

www.ingramcontent.com/pod-product-compliance
Lightning Source LLC
Chambersburg PA
CBHW060515170426
43199CB00011B/1462